现代体育礼仪

XIANDAI TIYU LIYI

许之屏 著

个人礼仪　社交礼仪　交谈礼仪
体育教师礼仪　体育教练员礼仪　体育裁判员礼仪　运动员礼仪
体育观众礼仪　体育项目与服务礼仪　体育专业大学生求职礼仪

湖南师范大学出版社

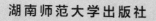

序

　　我国是世界四大文明古国之一，自古以来就享有"礼仪之邦"的美称。在源远流长的历史长河中，中华民族不但创造了灿烂的文化，而且传承了优良的美德。中国古代的礼仪涉及范围很广，典章制度、朝政法规、生活习俗、伦理风范、做人本分等都是礼仪的范畴，而现代礼仪则主要是指人们在人际交往中为了维护正常社会秩序而逐渐形成的一系列行为规范。俗话说："没有规矩，不成方圆。"一个不懂礼仪的人，不是严格意义上的文明人；一个没有礼仪的社会，不可能是和谐的社会。

　　体育作为人类文化最重要的组成部分之一，从一开始便受到礼仪的影响。体育礼仪作为礼仪的一个重要组成部分，尤其体现了国际性和地区性的特点。在国际体育比赛中，体育运动不再是简单的运动员之间的竞技，而是各国的政治、经济、科技、文化的展现和较量。体育赛场上，教练员、裁判员、运动员、观众乃至幕后的体育工作人员，其一言一行都能折射出个人、集体甚至一个国家的道德风尚和文明程度。事实上，无论是在挥汗如雨的训练场上、还是在精彩激烈的竞赛场上；在盛大隆重的运动会开闭幕式上、还是在热情洋溢的观众席上；在激动人心的颁奖仪式上、还是面对众多媒体的采访；在热火朝天的大众健身场馆里、还是在朝气蓬勃的学校体育课堂上，体育礼仪时刻彰显出体育的丰富内涵与无穷魅力。

　　北京奥运会不仅是一场浩瀚的体育盛会，而且是一场浩大的礼仪盛会。在北京奥运会上，中国呈现在全世界面前的是一副令人惊奇和赞叹的崭新面貌。中国不光是公认的金牌大国，而且在文明道德和礼仪修养等方面也受到全世界各国的一致赞誉。但是，与中国体育事业蒸蒸日上的局面相比，仍有部分教练员、裁判员、运动员和观众存在一定程度上的礼仪缺失，有些言行举止甚至干扰了正常的比赛，在某种程度上也影响了中国的大国形象，这不能不引起各界的重视，也进一步坚定了我们撰写本书的决心。作为高校的体育教师，在体育礼仪的教学中，深切地体会到体育专业大学生对个人礼仪、社交礼仪和交谈礼仪等现代礼仪常识的缺乏和对体育教师、教练员、裁判员、体育观众及体育从业人员等体育礼仪的渴求。礼仪教育作为素质教育的重要内容，也日益受到人们的关注和重视。《现代体育礼仪》的诞生，刚好适应了这一形势需求。本书希望通过对现代体育礼仪知识的介绍和普及，使之更多地融入到日常生活交往中和体育教学、体育赛场、体育服务的领域中来，进一步推动社会文明的进步和现代体育事业的和谐发展。

本书分为两个部分，第一部分介绍了现代人都应了解的礼仪基本知识，包括个人礼仪、社交礼仪和交谈礼仪；第二部分介绍了与体育运动相关的体育礼仪知识，包括体育教师礼仪、体育教练员礼仪、体育裁判员礼仪、运动员礼仪、体育观众礼仪、体育项目与服务礼仪、体育专业大学生求职礼仪。本书深入浅出、通俗易懂、实用性强，既有详细的指导原则，又穿插了大量有趣的案例。希望为体育教师、体育教练员、体育裁判员、运动员、广大的体育观众朋友、体育服务行业人员以及体育专业的学生提供参考。

硕士研究生徐玉明和廖理连参加本书的资料收集，在此表示感谢。由于作者水平有限，难免有不足和疏漏之处，真诚地希望各位学者、专家以及读者朋友们批评指正。

作　者

2010 年 2 月长沙

目　录

第一章　总　论

　　人类活动在受到自然规律影响和制约的同时，还受制于社会规律以及由社会规律决定的各种社会规范。在这些社会规范中，除了道德规范和法律规范以外，还有一个很重要的方面，这就是礼仪。礼仪是社会、文化、道德、习俗、宗教等各方面的行为规范，是人们文明程度和道德修养的外在表现形式，是现代文明的重要组成部分。在现代社会中，礼仪是人们生活中必不可少的一部分，是促进社会进步、适应时代发展、创造良好社会风尚的前提条件。

　　中国是举世公认的"文明古国"、"礼仪之邦"，中国人民遵礼守仪，源远流长。礼仪作为人类历史发展中逐渐形成并沉淀下来的一种文化，不断得到后人的弘扬和发展。本章从礼仪的概述、礼仪的分类、礼仪和体育礼仪的形成与发展3个方面进行详细阐述。

第一节　礼仪的概述

一、礼仪的相关概念

　　"礼"的繁体字为"禮"，它的意思是用粮食和曲酒等敬神，后来逐渐发展为"敬意"的意思。"礼仪"为复合词，包括"礼"，即"事神致福"；也包括"仪"，即"法度标准"（《淮南子·修务训》："设仪为度，可以为法则。"）。《辞源》将礼仪解释为："礼仪，行礼之仪式。"现在我们普遍认为"礼"的含义是尊重。孔子云："礼者，敬人也。"从本质上讲，"礼"是做人的基本道德规范。"礼"所规范的是一个人对待自己、对待他人、对待社会的基本态度，即尊重自己、尊重他人、尊重社会。"仪"是指道德规范的表达形式。任何"礼"都必须借助于规范的、可操作的"仪"，才能恰到好处地得以表现。所谓礼仪，就是做人的基本道德规范及其表达形式，是人们用于表现尊重的各种规范的、可操作的具体形式，即人际交往的基本规则。在长期的历史发展中，我国形成了繁多的仪式和区别尊卑等级、协调人际关系的礼节，有了内容比较完备的礼仪体系。随着历史的发展，礼仪的内涵不断地被丰富、总结、提升，从而得到更好的传承和发展。

随着时代的不断进步以及全球化的影响，科技、文化、教育等日趋现代化和国际化，礼仪作为社会文明的标志之一，也需要作出相应的变革。中国古代礼仪以"致中和"为主体，推崇仁敬、正义、诚信、辞让、慈孝，在此基础上，现代礼仪更注重道德和行为的规范。现代礼仪是指适用于现代社会的有关做人的基本道德规范及其表达形式，是人们在人际交往活动过程中约定俗成的、律己敬人的行为规范和准则。现代礼仪主要包括个人礼仪、社交礼仪和交谈礼仪。个人礼仪主要体现在仪容、表情、服饰、举止等方面。社交礼仪以一般性社交礼仪和常见场合的社交礼仪为主体，一般性社交礼仪主要包括称呼礼仪、介绍礼仪、握手礼仪和电话礼仪等，常用场合的社交礼仪主要包括出行礼仪、宴会礼仪、舞会礼仪、座谈会礼仪、馈赠礼仪和探病礼仪等。交谈礼仪主要包括交谈的基本要求和交谈的应对技巧。目前，我国正处于改革开放时期，不可避免地会出现各种利益矛盾、价值观冲突、道德失范等问题，这对人们的思想观念产生了强烈的冲击。但《公民道德建设实施纲要》的颁布和实施为现代礼仪注入了新的活力，它不仅弘扬了中华民族的传统美德，又创新性地提出了现代礼仪的标准与要求，是对传统礼仪的继承和光大。

现代体育礼仪是指人们在体育活动交往中所应该具有的表示敬重、友善和友好的行为规范。现代体育礼仪主要蕴含于体育运动中，是通过文明风尚和道德修养来表现体育精神的。体育礼仪涉及体育活动、体育活动参与者及体育仪式之间的相互关系。体育活动主要包括体育教学、体育比赛、运动训练、大众健身等；体育活动参与者主要包括教练员、裁判员、运动员、体育观众、体育教师和体育从业人员等；体育仪式主要包括火炬接力仪式、开幕仪式、颁奖仪式、闭幕仪式等。现代体育礼仪是现代文明的表现，是奥林匹克精神的体现，是更高、更快、更强与和谐、和睦、和平的有机统一，是一个国家、一个民族素质的最直接体现。

二、礼仪的特点

礼仪具有国际性、地域性、民族性、情境性的特点。

礼仪的国际性。随着中国改革开放的进一步深入，国际交往日益频繁。在国际交往活动中，每一个中国人不仅仅代表自己，同时还代表着国家。伴随我国国际地位的不断提升，我们希望展现给世界的是一个具有高度国际化的、自强自立的、有道德的、有修养的、文明的形象。我们需要了解东西方礼仪及文化的特点和差异。例如：世界各地的社交礼仪中，法国人爱好社交、善于交际、诙谐幽默、天性浪漫、渴求自由、自尊心强、尊重妇女、有骑士风度；德国人在待人接物方面往往会给人以深刻的印象，他们纪律严明、法制观念强、讲究信誉、时间观念强、自尊心强、非常尊重传统、待人热情、十分注重感情；俄罗斯人在人际交往中素来以热情、豪放、勇敢、耿直而著称于世；美国人待人接物的特点是：随和友善、容易接近、热情开朗、不拘小节、城府不深、喜欢幽默、自尊心强、好胜心重；巴西人的特点是：喜欢直来直去，有什么就说什么，在人际交往中大都活泼好动、幽默风趣、爱开玩笑；加拿大人在交际应酬中最大的特点是既讲究礼貌，又无拘无束。

礼仪的地域性。人说"百里不同风，千里不同俗"，不同的文化背景，产生不同的礼仪文化，地域文化决定着礼仪的内容和形式。例如世界各地的婚姻礼仪习俗，就存在着很大的地域性差异。在亚美利亚，新娘穿着红色的服装，头戴饰有羽毛的纸翼，人们向她投掷硬币，放飞两只白色的鸽子，预示着爱情的开始。在埃及，许多婚姻都是父母之命，媒妁之言。求婚的是由新郎的家人，而不是由新郎本人执行的。婚礼是载歌载舞的列队游行，有鼓、风笛、号角及肚皮舞表演，男人们手持火红的剑。这个仪式，宣告婚姻即将开始。在英格兰，按照传统，乡村的新娘和参加婚礼的人们总是一起步行走向教堂。一个小姑娘走在队伍最前面，她一路撒着鲜花，预示着新娘人生的道路上也将开满鲜花，永远幸福。

礼仪的民族性。我国疆土辽阔，是一个多民族的大家庭。不同的民族，其风俗习惯、礼仪文化各有千秋。礼仪的形式是由不同地方的风俗文化决定的，具有约定俗成的影响力。例如少数民族饮食方面的禁忌，满族禁杀狗、禁吃狗肉、禁穿狗皮；拉祜族禁止用母猪及母兽肉做"剁生", 他们认为生命是母性所给, 剁其肉会遭到所有兽鬼的报复; 土族忌吃圆蹄牲畜如马、骡、驴的肉, 并忌外人携带圆蹄牲畜的肉到家中食用。

礼仪的情境性。不同的情境, 对礼仪的要求也不同。情境一旦以外部环境的面貌呈现出来, 便要求我们积极适应。例如庆典现场, 要求喜气洋洋、氛围热烈, 当我们参加这样的礼仪活动时, 就要在仪容、仪表、语言、服饰、举止、施礼程序等方面符合其情境要求。如果有幸被邀请参加这种特定情境下的现场庆典, 而受邀者不注重礼仪, 衣着灰暗、神态沮丧、语言阴冷、交际淡漠, 甚至发牢骚、说怪话、多出凶兆之言, 则一定不会受到欢迎, 礼就可能变成非礼了。

三、礼仪的功能

(一) 塑造形象

塑造个人形象是礼仪的第一职能。个人形象就是对外交往的门面和窗口, 得体的礼仪是自尊和他尊之本, 更是立足和立业之源。恰到好处地运用礼仪, 不仅能在社会交往中塑造良好的个人形象, 同时还可以提高自信和愉悦心情。

(二) 约束规范

礼仪是一系列的社会行为规范, 对人们的行为具有很强的约束作用。在社会生活中, 人人都要遵守社会规范。社会规范包括法律规范和非法律规范, 法律属于法律规范, 礼仪属于非法律规范。法律重他律, 礼仪重自律; 法律重惩戒, 礼仪重道德。法律最终对公民的行为采取必要的约束及规范, 是对道德的补充与完善。

(三) 感召教化

素有"礼仪之邦"美誉的中国, 从古至今崇尚"礼", 也极为重视礼仪教化。历代君主、诸路圣贤均认为一切应"以礼为治, 以礼为教"。如《论语·为政》中说: "道之以政, 齐王以刑, 民免而无耻; 道之以德, 齐王以礼, 有耻且格。"其大意为: 用政权推行"道", 并用刑律惩处违"道"者, 老百姓想的是如何逃避惩处, 而不看行为的对错和荣辱; 用德来推行"道", 以礼教化人民, 老百姓懂得是非、对错、荣辱, 并会自觉地遵守"道"。这充分地说明古代人们对礼仪所产生的社会效应有了较为深刻的理解。随着现代社会的发展, 礼仪教育越来越受到人们的重视。因此, 实施礼仪教育是提高全民素质、促进社会文明进步的重要途径。

（四）协调沟通

"不学礼，无以立。"礼仪是一门学问，是一门必修课，是人际交往的"通行证"。礼仪通过评价、劝阻、示范等形式纠正人们不合规范的行为习惯，倡导人们按礼仪规范协调人际关系，维护社会正常生活。在社会交往中，自觉地执行礼仪规范，不仅有助于加强人们之间的互相尊重、有效地促进双方情感的沟通、建立友好的合作关系，而且还可以缓和或避免不必要的矛盾和冲突。

第二节 礼仪的分类

《中庸》说，"礼仪三百，威仪三千"，可见中国古代的礼仪数量之多、种类之繁。现代礼仪，常见的分类主要有以下几种：

一、按语言分类

按语言分类，可分为语言性礼仪和非语言性礼仪。

语言性礼仪：是指人们通过语言表达思想、交流情感、传递信息的过程中，所体现出的尊敬、友善、恰当的言语规范，主要包括有声语言和书面语言。

非语言性礼仪：是指在外在形象、举止、礼节等方面所表现出的规范性行为，主要包括目光礼仪、面部表情礼仪、手势礼仪、身体空间礼仪、服饰礼仪等。

二、按场合分类

按场合分类，可分为社交礼仪、政务礼仪、商务礼仪、服务礼仪、婚恋礼仪、求职礼仪、涉外礼仪等。

社交礼仪：泛指人们在社会交往活动过程中形成的应共同遵守的行为规范和准则，具体表现为礼节、礼貌、仪式、仪表等，是最常用、最基本、而且是多种场合都适用的礼仪之一。包括称呼礼仪、介绍礼仪、握手礼仪、电话礼仪等。

政务礼仪：是指国家公务员在工作场合所应该恪守的有关人际交往

的行为规范。其基本内容可概括为：政治坚定、忠于祖国、勤政为民、依法行政、务实创新、清正廉洁、团结协作、品行端正。

商务礼仪：是指从商人士在商务活动中体现相互尊重的行为准则和规范，包括形象礼仪、语言交际礼仪、商务会面礼仪、商务人员日常交往礼仪、商务活动礼仪、涉外商务礼仪、会议礼仪、谈判礼仪、迎送礼仪等。

服务礼仪：是指服务行业的从业人员在向服务对象提供服务时所应当严格遵守的行为规范。服务礼仪主要以服务人员的仪容规范、仪态规范、服饰规范、语言规范和岗位规范等为基本内容。

婚恋礼仪：是指在进行恋爱与婚姻的过程中，所应遵循的社会行为规范和准则。婚恋礼仪包括恋爱礼仪、订婚礼仪、结婚礼仪、离婚礼仪、再婚礼仪等。不同国家、不同民族、不同地区的婚恋礼仪有较大的区别。

求职礼仪：是指求职者在求职过程中与招聘单位的接待者接触时应具有的礼貌行为和仪表形态规范。求职礼仪通过求职者的应聘资料、语言、仪态举止、仪表、着装打扮等方面体现其内在素质。求职礼仪主要包括面试前的准备、面试中的礼仪和面试结束后的礼仪。

涉外礼仪：是指在长期的国际往来中，逐步形成的外事礼仪规范，也就是人们参与国际交往应当遵守的有关国际交往惯例和基本原则。主要包括：维护形象、不卑不亢、入乡随俗、求同存异、信守约定、热情有度、谦恭适度、尊重隐私、女士优先、爱护环境、以右为尊。

三、按性质分类

按性质分类，可分为吉礼、凶礼、军礼、宾礼、嘉礼。这5种礼仪就是中国古代的"西周五礼"，它们的出现充分反映了古代中华民族的尚礼精神。

吉礼：为五礼之冠，是对天神、地祇、人鬼的祭祀典礼。祀天神：昊天上帝，祀日月星辰，祀司中、司命、雨师。祭地祇：祭社稷、五帝、五岳，祭山林川泽，祭四方百物，祭诸小神。祭人鬼：祭先王、先祖；禘祭先王、先祖；春祠、秋尝，享祭先王、先祖。

凶礼：是丧葬哀吊之礼。凶礼的内容有：以丧礼哀死亡，以荒礼哀凶札，以吊礼哀祸灾，以禬礼哀围败，以恤礼哀寇乱。

军礼：是师旅操演、征伐之礼。主要有大师之礼、大均之礼、大田之礼、大役之礼、大封之礼。大师之礼是军队征伐的仪式；大均之礼是王者和诸侯在均土地、征赋税时举行军事检阅，以安抚民众；大田之礼是天子的定期狩猎，以练习战阵、检阅军马；大役之礼是国家兴办的筑城邑、建宫殿、开河、造堤等大规模土木工程时的队伍检阅；大封之礼是勘定国与国、私家封地与封地间的疆界，树立界碑等活动。

宾礼：是指接待宾客的礼节。宾礼用于朝聘会同，是天子款待来朝会的四方诸侯和诸侯派遣使臣向周王问安的礼节仪式。

嘉礼：是饮宴婚冠、节庆活动仪式。嘉礼是人际沟通、联络感情的礼仪。嘉礼主要包括饮食之礼、婚冠之礼、宾射之礼、飨燕之礼、脤膰之礼、贺庆之礼。

四、按职业分类

按职业分类，可分为教师礼仪、公务员礼仪、警察礼仪、军人礼仪、运动员礼仪、教练员礼仪、裁判员礼仪等。

教师礼仪：是指人民教师在工作岗位上应遵循的行为规范。教师是人类灵魂的工程师，承担着教书育人的光荣职责。教师礼仪包括教师的道德、仪表礼仪、语言礼仪、行为礼仪等。

公务员礼仪：有广义和狭义之分。广义的公务员礼仪，是指公务员在日常工作、学习、生活中应遵循的行为规范；狭义的公务员礼仪，又称公务礼仪、行政礼仪或办公礼仪，是公务员在工作场合应恪守不怠的行为规范。公务员礼仪主要包括：着装礼仪、汇报礼仪、交谈礼仪、电话礼仪、宴请礼仪、办公室礼仪等。

警察礼仪：包括人民警察的仪表礼仪、仪容礼仪、举止礼仪、警徽礼仪、阅警礼仪、宣誓礼仪、敬礼礼仪、公务礼仪、公务接待礼仪、公文礼仪、业务接待礼仪、侦查办案礼仪、治安检查礼仪等。

军人礼仪：也称"军事礼仪"、"军队礼仪"。是军人和军队在内外关系中表示敬意的礼节和仪式，具有严肃严谨、正规划一的特点。在国事和外交活动中，军人礼仪体现了国威、军威。军人礼仪有着丰富的内容，主要包括：军人称呼、军人仪容、军人着装、军人举止、军队内部礼节、军旗、军乐、礼炮、仪仗队、对外交往礼仪等。而每一类又可细分为多种具体的礼节和仪式，如仅与军旗有关的礼仪就有授军旗、迎送军旗、升军旗、向军旗宣誓、向军旗告别、赠军旗、军旗覆盖等。

运动员礼仪：是指运动员这个特定的群体与教练员、裁判员、观众和媒体之间在社会交往中形成的行为准则和规范。包括运动员的仪容礼仪、仪表礼仪、行为举止礼仪、赛场礼仪、颁奖礼仪、面对媒体的礼仪等。

教练员礼仪：是指教练员这个特定的群体与裁判员、运动员、观众以及媒体之间在社会交往中形成的行为准则和规范。包括教练员的仪容礼仪、仪表礼仪、行为举止礼仪、训练场上的礼仪、比赛场上的礼仪等。

裁判员礼仪：是指裁判员这个特定的群体与教练员、运动员、观众以及媒体之间在社会交往中形成的行为准则和规范。包括裁判员的仪容礼仪、仪表礼仪、行为举止礼仪、赛场执法礼仪等。

五、按日常需要分类

按日常需要分类，可分为见面礼仪、介绍礼仪、交谈礼仪、宴会礼仪、会客礼仪、舞会礼仪、馈赠礼仪、探病礼仪等。

见面礼仪：双方见面时的礼仪，会给对方留下深刻而又美好的印象，直接体现出施礼者良好的修养。见面礼仪包括点头、脱帽、握手、鞠躬、致意等基本内容。

介绍礼仪：是指充当被介绍者或介绍者时，应有的行为规范。介绍礼仪包括自我介绍、他人介绍、集体介绍等。

交谈礼仪：是指在一般场合与他人交谈时应当遵循的各种规范和惯例。从广义上来讲，交谈是人们交流思想、沟通感情、建立联系、消除隔阂、协调关系、促进合作的一个重要渠道。交谈礼仪主要涉及交谈的态度、交谈的语言、交谈的内容、交谈的方式四个方面。交谈是人们日常交往的基本方式之一。

宴会礼仪：通常把政府机关、社会团体举办的有一定规模的酒宴，称为宴会。宴会是国际、国内社会交往中一种通行的、较高层次的礼仪形式。宴会礼仪是指在宴会上，人们所要遵循的行为规范，包括席位安排礼仪、着装礼仪、入座礼仪、进餐礼仪、饮宴礼仪等。

会客礼仪：是指在会见、接待客人时，所应遵循的行为规范。在生活中，我们除了经常被热情的朋友邀去做客外，还经常要邀请一些朋友来做客。会客礼仪包括准备、迎接问候、敬茶递烟、陪客交谈、共同进餐、送客等礼仪。

舞会礼仪：无论是国际或是国内的大型舞会，都是讲究礼仪的社交活动。舞会礼仪涉及多方面的内容，大体可分为两方面：一是舞会策划和主办者的礼仪，涉及主持人的确定，舞会的规模、时间、场地、音乐等。二是舞会参加者应当遵守的礼仪规范，如舞会参加者的仪容、着装、邀请或被邀请共舞的礼仪等。

馈赠礼仪：人们相互馈赠礼物，是人类社会生活中不可缺少的交往内容。中国人一向推崇礼尚往来。《礼记·曲礼上》说："礼尚往来，往而不来，非礼也；来而不往，亦非礼也。"在"礼"的内涵中，除了有表示尊敬的态度、言语、举止、仪式外，还有一个重要的含义，就是礼物。馈赠是与其他礼仪一同产生并逐渐发展起来的。在现代人际交往中，礼物是人们往来的有效媒介之一，传递着信息，寄托着人们深沉的情意，表达着人与人之间的真诚和关爱。随着社会的进化和演变，馈赠在内容和形式上逐渐融汇于社会交往中，并成为人们联络和沟通感情的最主要方式之一。

探病礼仪：当亲友、同事、同学患病时，前往探望、慰问是人之常情。探病礼仪包括看护病人的礼仪、探病者的礼仪、病人的礼仪等。

六、按节日分类

按节日分类，可分为春节礼仪、元宵节礼仪、清明节礼仪、端午节礼仪、重阳节礼仪、中秋节礼仪等。

春节礼仪：古代的春节叫"元日"、"元旦"、"新年"。辛亥革命后，才将农历正月初一正式定名为春节，又叫阴历年，俗称"过年"。春节是汉族最重要的节日，除汉族外，满、蒙古、瑶、壮、白、高山、赫哲、哈尼、达斡尔、侗、黎等十几个少数民族也有过春节的习俗。春节的历史很悠久，它起源于殷商时期年头岁尾的祭神祭祖活动，漫长的历史岁月使年俗活动内容变得异常丰富多彩，其中那些敬天祭神的迷信内容已逐渐被淘汰，而那些富有生活情趣的内容，像贴春联、贴年画、贴"福"字、剪窗花、挂红灯笼、蒸年糕、包饺子、放鞭炮、除夕守夜、拜年等习俗至今仍然盛行。近20年来，在每年腊月三十晚由中央电视台播出的"春节联欢晚会"，成为全国人民必看的节目，人们边吃年夜饭，边看晚会节目，成为举家欢庆的新年俗。

元宵节礼仪：农历的正月十五是元宵节，也叫花灯节，包括观花灯、闹社火、吃元宵等活动。因为元宵节是一年中的第一个月圆之夜，又与春节相连，因而备受人们重视。

清明节礼仪：公历 4 月 5 日是清明节。清明节是悼念故者的节日，是和祭祀天神、地神的节日相对而言的。"扫墓"是清明节最早的一种礼仪，这种习俗延续到今天，已随着社会的进步而逐渐简化。扫墓当天，子孙们先将先人的坟墓及周围的杂草修整、清理，然后供上食品、鲜花等，向先人祭拜。

端午节礼仪：端午节为每年农历五月初五，又称端阳节、午日节、五月节、五日节、艾节、端五、重午、午日、夏节。端午节本来是夏季的一个驱除瘟疫的节日，后来楚国诗人屈原于端午节投江自尽，就变成了纪念屈原的节日。每到端午节这一天，家家户户都悬钟馗像、挂艾叶菖蒲、赛龙舟、吃粽子、饮雄黄酒、游百病、佩香囊、备牲醴等，但不同的地区过端午节的方式也千差万别。另外，在韩国、日本等地也有过端午节的习俗。

重阳节礼仪：农历九月初九是重阳节。中国俗以九为阳数，因为此节之月、日皆为九，所以称为重阳。早在战国时代，人们在重阳节就有登高、插茱萸、吃重阳糕、饮菊花酒等习俗，相传这些活动形式是由东汉时桓景和费长房的故事而来，有消灾避厄之功效。而在台湾地区，重阳节时值秋高气爽，正适合放风筝，于是，放风筝便逐渐成为重阳节的主题活动。如今的重阳节，被赋予了新的含义，由于"九九"与"久久"同音，有生命长久、健康长寿的寓意，于是在 1989 年，将每年农历九月九日定为"老人节"，敬老、爱老便成为今日重阳节的主题之一。凡重要的节庆中都有特殊的食品，重阳节也不例外，重阳节的应节食品是重阳糕，因"糕"与"高"谐音，吃重阳糕象征"百事俱高"，蕴含着祝福和高寿。

中秋节礼仪：农历八月十五日是中秋节，又叫仲秋、月夕。中秋节是个古老的节日，祭月、赏月是该节日的重要习俗。古代帝王有春天祭日、秋天祭月的社制，民家也有中秋祭月之风。到了后来，赏月重于祭月，严肃的祭祀变成了轻松的合家欢乐。中秋赏月的风俗在唐代极盛，许多诗人的名篇中都有咏月的诗句，宋代、明代、清代宫廷和民间的拜月、赏月活动更具规模。我国各地至今遗存着许多"拜月坛"、"拜月亭"、"望月楼"的古迹。北京的"月坛"就是明嘉靖年间为皇家祭月而修建的。每当中秋月亮升起，于露天设案，将月饼、石榴、枣子等瓜果供于桌案上，拜月后，全家人围桌而坐，边吃边谈，共赏明月。现在，祭月、拜月活动已被规模盛大、多彩多姿的群众赏月游乐活动所替代。

七、按风俗分类

按风俗分类，可分为结婚礼仪、殡葬礼仪、祝寿礼仪、乔迁礼仪、添喜礼仪等。

结婚礼仪：古今中外，婚礼都被认为是人生仪礼中的大礼。不同国家和不同地区的结婚礼仪存在着很大的差异。古往今来，尽管我国的结婚礼仪有了许多的变化，但林林总总都不外是：查黄历、选结婚吉日、婚前作婚检、新娘穿大红婚服或穿白色婚纱、新娘戴结婚戒指、新郎新娘喝交杯酒、度新婚蜜月、放鞭炮、摆喜酒等。近年来，西式婚礼开始盛行。

殡葬礼仪："人生自古谁无死"，生死是每个人的必经之路。传统丧礼仪式繁琐，现在多以追悼会的形式对死者表示哀悼。殡葬礼仪包括守灵祈祷、入殓、出殡祈祷、辞灵礼、土葬礼、火葬礼、骨灰安放礼、遗骨安放礼等。

祝寿礼仪：中国人祝寿一般从 60 岁或 66 岁开始，不论是 60 岁或 66 岁都是按虚岁计算，即按实际年龄提前一年。老年人一开始"过生日"，以后就得年年过，不能间断。平常为小庆，逢 10 如 70、80、90 等，为大寿，要大庆。贺生日一般都要庆贺，多以寿桃、寿面为礼，寿桃被看做为仙桃，面条取其绵长，寓意长寿。同时也送寿幛寿联，用来书写吉祥祝词。隆重的还设寿堂、摆寿烛、张灯结彩，具体做法是在寿辰之日，先把祖宗的神主牌位请于神案之上，点燃香烛，鸣放鞭炮，寿诞老人穿戴一新，率全家拜祭。之后，老寿星端坐寿堂椅上，晚辈们衣冠整齐，恭恭敬敬依次磕头祝寿，并献上贺寿礼品。祝寿磕头为"寿头"，现在很多年轻人不选择磕头，就变为三鞠躬。拜寿礼时，不同的辈分，其拜礼也有区别。平辈只是一揖，子侄为尊长庆寿要四拜，有的还要用寿盘盛熟鸡蛋四枚或枣汤一碗奉于寿者。贺寿仪式完毕，共吃寿宴，喝寿酒。

乔迁礼仪：客家人建好新房，从原居搬迁到新房居住叫"乔"，俗称"落新屋"。迁新居一定要选择在黄道吉日进行，先在原居地拜谒祖神、灶神、土地神后，由家中尊者带领家人提携盛有诗书、契约等贵重物件的箱盒，其中男孩手捧文房四宝，妇女担着盛有"旺种"（即火种）及生活用品的箩担，整队走出原居大门。途中，敲锣打鼓，擎举彩仗，浩浩荡荡向新居进发，及至新居大门前，先进行接"五福"叩拜，然后由守候在新居屋的建筑师、地理师打开新居大门，说吉利的祝颂词，迎接迁居队伍进入新居屋内，在厨房安设灶神，在厅堂安设龙神，在祖厅正堂设祖神牌叩拜才算完成整套礼仪。最后是"礼成大合乐，设席宴亲友"以示庆祝。乔迁之礼多在亲朋好友之间举行，届时亲友携带礼物登门祝贺，主人摆酒款待，表示感谢。舅家须送"发糕"与"小鸡"，意为"家财大发"和"六畜兴旺"。主人置酒招待，应备"苹果"和"糍粑"，意为"家宅平安"和亲邻今后"亲密无间"、"彼此关照"。现代的乔迁礼仪已经简化，乔迁新居的主人只需设宴招待前来贺喜的嘉宾，带领客人参观新居即可。

添喜礼仪：亲朋好友或同事家中喜得贵子或千金，这是添丁进口、喜庆临门的好事，应该前往祝贺。这时除送一些产妇或婴儿需要的补品外，还应送象征喜庆欢乐的礼仪花篮。添喜礼仪，一般包括：看喜、过百岁、赶生日。"看喜"是妇女生小孩后，亲朋好友带礼物登门贺喜。"过百岁"是小孩出生后 100 天，由家中长者抱着走"面步"，意味着健康百岁，而且在百岁这一天，还要给孩子拍照留念。"赶生日"是指在孩子一周岁时，亲朋好友蒸大圆饼和"镯镯"前去祝贺。

八、按沟通的形式分类

按沟通的形式分类，可分为书信礼仪、电话礼仪、电子邮件礼仪、手机短信礼仪、QQ 礼仪、MSN 礼仪、网络视频礼仪等。

书信礼仪：书信一般可分为商务信件（或公函）和私人信件两大类。一封书信一般包括 5 个部分：称呼、正文、祝语、署名及写信日期。

电话礼仪：电话礼仪包括基本电话礼仪、拨打电话礼仪、接听电话礼仪、代接电话礼仪等。

电子邮件礼仪：电子邮件也称 Email，是通过网络传递的电子信函。使用 Email 可以迅速地与世界上任何一个角落的网络用户进行联系。电子邮件的具体形式有文字、图像、声音等。电子邮件使用简便、传递迅速、易于保存、全球畅通无阻，这些优点使它在短时间内得到迅速普及和广泛应用。与传统的书信相比较，电子邮件方便、快捷、费用低廉，已为越来越多的人所使用。电子邮件礼仪与书信礼仪相同，一般包括称呼、正文、祝语、署名及写信日期。

手机短信礼仪：2002 年 5 月，中国移动公司和联通公司实现了手机短信互通，自此手机短信开始在人群中流行。也正是在这一年，开始盛行以手机短信的形式来祝贺节日，这既减少了人们走亲访友的麻烦、简化了节日礼仪，又不失过节热烈而祥和的气氛，堪称为社会交往的一代礼仪新风。

QQ、MSN、网络视频礼仪：近年来，QQ、MSN、网络视频，这些平时年轻人热衷的网络聊天工具，也成为不少家庭的拜年"新宠"，不仅可以互相对话，还可以通过视频看到对方，就算亲朋好友远在天涯海角，也能像在眼前一样沟通自如。

第三节 礼仪和体育礼仪的形成与发展

我国礼仪文化的发展有着悠久的历史，可以追溯到久远的过去。关于礼的起源，说法不一，归纳起来有五种：一是天神产生礼仪；二是礼为天地人的统一体；三是礼为人的自然本性；四是礼为人性和环境矛盾的产物；五是礼生于理，起源于俗。应当说在中华民族的历史掀开第一页的时候，礼仪就伴随着人的活动产生了。本节主要阐述礼仪和体育礼仪的形成与发展。

一、礼仪的形成与发展

礼仪的形成与发展，经历了一个从无到有、从零散无序到系统完善的过程。从历史发展的角度来看，其演变过程可以分为 4 个阶段：

（一）原始社会时期

在原始社会，"礼仪"是指拜天祭地、祈求神的保佑、感谢神的赐予等敬神仪式。那个时期人类还处在蒙昧时代，生产力水平极其低下，许多自然现象人们无法解释，就把"天"、"神"作为宇宙间最高的主宰，对之顶礼膜拜，这样就产生了最早的、最简单的、以祭天敬神为主要内容的"礼"。

生活在距今约 1.8 万年前的北京周口店山顶洞人，他们用穿孔的兽齿、石珠作为装饰品，挂在脖子上，在他们去世的族人身旁撒放赤铁矿粉，举行原始宗教仪式，这是迄今为止在中国发现的最早的葬仪。

公元前 1 万年左右，人类进入新石器时期。在此后数千年的岁月里，原始礼仪渐具雏形。仰韶文化时期的遗址及有关资料表明：当时的人们已经注意尊卑有序、男女有别的秩序，长辈坐上席、晚辈坐下席，男子坐左边、女子坐右边等礼仪日趋明确。

（二）奴隶社会时期

原始社会瓦解，进入奴隶社会后，激烈的社会斗争使礼仪成了奴隶主统治奴隶的工具。奴隶主为了巩固统治地位，提出了"五礼"，强调君臣、父子、夫妻、尊卑、贵贱的关系。

在周朝，周公制定的《周礼》是中国流传至今的第一部礼仪专著。《周礼》（又名《周官》），本为一官职表，后经整理，成为讲述周朝典章制度的书籍。《周礼》原有 6 篇，详介 6 类官名及其职权。六官分别为天官、地官、春官、夏官、秋官、冬官。其中，天官冢宰（即吏部）掌管组织部和人事部，地官司徒（即户部）掌管财政部和公安部的户籍，春官宗伯（即礼部）掌管外交部、教育部和文化部，夏官司马（即兵部）掌管国防部，秋官司寇（即刑部）掌管司法部和公安部的一部分，冬官司空（即工部）掌管农业部。如此清晰的官名及其职权划分是周朝礼仪制度的典范。实际上，从古至今、从中央到地方政府的组织管理体系一直没有跳出《周礼》的框架。

在春秋战国时期，相继涌现出了孔子、孟子、荀子等思想巨人，发展和革新了礼仪的理论。

孔子（公元前 551—公元前 479 年）是中国古代大思想家、大教育家。他首开私人讲学之风，打破贵族垄断教育的局面。他删《诗》、《书》，定《礼》、《乐》，赞《周易》，修《春秋》，为历史文化的整理和保存做出了重大贡献。他编订的《仪礼》，详细记录了战国以前贵族生活的各种礼节仪式。《仪礼》与前述的《周礼》和孔门后学编的《礼记》，合称"三礼"，是中国古代最早的礼仪著作。孔子认为，"不学礼，无以立"（《论语·季氏篇》）。"质胜文则野，文胜质则史。文质彬彬，然后君子"（《论语·雍也》）。他要求人们用道德规范约束自己的行为，要做到"非礼勿视，非礼勿听，非礼勿言，非礼勿动"（《论语·颜渊》）。他倡导的"仁者爱人",强调人与人之间要有同情心,要互相关心,彼此尊重。总之,孔子较系统地阐述了礼及礼仪的本质与功能,把礼仪理论上升到了一个新的高度。

孟子(约公元前 372—公元前 289 年)是战国时期儒家主要代表人物。在政治思想上,孟子把孔子的"仁学"思想加以发展,提出了"王道"、"仁政"的学说和"民贵君轻"说,主张"以德服人"。在道德修养方面,他主张"舍生而取义"(《孟子·告子上》),讲究"修身",培养"浩然之气"。

荀子(约公元前 298—公元前 238 年)是战国末期的大思想家。他主张"礼"、"法",提倡"礼法"并重。他说,"礼者,贵贱有等,长幼有差,贫富轻重皆有称者也"(《荀子·富国》)。他指出,"礼之于正国家也,如权衡之于轻重也,如绳墨之于曲直也。故人无礼不生,事无礼不成,国家无礼不宁"(《荀子·大略》)。荀子还提出,不仅要有礼治,还要有法治。只有尊崇礼,法制完备,国家才能安宁。荀子重视客观环境对人性的影响,倡导学而至善。

(三)封建社会时期

封建社会的礼仪承袭了奴隶社会的礼仪制度,根据统治者加强封建集权的需要对礼仪进行了不同程度的补充和改造,礼仪仍然是统治的工具之一。但是礼仪逐渐进入社会的各个领域和普通民众的生活中,影响并丰富了他们的社会交际活动。

汉朝时期,叔孙通协助汉高祖刘邦制定了朝礼之仪,突出发展了"礼"的仪式和礼节(《宰相刘罗锅》)。而西汉思想家董仲舒(公元前 179—公元前 104 年),使封建专制制度的理论系统化,并提出"唯天子受命于天,天下受命于天子"的"天人感应"之说(《汉书·董仲舒传》)。董仲舒把儒家礼仪具体概括为"三纲五常"。"三纲"即"君为臣纲,父为子纲,夫为妻纲"。"五常"即仁、义、礼、智、信。汉武帝刘彻采纳董仲舒"罢黜百家,独尊儒术"的建议,使儒家礼教成为定制。后来,孔门后学编撰的《礼记》问世。《礼记》共计 49 篇,包罗宏富。其中,有讲述古代风俗的《曲礼》(第 1 篇);有谈论古代饮食居住进化概况的《礼运》(第 9 篇);有记录家庭礼仪的《内则》(第 12 篇);有记载服饰制度的《玉澡》(第 13 篇);有论述师生关系的《学记》(第 18 篇);还有教导人们道德修养的途径和方法,即"修身、齐家、治国、平天下"的《大学》（第 42 篇）等。总之，《礼记》堪称集上古礼仪之大成，是上承奴隶社会、下启封建社会的礼仪汇集，是封建社会礼仪的经典著作。

唐朝时期，礼仪在继承传统的基础上，还发展了一些新的内容，贯穿于社会生活的各个领域。《礼记》由"记"上升为"经"，成为"礼经"三书之一（另外两本为《周礼》和《仪礼》）。唐朝还制定了一系列的养老制度，唐代家庭养老，在中国古代社会比较具有代表性。唐朝时期所强调的立志、勤俭、善与人交往等思想也延续和发展了中华民族的传统美德，值得后人学习。

宋朝时期，出现了以儒家思想为基础，兼容道学、佛学思想的理学，其中以程颐兄弟和朱熹为主要代表。二程认为，"父子君臣，天下之定理，无所逃于天地间"（《二程遗书》卷五）。"礼即是理也"（《二程遗书》卷二十五）。朱熹进一步指出，"仁莫大于父子，义莫大于君臣，是谓三纲之要，五常之本。人伦天理之至，无所逃于天地间"（《朱子文集·未垂拱奏礼·二》）。朱熹的论述使二程的"天理"说更严密、更准确。家庭礼仪研究是宋代礼仪发展的另一个特点，在大量家庭礼仪著作中，以撰写《资治通鉴》而名垂青史的北宋史学家司马光（公元 1019—1086年）的《涑水家仪》和以《四书集注》名扬天下的南宋理学家朱熹（公元 1130—1200 年）的《朱子家礼》最著名。

明朝时期，交友之礼更加完善，且忠、孝、节、义等礼仪日趋繁多。明朝时期讲究外交方面的大国之礼，形成明代外交的鲜明特色。《明史·礼志十》记述了大明王朝洪武年间定的"蕃王朝贡礼"，"遣使之蕃国仪"，"蕃国遣使进表仪"，这些都属于明朝时期的外交礼仪。

清朝时期，满族入关后，逐渐接受了汉族的礼制，并且使其复杂化，导致一些礼仪显得虚浮、烦琐。例如清代的品官相见礼，当品级低者向品级高者行拜礼时，轻者一跪三叩，重者三跪九叩。清代后期，清王朝政权腐败、民不聊生，礼仪盛极而衰。而伴随着西学东渐，一些西方礼仪传入了中国，北洋新军时期的陆军便采用西方军队的举手礼等，以代替不合时宜的打千礼等。

（四）现代社会时期

1911 年末，清王朝土崩瓦解，孙中山先生在南京就任中华民国临时大总统。孙中山等人破旧立新，用民权代替君权，用自由、平等取代宗法等级制；普及教育，废除祭孔读经；改造陋俗，剪辫子、禁缠足等，从而正式拉开现代礼仪的帷幕。民国期间，由西方传入中国的握手礼开始流行于上层社会，后逐渐普及于民间。

1949 年至 1966 年，在中国共产党领导下的新中国，重视文化教育事业及移风易俗，摒弃了昔日束缚人们的"神权天命"、"愚忠愚孝"以及严重束缚妇女的"三从四德"等封建礼教，确立了同志式的合作互助关系和男女平等的新型社会关系。从而使尊老爱幼、以诚待人、先人后己、礼尚往来、讲究信义等中国传统礼仪中的精华，得以继承和发扬。

1966 年至 1976 年，中国遭遇了"文化大革命"。十年动乱使国家遭受了严重的损失，也给礼仪带来了一场"浩劫"。许多优良的传统礼仪，被当做"封资修"货色扫进垃圾堆。礼仪受到摧残，社会风气逆转。

1978 年党的十一届三中全会以来，中国的礼仪建设进入新的全面复兴时期。从推行文明礼貌用语到积极树立行业新风，从开展"18 岁成人仪式教育活动"到制定市民文明公约，各行各业的礼仪规范纷纷出台，岗位培训、礼仪教育日趋红火，讲文明、重礼貌蔚然成风。《公共关系报》、《现代交际》等一批涉及礼仪的报刊应运而出，《中国应用礼仪大全》、《称谓大辞典》、《外国习俗与礼仪》等有关礼仪的图书、辞典、教材不断问世。

现代社会时期的礼仪也称现代礼仪。现代礼仪体现了国家、民族的道德风尚和人们的精神面貌，它像一种无形的力量使人们互敬、互让、互爱，从而为社会塑造了一个安定和谐的环境。随着社会的进步、科技的发展和国际交往活动的增加，礼仪必将得到新的完善和发展。

二、体育礼仪的形成与发展

（一）古代体育礼仪的形成与发展

体育是在人类社会生产和生活的实践中不断创造、丰富和发展起来的，是人类社会生活的组成部分。我国古代体育有着悠久的历史和传统，是中国古代文明的重要内容之一，在数千年的发展演变过程中，形成了独具东方特色的体育礼仪和体育文化。古代体育礼仪对古代体育的发展产生了积极的影响。

中国古代体育包括"宫廷体育"和"民间娱乐"。中国古代体育大部分项目与生产、生活密切相关，如射箭、游泳、摔跤、举重、跑步、跳高、跳远、足球、马球等；还有一部分逐步演化为社会娱乐活动，如龙舟竞赛、拔河、秋千、风筝、踢毽子等。中国古代体育比赛的共同点是严格按照一定的程式或规则进行比赛。例如公元前 11 世纪至公元前 771 年间举行的射箭活动（即射礼），就是严格按照规范来进行的。我国古代足球的重要史料《鞠城铭》中，记载有"其例有常"，说的就是比赛始终要有一个稳定的竞赛规则，比赛双方都必须按照规则来进行。元朝宁志斋编写的《丸经》中，有关于对参与捶丸游戏者言行举止的规定及对道德品质的要求等，都充分说明了我国古代对体育活动参与者行为规范和道德规范的重视。这就是中国古代体育礼仪的萌芽，古代体育礼仪的产生无疑促进了古代体育运动的发展。

西方体育是在公元前 8 世纪至公元前 5 世纪的古希腊开始形成的。古希腊由众多城邦组成，战乱连绵。各城邦为了赢得战争的胜利都积极训练士兵，而军事训练与体育竞技是培养士兵的有效手段。后来斯巴达王和伊利斯王签订了"神圣休战月"条约，本意为准备兵源的军事训练和体育竞技逐渐发展成为和平与友谊的盛会。古希腊是泛神论的民族，他们崇拜诸神。在祭神活动中，人们与众神同欢的形式多采用表现健康的裸体竞技和表现美的健身舞蹈，后来，这种宗教活动逐渐演变成地方性竞技赛会。经过漫长的历史演变和发展，终于在公元前 776 年诞生了第一届古代奥林匹克运动会。此后，古代奥林匹克运动会的规模逐渐扩大，并成为显示民族精神的盛会，比赛的优胜者将获得月桂、野橄榄和棕榈编织成的花环等。从公元前 776 年开始到公元 394 年止，历经 1170 年，共举行了 293 届古代奥林匹克运动会。到公元 394 年被罗马皇帝禁止，西方古代体育也就此告一段落。

从古代体育的发展史可以看出，体育运动一开始是带有政治和军事色彩的，在表现形式上遵从宗教礼节。随着社会的发展和文明的进步，体育逐渐走向了自我发展的道路，竞技体育开始规范化和专业化，最终形成了独具特色的现代体育礼仪。

（二）现代体育礼仪的形成与发展

现代体育礼仪的最佳诠释，当属现代奥林匹克运动会。它是世界性的大型运动会，其历史源远流长。1875—1881 年，德国库蒂乌斯人在奥林匹克遗址发掘了出土文物，引起举世瞩目。为此，法国教育家皮埃尔·德·顾拜旦认为，恢复古希腊奥运会的传统对促进国际体育运动的发展有着十分重大的意义。在他的倡导与积极奔走下，1894 年 6 月，在巴黎举行了首次国际体育大会。国际体育大会决定把世界性的综合体育运动会命名为"奥林匹克运动会"。1896 年 4 月在希腊首都雅典举行第一届奥林匹克运动会，之后每 4 年一次，轮流在各会员国举行，至今已举办了 29 届。1914 年 6 月，顾拜旦为庆祝现代奥林匹克运动诞生 20 周年，亲自设计了白底五环标志旗。随着奥林匹克运动的发展，五环标志被《奥林匹克宪章》确定为奥林匹克标志。奥林匹克标志为由左到右相套接的 5 个奥林匹克环组成，可以是单色，也可以是蓝、黄、黑、绿、红 5 种颜色。最初采用这 5 种颜色是代表当时国家奥委会成员国国旗的颜色。随着奥林匹克运动的不断发展，五色环被赋予了更深的含义，它不仅代表着全世界运动员在奥林匹克旗帜下的团结和友谊，而且强调体育活动参与者应以公平、公正、坦诚、文明的宗旨参加比赛。经过一百多年的发展，现代奥运会已经成为全世界精神文明和礼仪文化展示的舞台，无论是隆重的开幕式、闭幕式、火炬传送仪式、奖牌授予仪式，还是各个比赛项目赛场，礼仪无处不在，并已经成为体育运动不可分割的一部分。

中国古代体育礼仪的发展和演变深受儒家文化的影响。儒家文化是以"礼"为中心的，儒家文化主要从伦理观、动静观、内外观、中庸观等方面对古代体育礼仪产生影响，主要表现为对力量与勇气的欣赏、对技巧与才智的推崇、对道德和文明的赞誉、对规则和形式的重视等。虽然中西方礼仪存在着差异，但随着全球国际化步伐的加快，中西方体育礼仪慢慢地融为一体。在奥林匹克运动的巨大影响下，中国体育礼仪在同西方体育礼仪相互融合、相互竞争的汇流中迅速发展。同时，中国体育礼仪中有价值的成分，也被越来越多的西方人所接受，并逐步形成一种中西方体育礼仪相互迁移和共同提高的新格局。

第二章　个人礼仪

随着现代社会人际交往的日渐频繁，人们对个人礼仪也倍加重视。个人礼仪被认为是一种社会文化，它作为一个国家文化与传统的象征，体现的不仅是一种文化氛围，而且还显示了较强的道德约束力。由此可见，个人礼仪不仅是衡量个体有无教养的尺度，而且是衡量一个社会、一个国家文明程度的重要标志。出众的个人形象，是自尊、尊人之本，更是立足、立业之源。我们强调个人礼仪，旨在规范个人形象，强化公民的文明观念，倡导良好的礼仪之风。

第一节　个人礼仪概述

21 世纪是一个人才竞争的时代，要想脱颖而出，首先要拥有一个良好的形象。人的外在形象直接关系到人的整体感觉，对周围事物的态度以及对自身的诠释。恰到好处地运用个人礼仪，不仅能给自己带来愉悦的心情，而且能给周围的人们留下美好的印象，同时也一定能为个人的成功增加胜算。

一、个人礼仪的概念

个人礼仪通常也被称为形象礼仪，是个人仪容、表情、服饰、举止等方面的规定，是社会个体的生活行为规范与待人处世的准则，是个人道德品质、文化素养、教养良知等的外在表现。其核心是尊重他人，与人为善，表里如一。

个人礼仪由仪容礼仪、表情礼仪、服饰礼仪、举止礼仪 4 大要素构成：

仪容礼仪：仪容是指人的容貌和外观，包括头发、面部、手部等。仪容礼仪是指人的容貌和外观要修饰得体，给人以整洁、大方、端庄的良好形象。

表情礼仪：表情主要是指面部表情，如目光、鼻子、嘴唇和笑容等，常用来表达愉悦、愤怒、抑郁、忧伤、烦恼、紧张、焦虑等内心情感。表情是人际交往中相互沟通的形式之一，是最为丰富的人体语言。

服饰礼仪：服饰包括服装、鞋、袜、包、首饰。服饰礼仪指的是服装、鞋、袜、包、首饰的和谐搭配。服饰与自身形象及出入场合协调统一，可充分展示出一个人的性格气质、社会地位和精神风貌。

举止礼仪：举止包括站姿、坐姿、走姿、蹲姿等。举止礼仪是指站姿、坐姿、走姿、蹲姿要自然优雅、端庄大方、稳重成熟。

从表面看，个人礼仪仅仅涉及个体穿衣打扮、举手投足等无关痛痒的细节，但细节之处显精神，言谈举止见文化。若置个人礼仪规范于不顾，自以为是，我行我素，必然会授人以柄，小则影响自身的个人形象，大则影响社会、民族乃至国家的整体形象。

二、个人礼仪的特征

个人礼仪具备以下 5 个基本特征：

（一）以个人为支点

个人礼仪是对社会成员个体自身行为的规定，而不是对任何社会组织或其他群体行为的限定。但由于每个群体都是由一定数量的个体所组成的，每一个社会组织也都是由一定数量的组织成员所构成的，因此，个人行为的良好与否将直接影响着单个群体、社会组织乃至整个社会的形象。从这个角度上来说，强调个人礼仪，规范个人行为，不仅是为了提高个人自身的内在涵养，更重要的是为了促进社会更文明、更有序地发展。

（二）以修养为基础

个人礼仪不是简单的个人行为表现，而是个人的公共道德修养在社会活动中的体现，它反映的是个体内在的品德与文化修养。若缺乏内在的修养，个人的行为礼仪就会显得不真诚，甚至有矫揉造作之感。只有"诚于中"方能"行于外"，因此个人礼仪必须以个人修养为基础，只有这样，才能达到内外一致的境界。

（三）以尊敬为原则

在社会活动中，讲究个人礼仪，自觉按个人礼仪的诸项规定行事，必须奉行尊敬他人的原则。"敬人者，人恒敬之"，只有尊敬别人，才能赢得别人对你的尊敬。在社会主义条件下，个人礼仪不仅体现了人与人之间的相互尊重和友好合作的新型关系，而且还可以避免或缓解某些不必要的个人或群体的冲突。

（四）以美好为目标

遵循个人礼仪和尊重他人的原则，是为了更好地塑造个人的自身形象，更充分地展现个人的精神风貌。个人礼仪教会人们识别美丑，帮助人们明辨是非，引导人们走向文明，它能使个人形象日趋完美，使人们的生活日趋美好。

（五）以长远为方针

个人礼仪的确会给人们以美好，给社会以文明。但所有这一切，都不可能立竿见影，必须经过人们长期不懈的努力和社会持续不断的进步。因此，对个人礼仪规范的掌握切不可急于求成，更不能有急功近利的思想。

第二节　仪容礼仪

仪容主要指人们的容貌和外表，包括头发、面部、手部等方面，是个体精神面貌的外在体现。个体的仪容是时刻被他人关注的，并影响着个人的整体形象。美观大方的仪容不但能体现出个人的道德修养，也能表达出对他人的尊重和礼貌。因此，每个人都应注重仪容的修饰。

从外观来看，仪容包括"自然美"、"修饰美"和"内在美"3个层次。"自然美"是指先天条件好，天生丽质，无任何修饰；"修饰美"是依据个人条件，对仪容进行必要的修饰和设计，以重塑个人形象的过程，目的是扬长避短，是目前多数人采用的方法；"内在美"是指通过后天的学习，提高个人的文化涵养、道德修养和培养高雅气质的过程，是一个需要长时间学习、提高，甚至是痛苦磨练的过程。仪容礼仪是在个体容貌和外表自然美的基础上，进行必要的修饰，同时注意提高个人的文化道德修养，使个体的容貌焕然一新、内外协调一致，从而体现出生命的活力。

本节主要从"头发的整洁与修饰"、"面部的修饰与化妆"、"手臂的整洁与修饰"、"腿部的整洁与修饰"4 个方面进行阐述。

一、头发的整洁与修饰

头发位于人体的头部，如同它的位置一样，其重要性也是不可忽视的。头发对容貌起到很强的衬托和美化作用，只要稍加修整就会使人焕然一新。因此要想头发整洁、修饰得体，我们建议从以下几个方面着手：

（一）经常清洗

清洗是保持头发干净清爽的唯一途径，建议每 2～3 天洗一次头发。经常清洗头发，不仅可以保养头发；而且还可以消除异味、清除头屑，给他人留下良好的印象。从事体育运动的人，经常会大汗淋漓，若是懒于清洗的话，就会给他人留下蓬头垢面、满头汗臭、油光铮亮的不良印象。

（二）长短合适

通常，要求男士的头发前不及眉，侧不遮耳，后不触领，建议每 15～20 天理一次发。女士的头发长短无特别规定，可以留长发，也可以留短发，但不建议留光头或寸头。女士在留长发的时候，要特别考虑自己的身高条件，一般来说，要与自己的身高成正比，高个子留长发要好于矮个子留长发。头发的长短也与年龄有关，年长者一般以短发为宜。另外，职业也是决定头发长短的重要因素，如从事艺术相关职业的人，留长发能突显其艺术的气质；而从事体育相关职业的人，多以短发为宜。

（三）发型适宜

发型是指个体头发的整体造型。在选择发型时，除了要考虑自己的喜好外，也要兼顾自己的职业、身高、年龄、脸型等因素。下面主要谈的是女性的发型选择。

1. 发型与职业

一般从事时尚职业者，发型要时尚、个性、前卫一些，例如美容师、化妆师、演员等；而从事严肃职业者，其发型就不宜太夸张、太怪异，例如律师、政府工作人员、教师等。

2. 发型与身高

一般高瘦的身材是比较理想的身材，但有时容易给人脸部不够丰满的感觉，稀少单薄的头发更会加深这种印象，因而在梳妆时要注意增强头发的丰盈感，适当地加强发型的装饰性。方法是在两侧进行卷烫，这对于清瘦的形体有一定的协调作用。矮胖的女性，其整体的发式要向上伸展，露出脖颈，以增加一定的视觉身高；或选择有层次的短发，但不宜留长波浪发和长直发。

3. 发型与年龄

少女的发型以清爽、简便为宜。可梳短发，如童花式、运动式等；也可梳长发，如将头发编成发辫或梳成马尾式的发束等，给人以活泼俏丽的现代美感。少女不宜烫发，否则，会显得老气和俗气。青年女性可以选择新颖、美观、活泼的发型，长发飘逸、大方；层次分明的短发充满青春活力。中年女性梳短发、中长发、长发或直发、挽发髻、烫发都可以，只要发型整洁、美观、大方、简便、线条柔和，并注意取长补短，就会达到美化效果。老年女性的发型要结合自己的特点，保持庄重、整洁、简朴、大方，宜采用短发，前额不宜留刘海，且样式不宜太新潮。

4. 发型与脸形：根据人脸的轮廓，脸形可细分为 7 种，下面是各种脸形适合的发型：

蛋形脸：也称为标准脸。基本适合一切发型，可以是简单的短发、披肩发、长发，但以中长发为最佳。整体来说，应避免留过长的刘海以及过多的发量。

长形脸：在设计发型时，应留有刘海，并注意增加脸部两侧的发量。避免中分、下垂的长发以及扎马尾。

心形脸：适合披肩发。在设计发型时，下巴两侧应增加发量，但是要避免短发、盘发，另外切忌把发量都集中在头顶。

方形脸：适合稍偏分的、直线型的短发或卷发，头的顶部应加高发量，也可以让头发贴合下巴，但是切忌下巴附近发量太厚。

圆形脸：也称为柿饼脸。在设计发型时，应把头发梳至两侧脸颊，修饰自己过圆的脸部轮廓。切忌把头发全部往后梳、遮住眉毛的刘海以及中分发型。

（四）头发修饰

头发修饰常用的一个手段是美发。美发是指运用某种技术手段，如烫发、染发、定型、戴假发等对头发进行美化的过程。在美发时，要求美观大方、自然得体，适合自己的职业、年龄和发质。

1. 烫发

烫发是一种美发方法，分为物理烫发和化学烫发，现在用的最多的是化学烫发。烫发的目的其实有两个：一是使头发更丰满，二是改变头发的形状和走向。烫发的基本过程分为两步：第一步是通过化学反应将头发中的硫化键和氢键打破，第二步是发芯结构重组并使之稳定。

烫发要结合本人的发质、年龄、职业、气质等特征，选择合适的发型。另外，在比较严谨的工作岗位（如教师、律师、政府工作人员），不宜烫夸张、怪异的发型，否则会显得不伦不类。野外作业者不宜烫发，因头发常受阳光照射，会使头发干枯、断落，如已烫发，最好用头巾、草帽等进行保护。发丝软细的头发，弹性差、烫发效果不佳、维持时间短，因此，不宜烫发。

2. 染发

老年人头发灰白，可以通过黑色染发剂获得理想的发色；年轻人想把黑发改变成其他彩色，也可以使用染色剂进行染发。染发适合于所有人群。一般，深色系的染发适合年长的人，使人看上去沉着干练；浅色系的染发适合年轻人，可显示出青春活力。染发应根据个人的肤色来选择颜色：一般来说，白皙的皮肤适合的染色范围较广，肤色暗黄的，切记不要浅染，浅染会使脸色看起来灰暗粗糙，没有生气。染发应根据自己的职业、气质、性格等特点选择染发的颜色。

3. 定型

定型是指运用发油、发露、发乳、发胶、摩丝等美发用品，将头发塑造成一定形状或对其进行护理，以达到美发的目的。一般定型是在头发的形状固定后进行的。在进行头发定型时，一定要注意不能过量地使用美发用品，否则会显得生硬、死板。

4. 假发

头发稀少或秃顶，可选择戴假发来达到修饰美化的目的。假发材料一般有两种：一种是真发，一种是人造发。最好是选用真发做的头套，真发中又以没有染过的自然黑色头发为最佳。

二、面部的修饰与化妆

（一）面部的修饰

对面部最基本的要求是：时刻保持干净清爽，无汗渍、油污等不洁之物。修饰面部，首先要做到清洁，洗脸是最简单的方法。午休、用餐、出汗、体育活动或者外出之后，都应立刻洗脸。进行面部修饰，具体来说，应从以下部位着手。

1. 眼、眉

眼部分泌物要及时清除。眉形过粗或眉毛稀疏，应进行必要的修饰。尽量少纹眉，更不要剃眉。外出可以戴墨镜，一旦进入房间要摘掉，因为戴墨镜出现在社交场合，不但有拒人千里之外之嫌，而且会严重影响双方目光的交流。

2. 耳

平时洗澡、洗头、洗脸时，应清洗耳朵，及时清除耳孔中的分泌物。个别人耳毛长得较快，当长出耳外时，就应进行修剪。

3. 鼻

鼻腔要随时保持干净，不要让鼻涕或异物充塞鼻孔。应经常修剪长到鼻孔外的鼻毛。此外，酒糟鼻因为比较红肿，应做适当地处理，以免影响容貌的美观。

4. 口腔

无异味、牙齿洁白是对口腔的基本要求。为此，应坚持每天早、晚刷牙。更多的人主张饭后刷牙，以去除残渣和异味。另外，在重要的约会之前忌食蒜、葱、韭菜、萝卜、腐乳等具有刺激性气味的食物。

5. 脖颈

不要只顾着脸上干干净净，而忽视了对脖子的照顾。脖子尤其是脖后、耳后，绝不能成为"藏污纳垢"的地方。脖子上的皮肤细嫩，应给予相应地呵护，每天洗脸的同时也应清洗脖子，再涂上护肤品，防止过早老化。

（二）面部的化妆

面部修饰的有效方法是"化妆"。"化妆"是指通过使用美容用品修饰面部的行为。化妆的主要目的是修饰面部缺陷、矫正肤色、保护皮肤、突出面部特征等，以期扬长避短，使自己更加美丽，更为光彩照人。化妆是生活中的一门艺术，适度而得体的化妆，可以体现个体端庄、美丽、温柔、大方的独特气质。化妆之后，人们大都拥有良好的自我感觉，因此在人际交往中，表现得也更自信、更潇洒自如。但是，有很多人都存在着偏见，潜意识里认为体育运动中流汗多，不宜化妆。所以，很多从事与体育相关职业的人都以素面示人。其实不同的体育从业人员要区别对待，例如体育教师，体育行业的服务人员，正式场合中的裁判员、教练员等都可以着淡妆。我们很高兴地看到在比赛中越来越多的运动员也着妆出场，显示出现代体育人的风采风貌。

下面简要介绍化妆品的分类、化妆的步骤和化妆的禁忌：

1. 化妆品的分类

首先必须对化妆品的种类、化妆品的用法、化妆的程序和化妆的重点，有一定程度地认识。从理论上来讲，化妆品可以划分为四种类型，它们都有自己独特的功能，且不可混淆滥用。

（1）润肤型化妆品。它的主要功能是：清洁和护理面部、手部以及身体其他部位的皮肤，使之更为细腻、柔嫩、滋润。常见的品种有洁面膏、乳液、眼霜、润肤蜜、雪花膏、手霜、润体乳等。

（2）美发型化妆品。它的主要功能是：清洁、护发、止痒、去屑、染色、塑型等。例如香波、润丝、发蜡、发乳、发油、焗油、发胶、摩丝、冷烫液、染发水、生发水等。

（3）芳香型化妆品。它的主要功能是溢香祛臭，有的还兼有护肤、护发和防止蚊虫叮咬的作用，例如香水、香粉、香粉蜜、花露水、爽肤水等。

（4）修饰型化妆品。它的主要功能是：通过在面部适当部位的着色，使化妆者看起来更加亮丽动人。最常见的修饰型化妆品有粉饼、油彩、唇膏、眉笔、眼影、睫毛膏、化妆水等。由于绝大多数这一类型的化妆品都以其"特色"见长，所以它又被人们叫做"彩妆型化妆品"。

2. 化妆的步骤

最简易的淡妆，一般包括护肤、修眉、画眼、修饰唇形等步骤。下面简要介绍化妆的基本步骤：

（1）洁面。用洁面膏去除油污、汗水与灰尘，使面部彻底清洁。随后，在脸上拍打化妆水或爽肤水，为面部化妆做好准备。

（2）涂敷护肤霜和粉底。先在脸上用少量的润肤乳液涂抹均匀，以保护皮肤免受其他化妆品的刺激，此外还能使脸部更容易上妆。接下来涂上粉底或粉底液，使肤色均匀。完成之后，即可使用少许定妆粉定妆。

（3）描画眼眉。首先修眉、描眉，可以根据脸型选择眉的高低、长短和粗细。再沿着睫毛的根部画好眼线。然后从睫毛的根部向梢部涂黑色的睫毛膏，可反复多次，待干后，用睫毛器对眼睫毛进行造型，使之卷曲、上翘。最后根据发色和肤色的不同，选择适宜的眼影为眼部着色，加强眼睛的立体感。

（4）美化鼻部。即涂鼻侧影，以掩饰鼻形的缺陷。

（5）打腮红。使用胭脂扑打腮红。涂好腮红之后，应再次使用定妆粉定妆。

（6）修饰唇形。先用唇笔描出唇形，然后根据需要涂上适合自己的唇膏。为了增加嘴唇的光泽感，也可在嘴唇中间涂上唇彩，但不宜在整个唇部涂抹。

（7）修正补妆。检查化妆的效果，进行必要的调整、补充、修饰和矫正。

3. 化妆的礼仪

（1）一般的社交场合应当化淡妆，即工作妆。工作妆的主要特征是简约、清爽、素雅，具有鲜明的立体感。它既要给人以深刻的印象，又不容许有太浓的脂粉味，除非有特殊需要，如舞台妆。

（2）应避免过量地使用芳香型化妆品，特别是香水。过量地使用香水，不但有可能给人留下表现欲望过强的印象，而且还有可能引起对方的反感或不快。通常认为，与他人相处时，身上的香味在一米以内能被对方闻到，不算是过量。如果在 3 米开外，身上的香味依旧能被对方闻到，则肯定是过量地使用香水了。

（3）应避免当众化妆或补妆。化妆应在专用的化妆间或洗手间进行，若当众表演化妆术，尤其是在工作岗位上当众这样做，则会给人留下工作不专心的印象。

（4）应及时补妆。对于用唇膏、眼影、腮红、指甲油等化妆品所化过的妆面，尤其要"常备不懈"，时常检查。用餐之后、饮水之后、休息之后、出汗之后、沐浴之后，若妆面出现残缺，一定要及时补妆。

（5）工作时间力戒与他人探讨化妆问题，介绍自己化妆的心得，议论他人化妆的得失。每个人的审美观未必一样，所以不值得在这方面替别人"忧心忡忡"，否则很可能"费力不讨好"。

（6）忌借用他人的化妆品。借用他人的化妆品既不礼貌，也不卫生，因此，应尽量不借用他人的化妆品。

三、手臂的整洁与修饰

手臂要完成各种各样的手势，是人体中使用最多、动作最多的肢体部分。如果手臂的"形象"不佳，个体的整体形象将大打折扣。手臂的修饰应注意手掌、肩臂与汗毛3个部分。

（一）手掌

在日常生活中，手是使用次数最多的部位。从清洁、卫生、健康的角度谈，手应当勤洗，特别是餐前、便后、外出、接触各种物品、与他人握手后。在冬天，洗手后应及时涂护肤品滋润护理。发现死皮应立即将其修剪掉，但不要用手去撕或用牙去咬，以防皮肤破裂感染。手部皮肤粗糙、红肿、皲裂时，要及时护理或治疗。若长癣、生疮、发炎、破损、变形，不仅要治疗，还要避免接触他人。此外，手上的指甲应定期修剪，最好每周修剪一次，手指甲长度以不超过手指指尖为宜。

（二）肩臂

在正式的社交或商务场合中，手臂尤其是肩部不宜裸露在衣服外。晚会、宴会或其他非正式的场合，则另当别论。

（三）汗毛

由于个人的生理特征不同，有些女性手臂上汗毛生长得过浓或过长，应采用适当的方法进行脱毛，腋毛是不应为他人（尤其是异性）所见的。

四、腿部的整洁与修饰

在近距离之内，腿部容易为他人所关注，因此腿部的修饰必不可少。腿部的修饰，主要应注意脚、腿和汗毛3个部分。

（一）脚

在日常生活中，脚部很容易被人忽视。但作为一个有修养的人，应时刻注意脚部的卫生，确保无异味。首先，要勤洗脚。其次，应勤修脚趾甲，最好每周修剪一次。另外，在正式场合，不能光脚穿鞋，穿鞋前，应穿袜子，且不能穿露脚趾的鞋，如凉鞋、拖鞋。在非正式场合，光脚穿鞋要确保脚的干净、清洁。

（二）腿

在正式场合，男士不应该暴露腿部，即不能穿短裤；女士可以穿长裤、裙子，但不得穿短裤或暴露大腿的超短裙；女士穿裙子时，应穿袜子，而不应暴露出腿部皮肤。

（三）汗毛

成年男子，一般腿部的汗毛都较浓密，所以在正式场合不应穿短裤或卷起裤腿。女士腿部的汗毛如果过于浓密，应去掉或选穿深色丝袜加以遮掩。在没有去掉汗毛之前，切忌穿浅色的透明丝袜。

第三节　表情礼仪

表情是面部表情的简称，是指人在神经系统的控制下，面部肌肉及各器官所进行的运动、变化和调整。主要包括眼、眉、嘴、鼻、面部肌肉等器官的运动、变化以及整个头部的姿势。

表情使面部呈现出某种特定的形态，能较真实地反映人们的思想、情感及心理活动与变化。表情传达的感情信息要比语言来得巧妙得多，但准确、合理地把握表情，并不是一件容易的事。一般来说，人的表情主要体现为目光、笑容、面部表情和首语。

一、目光

人与人之间进行沟通时，目光的交流总是处于最重要的地位。信息的交流以目光的交流为起点。在交流过程中，双方要不断地应用目光表达自己的意愿、情感，还要适当观察对方的目光，以探测"虚实"。目光的良好运用，能迅速拉近你与陌生人的距离，也能让有误会的朋友之间冰释前嫌。印度诗人泰戈尔说："一旦学会了目光语言，表情的变化将是无穷无尽的。"这说明目光语言的表现力是极强的，是其他举止无法比拟的。

（一）目光的含义

在日常交往中，目光注视的时间、角度和部位不同，其含义也千差万别。

1. 表示友好。注视对方的目光是热情洋溢的，是向对方表示友好。

2. 表示重视。注视对方双眼，表示自己重视对方，但时间不能太久。仰视他人，以表示尊重、敬畏对方。注视眼部至唇部这一区域，表示礼貌、尊重对方。注视对方额头，表示严肃、认真、公事公办。

3. 表示轻视。俯视，即向下注视他人，可表示对晚辈宽容、怜爱，也可表示对他人轻慢、歧视。目光游离，注视对方的时间不到全部相处时间的1/3，意味着轻视。

4. 表示敌意。目光始终紧盯在对方身上，注视对方的时间占全部相处时间的2/3以上，被视为不友善、有敌意或有寻衅滋事的嫌疑。

5. 表示感兴趣。目光始终盯在对方身上，偶尔离开一下，注视对方的时间占全部相处时间的2/3以上，表示对对方感兴趣。

6. 其他含义。侧视是一种平视的特殊情况，即位于交往对象的一侧，面向并平视着对方。侧视的关键在于面向对方，若为斜视对方，即为失礼之举。对他人身上的某一部位随意一瞥，多用于在公共场合注视陌生人，应慎用。

（二）目光的运用

目光在不同的场合，有不同的运用，运用得当与否，直接影响交流的质量。

1. 与人约见时的目光。在与人见面时，不论是见到熟悉的人还是初次见面的人，不论是偶然见面还是约定见面，首先要面带微笑，眼睛睁大，以明亮的目光正视对方片刻，以示喜悦和热情。

2. 大会发言时的目光。在大会开始时，要用目光扫视全场，表示"请注意，我要开始讲了"。在发言的过程中，目光要经常离开发言稿，抬起并扫视全场，以与场内观众形成交流和互动。

3. 与人交谈时的目光。在与人交谈时，应当不断地通过各种目光与对方交流，调整交谈的气氛。交谈中，应始终保持目光的接触，这表示对该话题很感兴趣。但应当注意，交流中的注视，决不是紧紧盯住对方的眼睛，这种逼视的目光是失礼的，也会使对方感到尴尬。交谈时应自始至终地注视对方，并用目光笼罩对方的面部，同时应当辅以真挚、热忱的面部表情。交谈中，随着话题、内容的变换，应及时作出恰当的反应，或喜或惊，或微笑或沉思，通过目光流露出万千情意，使整个交谈融洽、和谐、生动、有趣。

4. 会谈结束时的目光。交谈和会见结束时，目光要抬起，表示谈话的结束。道别时，仍要用目光注视着对方的眼睛，表现出惜别之情。

5. "阅读"对方的目光语言。在掌握并正确运用自己目光语言的同时，还应当学会"阅读"对方的目光语言。从对方的目光变化中，分析其内心活动和心理意向。随着交谈内容的变化，目光和表情应该是和谐统一的：目光专注，表示对话题很感兴趣而且谈兴正浓；对方的目光长时间地中止接触，或游移不定，表示对方对话题不感兴趣，交谈应早些结束；目光斜视，表示鄙夷；目光紧盯，表示疑虑；偷眼相觑，表示窘迫；瞪大眼睛，表示吃惊等。目光语言尽管千变万化，但都是内心情感的流露。学会阅读与分析目光语言，对于社交活动的进行和发展有着重要意义。

二、笑容

笑容，是指笑时面部呈现的神情状态，其形式千变万化。在人际交往中，笑有着非常重要的作用。笑可以消除彼此间的陌生感，可以使困难的事变得容易，可以使强硬者变得温柔，是广交朋友、化解矛盾的有效手段。

（一）笑容的含义

微笑。微笑是最富魅力的体态语言之一，是指不露牙齿，嘴角的两端略向上翘起，呈弧形，眼神中有笑意，呈现快乐、满意、友好等情感的面部神态。感情是微笑的一种重要内力，它赋予微笑以色彩、能量而形成强烈的感染力。发自内心的微笑是渗透情感的笑，包含着对人的热忱和关怀。

轻笑。是指嘴唇轻启，上齿显露在外，不发出声响，眼神中笑意较深的笑容。它有两层含义：一是轻蔑讥笑。《新唐书·高固传》中的"然久在散位，数为侪类轻笑"中的"轻笑"，就是轻蔑讥笑的意思。二是微笑，表示欣喜、愉快之意。宋朝周邦彦《感皇恩》中的"浅颦轻笑百般宜，试著春衫犹更好"中的"轻笑"，就是微笑的意思。

浅笑。笑时抿嘴，下唇大多被含于牙齿之下，多见于年轻女性害羞之时，通常又称为抿嘴而笑，也是微笑的一种。

大笑。大笑时眼睛变小，嘴巴张开。人们往往比较欣赏男士的开怀大笑，而女士在大笑时应用手略遮掩一下嘴部。

狂笑。在极度高兴的时候，较常见。它的特点是笑声不断，肢体动作较大，而且不能自已，往往笑得前俯后仰。

假笑。笑得虚假，皮笑肉不笑。

冷笑。冷笑含有愤怒、讽刺、不满、无可奈何、不屑一顾、不以为然之意，易使对方产生敌意。

怪笑。笑声怪里怪气，令人心里发麻，多含有恐吓、嘲讽之意。

媚笑。非发自内心，具有一定的功利性，多表示有意讨好他人。

怯笑。害羞、怯场、面红耳赤、不敢与他人交流视线，多表示胆怯。

窃笑。偷偷地、洋洋自得地笑，多表示幸灾乐祸。

狞笑。面部狰狞、目光凶狠地笑，多表示愤怒、惊恐、恐吓。

（二）笑容的运用

一张甜蜜的、带着微笑的脸总是受人喜爱的，如何让微笑既得体又不失规范，这要注意以下几方面：

微笑要发自内心：笑的时候要自然、大方。

微笑要声情并茂：笑的时候使笑容与自己的举止、谈吐有很好的呼应。

微笑要优雅大方：笑的时候，不但要适时、尽兴，更要精神饱满、优雅大方。

微笑要表现和谐：从直观上看，笑是人们的眉、眼、鼻、口、齿以及面部肌肉的协调运动，肌肉不协调的话，会出现冷笑、怪笑、假笑等不得体的笑容。

轻笑，常用于表示欢迎、会谈、与某人相识、会见客户和向熟人打招呼等情境。

大笑，因太过张扬，一般不宜在商务场合中使用。

狂笑，一般在极度高兴的时候较为常见，但要有所克制。

在日常交往中，一般较忌讳使用假笑、冷笑、怪笑、媚笑、怯笑、窃笑、狞笑等让他人厌恶或有敌意的笑容。

三、面部表情

面部表情是指通过眼部肌肉、颜面肌肉和口部肌肉的变化来表现的各种情绪状态。它对目光和笑容的发挥有辅助作用，同时也可以自成一体，表现其独特的含义。

（一）面部表情的含义

眉毛。以眉毛的形状变化所显示的表情，一般叫做眉语。除配合眼神外，眉语也可独自表意。双眉紧皱，多表示困窘、不愉快或不赞成；

眉峰上耸，多表示恐惧、惊讶或欣喜；眉角下拉，多表示气恼或愤怒；单眉上挑，多表示询问；眉毛上下快动，一般用来表示愉快、同意或亲切。

鼻子。鼻子的表情动作较少，而其含义却很明确。挺鼻，表示倔强或自大；缩鼻，表示拒绝或放弃；皱鼻，表示好奇或吃惊；抬鼻，表示轻视或歧视；摸鼻，表示亲切或重视。

耳朵。耳朵是个神奇的器官，不但能接受声波，使我们能听到外界的声音，还能传达我们内心的感情。一般来讲，侧耳，表示关注；耸耳，表示吃惊；捂耳，表示拒绝；摸耳，表示亲密。

嘴巴。嘴巴的不同显示，往往可以表示不同的心理状态。嘴巴大开，表示惊讶；含住嘴唇，表示努力或坚持；撅起嘴巴，表示生气或不满；嘴角一撇，表示鄙夷或轻视；嘴角上拉表示倾听，下拉表示不满；咬紧嘴唇，表示自省或自嘲；嘴巴歪向一方，表示怂恿或支持。

下巴。收起下巴，表示隐忍；缩紧下巴，表示驯服；突出下巴，表示攻击；前伸下巴，表示自大；下巴向人，表示骄傲；耷拉下巴，表示困乏。

（二）面部表情的运用

面部表情是心理活动最直接的反映，一个人的喜、怒、哀、乐全都可以从面部表情上体现出来。

当我们表达快乐时，通常额头平展，面颊上提；嘴角后拉，上翘如新月。出声笑时，面部肌肉运动加大，眼睛更加明亮有神。

当我们表达惊奇时，眼睛圆睁。

当我们表达愤怒时，额眉内皱，目光凝视，鼻翼扩张，嘴唇紧闭或张口呈方形，愤怒通常与厌恶、轻蔑结合，成为敌意情绪。

当我们表达厌恶时，额眉内皱，肌肉紧张，双眼眯起，鼻头皱起，口微张，牙齿紧闭，嘴角下拉。

当我们表达恐惧时，眼睛张大，额头有些抬高，眉头微皱，上眼睑上抬，下眼睑紧张。口微张，双唇紧张。严重恐惧时，面部肌肉都较为紧张，口角后拉，双唇紧贴牙齿。

当我们表达悲伤时，额眉下垂，眼角下塌，口角下拉，可能伴有流泪。婴幼儿悲伤常伴随哭泣，有鲜明的外显形式。成人的悲伤在很大程度上受情境的制约，而较少显露。

当我们表达轻蔑时，额眉稍抬起，嘴角向一侧上扬，双唇紧闭呈斜角。

一般来说，面部各个器官是一个有机整体，协调一致地表达出同一种情感。肌肉松弛，表明心情愉快、轻松、舒畅；肌肉紧张，表明痛苦、严峻、严肃。当人感到尴尬、有难言之隐或想有所掩饰时，其五官将出现复杂而不和谐的表情。

四、首语

头部的表现力是较强的，通过头部活动表示某种含义的体态语，又叫首语。自古以来，我国有很多表现首语的成语，如昂首阔步、点头哈腰、摇头晃脑、俯首帖耳等，反映了首语的表意作用。首语主要有点头、摇头、昂头、侧头、低头等，其中点头和摇头是基本的、也是含义最明确的首语。

（一）首语的含义

1. 点头。可以表示致意、同意、肯定、承认、赞同、感谢、应允、满意、认可、理解、顺从等。如两人交谈时，甲对乙的谈话很感兴趣或表示赞同，就会频频点头；学生回答问题时答对了，教师可以点头称赞。

2. 摇头。可以表示不满、怀疑、反对、否定、拒绝、不同意、不理解、无可奈何等。老师同学生交谈时，若想了解学生讲的是不是实话，行之有效的办法之一就是观察他的首语，当他对你说："我同意您的意见"或"我真的喜欢这种工作"的同时，却无意地将头从一侧摇向另一侧，这就表明他讲的不是真话，至少不完全是真话。

3. 昂头。可以表示充满信心、胜利在握、踌躇满志、目中无人、骄傲自满等。头一直往后仰，还可表示陶醉。如鲁迅《从百草园到三味书屋》中的那位老先生，一边念着"铁如意，指挥倜傥？"一边"将头仰起，摇着向后拗过去，拗过去。"

4. 侧头。将头从一侧倾斜到另一侧，俗话说是"歪头"、"歪着脖子"。侧头可以表示思考、兴趣、天真等。如学生听老师讲课，歪着头听得津津有味，这就表明听者产生了浓厚的兴趣，这是一种令人愉快的信号。英国生物学家达尔文首次发现：不仅是人类，动物也是如此，当对某事产生莫大兴趣时，总是将头从一侧倾斜到另一侧。当你在讲话时，如果你的学生和听众坐在那里，歪着脖子或歪头，而且身体朝前倾，这就表明你的表现是成功的。

5. 低头。可以表示顺从、听话、委屈、无可奈何、另有想法等。老师讲课时，每当发现学生低着头，就应立即停止讲话，作出调整，然后再继续讲。有经验的老师在开讲之前通常来一段"小戏"，当学生将头抬起，甚至倾斜着头部时，他才言归正传。从某种程度上说，要想评价一个教师讲课是否成功，只需看一看学生的首语，就会一目了然。

（二）首语的运用

1. 注意民族习惯。点头和摇头是最基本、最普遍的首语。但在不同的国家，由于文化习惯的差异，其所表达的含义也截然不同。比如在中国、美国、英国和加拿大，点头是一种积极信号，通常表示"肯定"、"赞同"的意思。然而在斯里兰卡、印度、尼泊尔、巴基斯坦、阿尔巴尼亚等国，点头是一种否定信号，假如你问一个尼泊尔人是否同意你的见解，他点头则说明他不同意。如果你认为他这是同意你的见解，那就大错特错了。

2. 首语要明显。运用首语时，动作要明显，让对方看清楚，不能似是而非，造成误解。

3. 注意配合语言。如点头时说"嗯"，摇头时说"不"，就不至于产生误会。

4. 注意配合面部表情。首语配合面部表情，其表意更确切、更生动、更富表现力。课堂上，如果学生回答问题比较圆满，教师面带微笑，轻轻地点点头所收到的效果，并不比口头表扬所收到的效果差。

5. 注意配合其他体态语。首语也可以配合其他体态语使用，可以加强表意，有些成语就体现了这一特点，如"点头哈腰"、"昂首阔步"。

第四节　服饰礼仪

服饰礼仪是指人们在交往过程中为了表示相互的尊重与友好，达到交往的和谐而体现在服饰上的一种行为规范。服饰，顾名思义就是指服装和配饰。服饰是个体内在美和外在美的和谐统一，服饰从最初的遮羞避体、保暖御寒到现在的美丽时尚，已不再是一种单纯的、没有生命的遮羞布,它展示了个体内心对美的追求和审美观,因此,在社交场合中,人们常通过服饰来判断一个人的身份、地位和修养。

一、服饰礼仪的原则

随着社会经济和文化的发展,如何穿着已成为一门高深的学问。由于个体的喜好不同,打扮方式的迥异,服饰装扮所产生的效果也不同,因此也造就了五彩斑斓的世界。但是,根据人们的审美观和审美心理,我们发现穿着打扮还是有规律可循的,要想在社交中出彩,以下原则可供参考。

(一)整洁原则

整洁是服饰打扮最基本的原则,要求穿着干净整齐。一个穿着整洁的人,能给人以积极向上、干净利落的印象,同时也显示出其对交往对象的尊重和对社交活动的重视。整洁原则并不意味着时髦和高档,只要保持服饰的干净合体、全身整齐有致即可。

(二)个性原则

个性原则是指在社交场合应树立个人独特的形象。不同的人,由于年龄、性格、地域、职业、文化素养等方面的不同,自然就会形成各自不同的气质。所以在选择服装时,不仅要符合个人的特点,还要突显出自己美好的一面。为此,必须深入了解自我,正确认识自我,选择适合自己的服饰,这样才能让服饰尽显个人风采。同时还应避免盲目追赶时髦,因为最时髦的东西往往最没有生命力,盲目跟风也是极不理智的行为。

(三)和谐原则

和谐原则是指穿着要协调得体。即选择服装时不仅要与自身体型相协调,还要与着装者的年龄、肤色相配。服饰本是一种艺术,能掩饰缺陷,突显优势,真正起到扬长避短的作用。所以不论高矮胖瘦或年少年长者,只要用心地去选择,总能找到符合个人神韵的服饰。

(四)TPO原则

TPO分别是Time、Place、Occasion三个英语单词的首字母缩写,意即时间、地点、场合。一件被认为美的、漂亮的服饰,不一定适合所有的时间、地点、场合,着装应随之而变化。比如:在训练场上,就要穿宽松得体的运动服;在比赛场上,就要穿规定的比赛服装;而在正式场合,应穿着与其氛围一致的、严谨的套装或套裙。

1. 时间

从时间上讲，一年有春、夏、秋、冬四季的交替，一天有 24 小时的变化，在不同的时间里，着装也应有所变化。比如冬天要穿保暖、御寒的冬装，夏天穿通气、吸汗、凉爽的夏装，白天穿的衣服需要面对他人，应当合身、严谨，晚上穿的衣服不为外人所见，可以宽大、随意。很多年轻人为了方便，一天到晚都穿着同一套衣服，无论是上班、参加会议或是参加聚会，都以同样的面貌示人，这是很不礼貌的行为。

2. 地点

从地点上讲，置身于室内或室外，驻足于闹市或乡村，身处于单位或家中，停留在国内或国外，在不同的地点，着装的款式理当有所不同，切不可以不变应万变。例如穿泳装出现在海滨浴场，是人们司空见惯的，但若是穿它去上班、逛街，则会引来侧目。在欧美国家，少女可以穿小背心、超短裙上街，但若是以这身行头出现在着装保守的阿拉伯国家就明显欠妥。

3. 场合

与顾客会谈、参加正式会议等，衣着应庄重考究；听音乐会或看芭蕾舞，则应按惯例着正装；出席正式宴会时，则应穿中国的传统旗袍或西方的长裙、晚礼服；在与朋友聚会、郊游等场合，着装应轻便舒适；参加会议和谈判，应着正装。

服饰礼仪 TPO 原则的三要素是相互贯通、相辅相成的。人们在社交活动与日常工作中，总是会处于一个特定的时间、地点和场合中，因此学习正确着装是每个人踏入社会的必修课。

二、服装的选择

（一）服装颜色的选择

在选择服饰颜色的时候，不仅要考虑颜色之间的协调，还要考虑与着装者的年龄、体形、肤色、性格、职业等方面是否匹配。

1. 服色与肤色

肤色白皙、清透的人，适合的颜色比较多，鲜艳的、浅淡的都可以，如橙红色、苹果绿、宝蓝色、浅绿色、松石蓝等，但是应回避色彩暗淡、看起来有点脏的颜色，如鲑肉色、灰蓝色等，这样的颜色会让着装者毫无生气。

肤色粗糙、略黑的人，在选择服色时应慎重。服饰的颜色不宜太深，过深的颜色会使皮肤看起来更黑，即使皮肤实际上并没有那么黑，这样穿着也会让脸色显得阴沉；肤色黑的人也不宜选择颜色太浅的颜色，色泽过浅，会反衬出肤色的黝黑，同样会让脸色显得暗淡无光。这种肤色的人最适宜选用的是与肤色对比不强的色系。最忌色泽明亮、鲜艳的黄、橙、蓝、紫或极深、极暗的褐色、黑紫、黑色等。

肤色略带灰黄的人，则不宜选择灰色等过于暗沉的服色，否则会显得精神不振、无精打采。肤色发黄的人，最忌讳穿紫色，紫色和黄色是互补色，穿紫色衣服，会产生"补色残相"的现象，让皮肤看起来更黄。

肤色发红的人，则应选用浅色或偏冷基调（偏蓝色）的服色，但不宜选用浅绿色和蓝绿色，因为红和绿是互为补色的，所以这种带绿色基调的颜色，也会因为"补色残相"的现象使肤色显得更红。

2. 服色与年龄

年轻人的穿着应鲜艳、活泼、随意些，这样可以充分体现年轻人朝气蓬勃的青春美、活力美；而中、老年人的着装则要庄重、精致、含蓄，体现其成熟和端庄，充分表现出成熟之美。但无论何种年龄段，只要着装与年龄相协调，都可以显示出独特的韵味。

3. 服色与体形

对于高而胖的人而言，服色宜选择深色、单色，太鲜艳、太浅淡、太花哨的颜色都会有扩张感，造成横向拉伸的错觉，使着装者显得比实际更胖。但是当着装者胖到一定程度的时候，就要避免使用黑色、深灰色等暗沉的颜色，这样会给人以沉重的错觉，让着装者看起来比实际更重，自然让人联想到胖了。所以，并不是胖的人一定要穿黑色或者深色，要根据自身的条件，适当地做出调整，塑造出最佳的形象。

对于较矮的人而言，服色宜选择浅淡、明快、柔和些的颜色，上下色彩一致，能给人带来修长的感觉，使着装者看起来比实际高挑。

对于偏瘦的人而言，适合选择略微鲜艳、浅淡、明快、暖基调（偏黄一点的颜色）的颜色，这样会使着装者看起来比实际丰满些，而太深太暗的颜色，会使着装者看起来更瘦弱，给人以不能担当重任的感觉。

4. 服色与性格

不同的性格需要由不同的色彩来表现，只有选择与性格相符的服色才会给人带来舒适感与愉悦感。性格内向的人，一般喜欢选择较为沉着的颜色，如青、灰、蓝、黑等；性格外向的人，一般选用暖色或色彩纯度高的服色，如红、橙、黄、玫瑰红等。

5. 服色与职业

不同的职业有不同的着装要求。如法官的服色一般为黑色，以显示出庄重、威严；银行职员的服色一般选用深色，这会给客户以牢靠、信任的感觉；在美容院工作的人士，着装不宜过于严谨，否则会给人以距离感和沉闷感，所以从事美容业、服装业的人士应该打扮得比较时尚、新潮。而体育工作者也要根据自己从事的职业，来选择适合自己的着装。一般在进行体育运动的时候，服装适合选择红色、橙色或黄色等具有活力的服色，而不适合选择太暗沉的服色。

（二）服装款式的选择

服装的款式可以从轮廓、量感、比例3个方面进行选择。

1. 服装的轮廓

服装的轮廓是指服装的外边缘线。根据服装的轮廓，可以将服装分为三种类型：直线型、曲线型和中间型。

直线型服装一般是直线裁剪，款式简单、简洁，给人以硬朗、端正、中性、利落、干练的感觉。性格直爽，处事利落、干练者，身材偏平者比较适合这类服装。

曲线型服装一般是曲线裁剪，款式夸张、复杂，给人以圆润、柔和、委婉、饱满的感觉。举止优雅、性格温婉者，身材呈"S"形的人比较适合曲线型服装。

而在二者之间的则属于中间型，既有精致的外轮廓，又有柔和的线条，兼具二者的优点。处事干练、理性而又不失温柔者，身材比例均匀的人比较适合这类服装。

2. 服装的量感

量感是指物体的分量感，是大小、厚薄、体积、重量、密度等指标的综合值。就服装而言，一般根据耗费原材料的多少、颜色的深浅来判断其量感的大小。

量感大：耗费的原材料多；色泽偏深、偏暗、偏鲜艳、偏成熟；存在感强，给人很强的视觉冲击力。想要吸引他人的目光，那么选择量感大的服装肯定是没错的，但如果不结合自身条件的话，就会贻笑大方。

通常，人群中比较打眼的人比较适合这类服装。这种类型的人，一般脸型偏大，而且五官比例相对较大。

量感小：耗费的原材料少；色泽偏浅、偏淡，颜色不会太鲜艳；给人以轻柔、无深刻印象的感觉。想要低调的人，穿量感小的服装是比较明智的选择，但也要结合自身的先天条件。如果是量感大的人穿小量感的衣服，给他人的感觉就是妈妈穿着女儿的衣服或者爸爸穿着儿子的衣服。一般量感小的人，其脸型不会很大，且五官比较精致。

量感居中：耗费的原材料居中，给人以精致的、端正的感觉。处事严谨、中规中矩的人比较适合这类服装。

3. 服装的比例

比例均衡，是相对的，而非绝对的。一般而言，装饰物较少的服装被认为是相对均衡的，这种服装适合处事低调的人。反之，装饰物多的服装，比例夸张，较适合追逐时尚的人。

（三）服装面料的选择

面料取决于制作服装的材料，而面料的好坏决定着服装的品质感。作为服装三要素之一，面料不仅可以诠释服装的风格和特性，而且直接左右着服装的表现效果。面料是由纱线织成的，而纱线是由纤维组成的。纤维可分为天然纤维和化学纤维两种：

1. 天然纤维

天然纤维是指人类直接从自然界获取的纤维材料，包括动物纤维和植物纤维，动物纤维也称为蛋白质纤维，包括真丝（如蚕丝）和毛（如羊毛）；植物纤维也称为植物纤维素，包括棉和麻。天然材料的优点是透气、保暖、吸湿，缺点是易变形、起皱、不耐磨。

2. 化学纤维

化学纤维是指利用高分子化合物为原料制作而成的纤维纺织品，是由人工加工制成的纤维，简称化纤。它的优点是色彩鲜艳、质地柔软、悬垂挺括、不易变形、不起皱、耐磨。它的缺点是保暖性和透气性较差，遇热易变形，易产生静电。它虽可用于制作各类服装，但总体档次不高，难登大雅之堂。

为了使天然纤维和化学纤维可以发挥各自的优势，经常采用二者混纺，以恰当的混纺比例来达到结实、美观、挺括、舒适的要求。

（四）不同场合的着装

前面提到的 TPO 着装原则，是指根据时间、地点、场合去选择适合自己的服装。根据各种场合的特点，可以将场合分为职业场合、休闲场合、约会场合和宴会场合 4 大类。

1. 职业场合的着装

职业场合的服装整体要求做工考究、裁剪合体、面料精致、颜色理性、避免性感、体现职业化。女性职业装在款式上以套装、套裙为佳。据相关调查结果显示，女性穿套裙的办事成功率比穿一套裤装的办事成功率要高 50% 以上。男性职业装一般是统一的长款套装。严肃的职业场合，服装要求体现严肃、干练、严谨、权威；时尚的职业场合，服装要求体现时尚、美观，且不失严谨。

2. 休闲场合的着装

休闲场合对于服装款式的要求不严格，舒适、方便、自然、洁净即可，适合选用明亮、鲜艳、愉悦的颜色，整体形象上给人以自由、洒脱的感觉。适合于休闲场合的服装款式有家居装、牛仔裤、运动裤、沙滩装等；不适合休闲场合穿着的服装款式有制服、套裙、套装、工作服、礼服、时装等。

3. 约会场合的着装

约会场合分为公事约会场合和私密约会场合。公事约会要求端庄、干练而不失时尚，私密约会的场合着装要求自然、大方。

4. 宴会场合的着装

参加正式宴会、酒会、招待会、舞会、音乐会等，女士应打扮得漂亮些，显示出女士独有的优雅气质和修养。可以选择穿连衣长裙、套裙，但面料质地要好、色彩要鲜艳；可以有花边装饰或用胸针、项链、耳环加以点缀。男士可以选择深色西装，但衣服的面料要求高档。一般来说，越是正规的场合，越应穿单色西装，藏蓝色、灰色、棕色都是比较理想的选择。

第五节　举止礼仪

在日常生活中，人的举手投足、一颦一笑，都可概括为举止。举止也是人际交往过程中的礼仪表现形式，它是通过人的肢体动作和面部表情的变化来表达思想感情的，也称为"肢体语言"。看一个人的行为举止是否优雅，实际上就是在看其行为举止是否符合礼仪的要求。举止是一种"无声的语言"，能在很大程度上反映一个人的素质、受教育的程度。冰冷生硬、懒散懈怠、矫揉造作的行为，无疑有损形象。相反，从容潇洒的动作，给人以清新明快的感觉；端庄含蓄的行为，给人以深沉稳健的印象；优雅文明的举止，给人以稳重大方的感觉。

一、站姿

规范的站姿：上体保持直立，身体重心在两脚中间，两腿膝关节与髋关节绷直，两脚跟紧靠，脚尖分开成60度左右；挺胸、收腹、立腰、提臀；两肩放松，稍向后展，自然下沉；手指自然弯曲，双臂放松，自然垂于体侧，中指对准裤缝；两眼平视前方，嘴唇微闭，下颌微收，颈椎梗直，表情自然，面带微笑。但在不同的场合对站姿有不同的要求。

（一）正式场合

身体直立，双臂下垂置于腹部。女性将右手搭握在左手四指上，两脚平行靠紧，也可前后略错开；男性左手握住右手腕，贴住臂部，两脚平行站立、略窄于肩宽。

（二）非正式场合

1. 车上的站姿：在晃动的车（或其他交通工具）上，可将双脚略分开，以保持平衡，但开合度不要超过肩宽；重心应放在全脚掌上，膝部不要弯曲，应稍向后挺直。

2. 与人交谈时的站姿：可采取一种比较轻松的姿势。脚或前后交叉，或左右开立，肩、臂尽量放松，但不宜频繁地转移重心，否则会给人不安稳的感觉。

3. "丁字步"站法：腿呈"O"形的人，即使脚后跟靠在一起，膝部也无法合拢，可采用此种站姿。将右脚跟靠于左脚中部，使膝部重叠，这样可以掩饰腿部的缺陷。

二、走姿

人们走路的样子千姿百态，有的步伐矫健、轻松灵活、富有弹性，令人精神振奋；有的步伐稳健、端庄、自然、大方，给人以沉着、庄重、斯文之感；有的步伐雄壮、铿锵有力，给人以英武、勇敢、无畏的印象；

有的步伐轻盈、敏捷，给人以轻巧、欢悦之感。但也有的人不重视步态美，走路时弯腰驼背、低头无神、步履蹒跚，给人以倦怠、老态龙钟的感觉；还有的人摇着八字脚，晃着"鸭子"步，这些步态都十分难看。正确的走姿，应从容、平稳，折射出积极向上的精神面貌。

（一）规范的走姿

上体正直，挺胸收腹，立腰，重心稍前倾；两眼平视前方，表情自然平和；两肩平稳，双臂前后自然摆动，前后摆幅约为 30～40 度，两脚尖略开，脚跟先着地，走出的轨迹要在一条直线上。

（二）变向的走姿

在行走中，需转身改变方向时，应采用合理的方法，体现出规范和优美的步态。

1. 后退步。与人告别时，应当先后退两三步，再转身离去，退步时脚轻擦地面，步幅要小，先转身后转头。

2. 引导步。引导步是用于走在前边给宾客带路的步态。引导时要尽可能走在宾客左侧前方，整个身体半转向宾客方向，保持两步的距离，遇到上下楼梯、拐弯、进门时，要伸出左手示意客人上楼、转弯进门等。

3. 前行转身步。在前行中要拐弯时，要在距所转方向远侧的一脚落地后，立即以该脚掌为轴，转过全身，然后迈出另一脚。即向左拐，要右脚在前时转身；向右拐，要左脚在前时转身。

（三）穿不同鞋子的走姿

1. 穿平底鞋的走姿。穿平底鞋走路比较舒适，脚跟应先落地，前行力度要均匀，走姿应轻松、大方。由于穿平底鞋不受拘束，往往容易过分随意，步幅时大时小，速度时快时慢，还容易因随意而给人留下松懈的印象，因此，要特别注意走姿。

2. 穿高跟鞋的走姿。由于穿上高跟鞋后，脚跟提高了，身体重心就自然地前移，为了保持身体的平衡，膝关节要绷直，要挺胸、收腹、提臀、立腰，使走姿更显挺拔。穿高跟鞋走路，步幅要小，脚跟应先着地，两脚落地时，脚跟要落在一条直线上。但有人穿高跟鞋走路时，用屈膝的方法来保持平衡，结果走姿不但不挺拔，反而因屈膝、撅臀显得粗俗不雅，有这种走姿的人要注意绷直踝、膝、髋关节，以保持向上的姿态。

三、坐姿

在日常工作和生活中，都离不开"坐"。坐是一种静态造型，是非常重要的仪态。我们平常说的"坐如钟",是指人的坐姿像座钟般端直,当然这里的端直仅指上体的端直。规范的坐姿,要求端庄而优美,给人以文雅、稳重、自然、大方的美感。规范的坐姿,大体如下:

1. 入座时,要轻、稳、缓。走到座位前,转身后轻稳地坐下。如果椅子位置不合适,需要挪动椅子的位置,应当先把椅子移至欲就座处,然后入座。而坐在椅子上移动位置,是不符合礼仪规范的。

2. 神态从容自如,嘴唇微闭,下颌微收,面容平和自然。

3. 双肩平正放松,两臂自然弯曲放在腿上,亦可放在椅子或是沙发的扶手上,掌心向下。

4. 坐在椅子上时,要立腰、挺胸,上体自然挺直。

5. 双腿正放或侧放,双脚自然并拢。男士两膝间可分开一拳左右的距离。女性如果需要长时间端坐,双腿可交叉重叠,但要注意将上面的腿向回收,脚尖绷直靠在另一条腿上,切不可翘起"二郎腿"。

6. 坐在椅子上时,应至少坐满椅子的2/3,宽座沙发则至少坐满沙发的1/2。落座后,不要靠椅背;若坐的时间较久,则可轻靠椅背。

7. 谈话时应根据交谈者的方位,将上体侧转向交谈者,但上身仍要保持挺直,不要出现自卑、恭维、讨好的姿态。

8. 女子入座时,若是裙装,应用手将裙子稍稍拢一下,不要坐下后再拉拽衣裙,那样不文雅。正式场合一般从椅子的左边入座,离座时也要从椅子左边离开,这是一种礼貌。女士入座尤要娴雅,双脚同时侧向一侧,入座后,两手叠放于左右腿上。

9. 在餐厅就餐时,当椅子被拉开后,身体在几乎碰到桌子的距离站直,领位者会把椅子推进来,腿弯碰到后面的椅子时,就可以坐下来了。就座后,坐姿应端正,上身可以轻靠椅背。此时,不要用手托腮或双臂肘放在桌上,不要频频离席或挪动座椅。用餐时,上臂和背部要靠到椅背,有胸部和桌子应保持约一个拳头的距离,最好避免两脚交叉的坐姿。

10. 离座时要自然稳当,右脚向后收半步,然后站起。

四、蹲姿

蹲姿不像站姿、走姿、坐姿那样使用频繁,因而往往容易被人所忽视。一件东西掉在地上,一般人都会很随便地弯下腰,把东西捡起来。但这种姿势会使臀部后撅,上身前倒,显得非常不雅。正确的蹲姿,能给他人以深刻的印象。这里介绍一种优美的蹲姿：左脚在前，右脚在后，以左脚为支撑点向下蹲，左小腿垂直于地面，全脚掌着地，大腿小腿靠紧，右脚跟提起，前脚掌着地，左膝高于右膝，臀部向下，上身稍向前倾。

五、手势

手势是人们常用的一种肢体语言，在生活中有着重要的作用，它可以加重语气，增强感染力。

（一）常用手势

1. 横摆式。在表示"请进"、"请"时常用横摆式。做法是：五指并拢，手掌自然伸直，手心向上，肘微弯曲，腕低于肘。做手势时，手应从腹部前抬起，以肘为轴轻缓地向一旁摆出，到腰部并与身体正面成45°时停止。头部和上身微向伸出手的一侧倾斜，另一手自然下垂或背在背后，目视来宾，面带微笑，表现出对来宾的尊重和欢迎。

2. 前摆式。如果一只手拿着东西或扶着门时，这时要向来宾做"请"的手势时，可以用前摆式。用另一只手五指并拢，手掌伸直，由身体一侧由下向上抬起，以肩关节为轴，手臂稍曲，到腰的高度再由身前右方摆去，摆到距身体约15厘米处，且不超过躯干的位置时停止。同时，目视来宾，面带笑容，也可双手前摆。

3. 双臂横摆式。当来宾较多时，表示"请"的动作可稍大些，如采用双臂横摆式。两臂从身体两侧向前上方抬起，两肘微曲，向两侧摆出。指向前进方向一侧的臂应抬高一些，伸直一些，另一手稍低一些，弯曲一些，也可以双臂向一个方向摆出。

4. 斜摆式。请客人落座时，手势应摆向座位。手应从身体的一侧抬起，高于腰部后，再向下摆，使大小臂成一斜线。

5. 直臂式。需要给来宾指方向时，采用直臂式。具体做法是手指并拢，手掌伸直，屈肘从身前抬起，向正确的方向摆去，摆到肩的高度时停止，肘关节基本伸直。指引方向时，不可只使用一个手指，这是不礼貌的行为。

（二）不同手势的含义

在日常生活中，人们常常有意无意地借助各种手势，来表达自己的意思和情感。久而久之，某个手势便会成为一种定式，大家心领神会、不言自明。

1. 跷大拇指手势。在中国，这一手势被赋予积极的意义，通常用它表示高度的赞誉，意思为"好"或"第一"。在英国、澳大利亚和新西兰等国家，跷大拇指则是搭车的惯用手势。而在希腊，跷大拇指却是让对方"滚蛋"的意思。中国人在与希腊人交往时，千万不要用跷大拇指去称赞对方，那样一定会闹出笑话，甚至会产生不愉快。

2. "OK"手势。拇指和食指构成环形，其他三指伸直或微曲，即为"OK"手势。受西方文化的影响，在我国也引申为"可以"或"没问题"等表示赞同或同意的意思。而在世界其他地方，这个手势却有着迥然不同的含义。在美国、英国，表示"行"、"赞同"或"了不起"；在泰国，表示"请便"或"没问题"；在日本、缅甸、韩国，表示金钱；在法国，表示"零"或"没有"；在印度，表示正确、不错；在突尼斯，表示"傻瓜"；在部分拉美国家，有"侮辱男人"或"引诱女人"的意思。所以，在与外国人打交道的时候，一定要慎用这些手势。

3. "V"手势。在拍照留念的时候，很多年轻人喜欢做这个标志性的动作。手心朝外，将食指和中指竖起分开，形成"V"形。这个手势在相当多的国家里，都表示"胜利"、"成功"之意，因为英文中"胜利"（Victory）的第一个字母是"V"。而在英国，若将手背朝外，竖起中指和食指，有辱骂对方的意思，如果将"V"手势放在嘴边，并且伸出舌头，有辱骂妇女之意。

4. 指点手势。在交谈中，伸出食指指向对方的面部是很不礼貌的举动。因为，这个手势是表示对对方的轻蔑与指责，西方人比东方人更忌讳这种手势。但在法国，这个手势表示"请求提问"的意思；在新加坡，表示"最重要"；在澳大利亚，表示"请再来一杯啤酒"的意思。

5. 捻指手势。捻指就是用手的拇指与食指弹出"吧吧"的声响。它所表示的意义比较复杂，有时是表示高兴；有时表示对所说的话感兴趣或完全赞同；有时则被视为轻浮的举动，比如对异性"吧吧"地打响指。在陌生的场合或不熟悉的人面前，轻易地捻指，会使人觉得没有教养，总之，这是一种很随便的举止，慎用为好。

六、常用肢体语言的含义及运用

肢体语言就是人的行为举止。良好的肢体语言不仅可以很好地表情达意，而且可以产生"此时无声胜有声"的效果。

（一）表示感谢

在一般的场合，可用点头来表示感谢。在比较庄重的场合，可用鞠躬来表示谢意。鞠躬的"深度"与致谢的程度有关，感谢的程度越重，躬身的深度越大。表示感谢还可用双手握住对方的手，或者再上下晃几下，晃的程度越大，感谢的程度越重。用双手在胸前抱拳或合十，前后晃动几下也表示感谢。在中国广东，人们用右手中指轻轻点击桌面，来表示感谢。

（二）表示高兴

成语"捧腹大笑"即形容特别高兴的体态。在正式场合男士乐不可支时会仰身大笑，女士常常掩口而笑，因为女士们以"笑不露齿"为美。突如其来的高兴会扬起双眉，同时也会跳起来。欧美人高兴至激动时，会双手握拳并向上用力地挥起双拳。

（三）表示爱抚

爱抚的方式多种多样，比如长辈对晚辈，成人对小孩常会拍拍肩膀、抚摸头顶。但在国外抚摸头顶时要留心当地的习俗，泰国把抚摸头顶视为巨大的侮辱。

（四）表示亲热

关系亲密的年轻人常常会搂在一起，挎着胳膊、相互搂着腰或互相搂着肩膀；年轻的恋人会把上身靠近对方；父母常会亲吻孩子的脸蛋，以示爱怜。对可爱而又调皮的孩子表达亲昵感情时，会在孩子的鼻子上刮一下；若是上级对下级表示亲热时，会拍拍对方的肩膀。

（五）表示安慰或鼓励

年长者对年幼者，上级对下级，强者对弱者，常用手拍拍对方的肩膀，用力地握握对方的手，同时有力地晃动一下表示安慰或鼓励。

（六）表示安静

在人多的场合若需要安静，往往把双手或一只手放在胸前，掌心向下，手掌伸开，频频向下压动。也可以用右手食指垂直贴近嘴唇，轻轻发出嘘声来示意大家保持安静。

（七）表示称赞或夸奖

手握拳并跷起大拇指，表示赞美。在欣赏文体节目时，也可鼓掌喝彩。如果坐在桌子旁，叫好时常拍桌子，成语"拍案叫绝"即形容此体态。

（八）表示憧憬或希望

当人们心中怀有美好憧憬时，会双目凝视，两手掌在胸前摩擦。男人常搓下巴或抚弄胡须。当殷切盼望的人或物在远方时，会伸直脖子远望。英、美等国人表示憧憬或希望时，会两手相握，扬起头，目视上方。

（九）表示同意或赞成

同意、赞成，最简单的表达方式就是点头。在正式的场合，或进行表决时，则要举手表示。在非正式场合，当表示"特别赞成"、"完全同意"时，可以双手高高举起。英、美等国人表示"赞同"时，往往会向上跷起拇指。

（十）表示跃跃欲试

两手掌相摩擦，或在手心啐一口唾沫，手掌再相互摩擦。两手搓摩大腿，两臂前屈双手握拳，抖动几下也表示这个意思。

（十一）表示致意

中国人打招呼最常见的方式就是笑一笑或点点头，有时也会扬扬手、点点头。美国人走在路上打招呼，常常要摘掉自己头顶的帽子表示致意，现在已简化为抬一下帽檐。

（十二）表示告别

在 20 世纪以前，中国人的告别礼是鞠躬或拱手。如今人们告别大多采用握手、挥手、摆手、点头。与孩子告别时多用摆手，向上级告别时常微微欠身，向死者遗体告别时一般要三鞠躬。欧美人常以"拥抱"、"亲吻"来表示告别之情，英格兰人道别时常横向挥手，法兰西人道别时却竖向挥手，而日本人则是以鞠躬告别。

（十三）表示歉意

如果是礼节性地道歉可以点点头、欠欠身或招招手。一般男士常抬手到耳际，有时还要竖向挥动几下。向师长道歉时，要郑重地点点头，用欠身或鞠躬来表示歉意。

（十四）表示愤怒或急躁

在愤怒的时候，人往往会咬牙切齿、瞪大双眼，有时还会用力地揉抓自己的头发。当愤怒升级到动手打架时，会将胳膊挽袖子，女性常双手叉腰。在特别急躁的时候，甚至会拍大腿、拍桌子或捶头。在英美等国，人愤怒急躁到难以忍耐的程度时，常在身体两侧张开双臂，双手握拳，怒目而视。

（十五）表示求饶

一般双手合掌在胸前频频摇动。因恐惧而求饶，常用双手抱头。苦苦哀求时则会双膝跪地，磕头求饶。

（十六）表示无可奈何

当无可奈何的时候，一般会轻轻地摇头叹息或两手摊开。欧美人表示无可奈何时常耸肩或同时双手摊开，有时还要摇摇头。或者摊开双手后，同时头向一侧偏，眼睛也会随之一闭。

第三章 社交礼仪

第一节 社交礼仪概述

一、社交礼仪的概念

社交礼仪泛指人们在社会交往活动过程中必须遵守的律己敬人的行为规范和准则，即待人接物的惯例，是最基本、最常用的礼仪。社交礼仪具体表现为礼节、礼貌、仪式、仪表。

礼节即礼仪节度。礼本意是敬神，后引申为敬意的通称。礼节是指人们在社会交际过程中表示致意、问候、祝愿等的惯用形式。

礼貌是指人们在相互交往过程中表示敬重、友好的态度和行为。

仪式是指在一定场合举行的具有专门程序、规范化的活动，其本意是指法度、准则、典范，后引申为礼节、仪式。

仪表是指人的外表，包括容貌、服饰、举止等方面。

社交礼仪是应用领域最广、使用最频繁的礼仪之一，它几乎无处不在。从应用的角度来看，社交礼仪分为一般性社交礼仪和特殊性社交礼仪。一般性社交礼仪是指在任何场合都适用的礼仪，如称呼礼仪、介绍礼仪、握手礼仪和电话礼仪等；而特殊性社交礼仪指在某些特殊的场合应用的礼仪，常被冠以其他的名称，如商务礼仪、涉外礼仪、职业礼仪等，只是在这些场合中，除了使用社交礼仪中的一般性社交礼仪外，还使用特殊性社交礼仪，如涉外礼仪中的"国际交往惯例"。

在现代社会，随着人们的交往日益频繁，社交礼仪也越来越受到人们的重视。讲究社交礼仪，已经成为人们社会生活中不可或缺的内容，同时也是精神文明建设的重要标志。掌握规范的社交礼仪，不仅能为人际交往创造出和谐融洽的气氛，而且还能保持并改善人际关系。能否娴熟地运用社交礼仪，是决定个体事业成败的重要因素。

二、社交礼仪的原则

社交礼仪的原则是人们在处理人际关系时的出发点，是保证礼仪正确施行和实现目标的基本条件。

（一）真诚尊重的原则

尊重是礼仪的情感基础，人与人之间彼此尊重，才能保持和谐愉快的人际关系。真诚是一种对人对事实事求是的态度，是待人真心真意的友善表现。真诚和尊重表现为对人不说谎、不虚伪、不骗人、不侮辱人。只有真诚尊重才能使双方心心相印，友谊天长地久。

（二）平等适度的原则

平等是指在交往中，表现不骄狂，不我行我素，不自以为是，不厚此薄彼，不傲视一切，而是时刻谦虚待人。适度是指根据具体情况和情境而行使相应的礼仪。如在与人交往时，既要彬彬有礼，又不低三下四；既要热情大方，又不轻浮诮诙；既要自尊，又不自负；既要坦诚，又不粗鲁；既要信人，又不轻信；既要活泼，又不轻浮。

（三）自律自重的原则

自律自重是指在生活中，我们要时刻在心中树立道德信念和行为准则，律己、自重，自觉遵守礼仪规范，只有这样才能在待人接物时应付自如，左右逢源。

（四）信用宽容的原则

信用即讲信誉。孔子说："民无信不立，与朋友交，言而有信。"在社交场合，首先要讲究守时，与人约定的会见、会谈、会议等，绝不能迟到；其次是要守约，与人签定的协议或口头约定，要兑现承诺。宽容是一种较高的修养境界，我们要学会严以律己，宽以待人，原谅他人的过失，设身处地为他人着想。

三、社交礼仪的意义

（一）塑造良好形象

礼仪对组织和个人形象的塑造是至关重要的。每个组织都希望有一个良好的形象，而组织形象的塑造需要通过组织员工的仪容仪表、言谈举止、礼貌礼节、仪式及活动过程表现出来。人人都希望自己在公众面前有一个良好的形象，并受到他人的信任和尊重，使人际关系更和谐、更融洽。任何不讲究礼仪的组织和个人，都不可能获得良好的社会形象。

（二）共享信息资源

沟通信息是现代社交的一个重要职能。随着社会飞速的发展，人与人之间的联系与交往更加密切，需要解决的问题也越来越多、越来越复杂。由于个人的活动范围有限，直接获取一手信息资源的能力也就受到很大的限制，而更多的信息是在我们与他人交往时获取的。毫无疑问，社交礼仪和社交能力是成功获取信息资源的基础。

（三）建立人际关系

亚里士多德说："一个人不和别人打交道，不是一个神就是一个兽。"不管是什么人，都要与他人交往，既然要与他人交往，就要有交往的礼仪。社交礼仪是建立诸如商业合作、感情姻缘等关系的纽带。按照社交礼仪规范去做，有助于沟通彼此之间的感情，增进人与人之间的互相理解，建立交际双方互相尊重、坦诚相待的良好关系。

（四）建设精神文明

·中国素以"礼仪之邦"著称于世。古人说，"礼义廉耻，国之四维"，礼仪是立国的精神要素之本。在社会主义精神文明建设中，讲究礼节礼仪、注重礼貌是最基本的要求，它对建设精神文明的大厦起着重要的作用。提倡礼仪礼节，做到文明礼貌，有利于促进社会主义精神文明建设，提高中华民族整体素质，构建和谐的社会环境。

第二节　一般性的社交礼仪

本节介绍的一般性社交礼仪包括称呼礼仪、介绍礼仪、握手礼仪和电话礼仪。

一、称呼礼仪

称呼是指人们在日常交往中，所采用的彼此之间的称谓语。在日常社交场合和其他任何场合，选择正确、合适的称呼，不但能反映自身的教养，也反映对他人的尊敬。

（一）称呼的类型

1. 谦称

谦称能间接地表示对他人的尊重。谦称自己，最常使用的是"我"、"我们"。目前还流行一些古人的谦词，如"鄙人"、"在下"、"晚生"等。谦称自己的家人，在称呼比自己辈分高的人或岁数大的人时，常冠以"家"字，如"家父"、"家母"；同辈冠以"愚"字，如"愚兄"、"愚弟"；称呼比自己年龄小、辈分低的家人时，宜冠以"舍"字，如"舍侄"；在称呼自己的子女及其配偶时，则可以"小"称，如"小女"、"小婿"等。

2. 敬称

敬称通常所用的词如"您"、"您老"、"您老人家"、"君"等，都表明说话人的谦恭和客气。多用于称呼年岁较大的人，并在正式的社交场合中使用。

3. 通称

通称是一种不分职务、职业、年龄等而广泛使用的称呼。过去比较常用的是"同志"一词，现在比较常用的是"先生"、"太太"、"小姐"、"女士"等。当我们熟悉对方的姓名之后，"先生"、"太太"、"小姐"这三种称呼就可以与其姓氏或姓名搭配使用，如"马先生"、"赵太太"、"李小姐"等。通常情况下"先生"一词是用来称呼男性的，而且不论年龄的大小。"太太"一词一般用来称呼已婚女子，"小姐"则用来称呼未婚女子，有时在不了解女方婚姻状况时也可使用"小姐"或"女士"，但千万不可仅凭印象便贸然称未婚女性为"太太"或"夫人"，这很容易被视为无理，引起对方的恼怒。

4. 职业称谓

在比较正式的场合，往往习惯采用职业称谓，这有尊重对方职业的意思，同时也暗示谈话与职业有关。如"师傅"、"大夫"、"医生"、"老师"、"律师"、"法官"等，同时在前面可以加上姓氏。有时还可以用"王博士"、"李教授"等称呼。

5. 职务称谓

如"书记"、"厂长"、"工程师"、"校长"、"主任"、"经理"、"老板"等，并在前面冠以姓氏，显示了说话人对对方地位的熟知和肯定。这种情况多用于工作时谈论公事之用，而在日常生活或其他场所可以用其他的称谓。

6. 亲属称谓

在非亲属之间交际时，用亲属称谓来称呼他人，不仅可以表示对他人的尊敬，还能增进彼此的感情。一般，如果说话者与对方年龄相差不大，可称呼为"大哥"、"大姐"或"弟"、"妹"等，即使对方年龄小，仍可称之为"兄"、"姐"，这是对对方的尊称。如果对方年龄较大，可以采用父辈或祖辈的称呼，如称呼父辈的为"大伯"、"大叔"、"大姨"等，称呼祖辈的为"爷爷"、"奶奶"等。

（二）称呼的禁忌

1. 忌使用错误的称呼

常见的错误称呼无非就是误读或误会。误读也就是念错姓名。为了避免这种情况的发生，对于不认识的字，事先要有所准备，如果是临时遇到，应谦虚请教。误会主要是对被称呼人的年龄、辈分、婚否以及与其他人的关系作出了错误判断，例如，将未婚妇女称为"夫人"，就属于误会。一般，不管年龄多大的女性，不知婚否时都可以称之为"女士"或"小姐"，这样对方也乐意接受。

2. 忌使用不通行的称呼

有些称呼有一定的地域性，例如山东人，喜欢称呼"伙计"，但南方人听到"伙计"会理解成"打工仔"。中国人经常把配偶称为"爱人"，但在外国人的眼里，"爱人"是"第三者"的意思。

3. 忌使用不当的称呼

工人可以称其为"师傅"，道士、和尚、尼姑可以称其为"出家人"，但用这些来称呼其他人就很不合适。

4. 忌使用庸俗的称呼

有些称呼平时可以用，但在正式场合不适合使用。例如，"兄弟"、"哥们儿"、"姐们儿"等一类的称呼，虽然听起来亲切，却显得没有涵养。

5. 忌称呼他人的绰号

对于关系一般的人，不要自作主张给对方起绰号，不能用道听途说来的绰号去称呼对方，更不能随便拿别人的姓名乱开玩笑。

二、介绍礼仪

在社交礼仪中，介绍是一个非常重要的环节。我们可以说，人际交往始于介绍。在社交场合中，人们首先需要向交往对象说明自己的具体情况，即介绍。介绍是人际交往中与他人进行沟通、增进了解、建立联系的一种最基本、最常规的方式。介绍一般可分为 3 种，即自我介绍、他人介绍、集体介绍。

（一）自我介绍

在社交活动中，如欲结识某个人或某些人，而又无人引见时，自己可以充当自己的介绍人，既自己将自己介绍给对方。

1. 自我介绍的时机

（1）应聘求职。

（2）求学应试。

（3）在社交场合，与不相识者相处。

（4）在社交场合，有不相识者表现出对自己感兴趣。

（5）在社交场合，有不相识者要求自己作自我介绍。

（6）在公共聚会上，与身边的陌生人组成交际圈。

（7）在公共聚会上，打算介入陌生人组成的交际圈。

（8）交往对象因为健忘而记不清自己或担心这种情况可能出现。

（9）有求于人，而对方对自己不甚了解或一无所知。

（10）拜访熟人，遇到不相识者挡驾或对方不在，而需要请其代为转告。

（11）前往陌生单位，进行业务联系。

（12）在出差、旅行途中，与他人不期而遇，并且有必要与之建立临时接触。

（13）因业务需要，在公共场合进行业务推广。

（14）初次利用大众传媒向社会公众进行自我推荐、自我宣传。

2. 自我介绍的具体形式

（1）应酬式。适用于某些公共场合和一般性的社交场合，这种自我介绍最为简洁，往往只包括姓名一项即可，如："你好，我叫张三。"

（2）工作式。适用于工作场合，它包括本人姓名、供职单位及其部门、职务或从事的具体工作等，如："你好，我叫张三，是国储电脑公司的销售经理。"

（3）交流式。适用于社交场合，希望与交往对象进行深入的交流与沟通。它大体应包括介绍者的姓名、工作、籍贯、学历、兴趣及与交往对象的某些熟人的关系。如："你好，我叫张三，我在国储电脑公司上班。我是李四的老乡，是湖南人。"

（4）礼仪式。适用于讲座、报告、演出、庆典、仪式等一些正规而隆重的场合。包括姓名、单位、职务等，同时还应加入一些适当的谦辞、敬辞。如："各位来宾，大家好！我叫张三，我是国储电脑公司的销售经理。我代表本公司热烈欢迎大家光临我们的展览会，希望大家……"

（5）问答式。适用于应试、应聘和公务交往。问答式的自我介绍，应该是有问必答，问什么就答什么。如主考官问："请介绍一下你的基本情况。"应聘者回答："各位好！我叫张三，现年26岁，河北石家庄市人，汉族，高校教师……"

3. 自我介绍的注意事项

（1）时机。当对方有空闲，而且情绪较好，又有兴趣时，就可以及时作自我介绍。

（2）简短。自我介绍时还要尽可能地简短，以半分钟左右为佳。为了节省时间，自我介绍时，还可利用名片、介绍信等加以辅助说明。

（3）友善。进行自我介绍，一定要自然、友善、亲切、随和。同时，语气应自然、语速应适中、语音应清晰。

（4）真实。进行自我介绍要实事求是、真实可信，不可自吹自擂、夸大其辞。

（二）他人介绍

他人介绍，又称第三者介绍，它是经第三者为彼此不相识的双方引见的一种介绍方式。

1. 他人介绍的时机

（1）与家人外出，路遇家人不相识的同事或朋友。

（2）在家中或办公地点，接待彼此不相识的客人或来访者。

（3）打算推荐某人加入某一方面的交际圈。

（4）受到为他人作介绍的邀请。

（5）陪同上司、长者、来宾时，遇见了其不相识者，而对方又跟自己打了招呼。

（6）陪同亲友前去拜访亲友不相识者。

2. 他人介绍的顺序

目前国际公认的介绍顺序是将知道对方是谁的优先权赋予更加受尊重的一方。如：

（1）介绍上级与下级认识时，先介绍下级，后介绍上级。

（2）介绍长辈与晚辈认识时，应先介绍晚辈，后介绍长辈。

（3）介绍年长者与年幼者认识时，应先介绍年幼者，后介绍年长者。

（4）介绍女士与男士认识时，应先介绍男士，后介绍女士。

（5）介绍同事、朋友与家人认识时，应先介绍家人，后介绍同事、朋友。

（6）介绍来宾与主人认识时，应先介绍主人，后介绍来宾。

3. 他人介绍的注意事项

（1）介绍者为被介绍者介绍之前，一定要征求被介绍双方的意见，切勿上去开口即讲，显得很唐突，让被介绍者感到措手不及。

（2）被介绍者在介绍者询问自己是否有意认识某人时，一般不应拒绝，而应欣然应允。实在不愿意时，则应说明理由。

（3）在他人介绍时，介绍人和被介绍人都应起立，以示尊重和礼貌，待介绍人介绍完毕后，被介绍双方应微笑点头示意或握手致意。但在宴会、会议桌、谈判桌上，介绍人和被介绍人可以不起立，被介绍双方点头微笑致意即可；如果被介绍双方相隔较远，中间又有障碍物，可举起右手致意。

（4）介绍完毕后，被介绍者双方应依照合乎礼仪的顺序握手，并彼此问候。问候语有"你好"、"很高兴认识你"、"久仰大名"、"幸会幸会"，必要时还可以进一步做自我介绍。

（三）集体介绍

集体介绍是他人介绍的一种特殊形式，被介绍者一方或双方都不止一人。大体可分两种情况：一是为"一人和多人"作介绍，二是为"多人和多人"作介绍。

1. 集体介绍的时机

（1）规模较大的社交聚会，有多方参加，各方均可能有多人。

（2）大型的公务活动，有多方参加，而各方不止一人。

（3）涉外交往活动，参加活动的主宾双方均不止一人。

（4）正式的大型宴会，主办方与来宾双方均不止一人。

（5）演讲、报告、比赛，参加者不止一人。

（6）会见、会谈，各方参加者不止一人。

（7）婚礼、生日晚会，主办方与来宾双方均不止一人。

（8）举行会议，应邀前来的与会者不止一人。

（9）接待参观、访问者，来宾不止一人。

2. 集体介绍的顺序

（1）双方地位和身份大致相当。当被介绍者双方地位、身份大致相似时，应先介绍人数较少的一方，后介绍人数较多的一方。

（2）双方地位和身份悬殊。若被介绍者双方地位、身份存在差异，虽人数较少或只一人，也应将其放在尊贵的位置，最后介绍。

（3）单向介绍。在演讲、报告、比赛、会议和会见时，往往只需要将主角介绍给广大参加者。

（4）笼统介绍。若一方人数较多，可采取笼统的方式进行介绍，如"这是我的家人"、"这是我的同学"，但最好还是要对其一一进行介绍。

（5）多方介绍。若被介绍的不止两方，需要对被介绍的多方进行位次排列。排列的方法：A. 以其负责人身份为准；B. 以其单位规模为准；C. 以单位名称的英文字母顺序为准；D. 以抵达时间的先后顺序为准；E. 以座次顺序为准；F. 以距介绍者的远近为准。当进行多方介绍时，也应由尊而卑。

三、握手礼仪

握手是一种常见的"见面礼"，看似简单，却蕴涵着复杂的礼仪细节，承载着丰富的交际信息。例如，与成功者握手，表示祝贺；与失败者握手，表示理解；与同盟者握手，表示期待；与对立者握手，表示和解；与悲伤者握手，表示慰藉；与欢送者握手，表示告别。

（一）握手的正确方法

1. 握手的姿势

行握手礼时，不必相隔很远就伸出手臂，也不要距离太近。一般距离约一步左右，上身稍向前倾，伸出右手，四指并齐，拇指张开，与对方伸出的手一握即可。

2. 握手的力度

一般情况，相互间握一下即可，如果是热烈握手，表示十分友好，则可稍使劲摇晃几下。握手的力度要适当，过紧的握手或只用手指轻轻接触对方的手都是不礼貌的。男士与女士握手时，男士用力应轻一些。

3. 握手的时间

握手的时间一般以 1~3 秒为宜。如果两人关系亲近，则可以长时间握手。握手时，两眼应注视对方的眼睛，以表示诚意。有人喜欢握着别人的手问长问短，啰唆个没完没了，看似热情，实则过分。尤其是对异性，不能握着人家的手长时间不放。

4. 握手时的问候

与别人握手时一定要说话，不能默默无语，在握手时的寒暄代表着你对对方的极度关注和问候。比如，第一次见面要说"欢迎光临"、"久仰久仰"。老朋友见面要问"别来无恙"，告别之时要祝"一路平安"。与人握手时，你的表情要自然、热情，双眼必须同时注视对方，千万不要东张西望。

（二）握手的合理时机

1. 遇到较长时间没见面的熟人。

2. 在比较正式的场合和认识的人道别。

3. 在以本人作为东道主的社交场合，迎接或送别来访者。

4. 拜访他人后辞行。

5. 被介绍给不认识的人。

6. 在社交场合，偶然遇上亲朋故旧或上司。

7. 别人给予一定的支持、鼓励或帮助。

8. 对他人表示感谢、恭喜、祝贺。

9. 对他人表示理解、支持、肯定。

10. 得知他人患病、失恋、失业、降职或遭受其他挫折。

11. 给他人赠送礼品或颁发奖品。

（三）握手的先后顺序

作为一种礼节，握手是很讲究先后顺序的。握手要遵守"尊者优先"的原则。一般的情况下，握手时伸手的先后次序主要取决于职位、身份、年龄、性别、场合。

1. 年长者与年幼者握手，应由年长者首先伸出手来。

2. 长辈与晚辈握手，应由长辈首先伸出手来。

3. 老师与学生握手，应由老师首先伸出手来。

4. 女士与男士握手，应由女士首先伸出手来。

5. 职位、身份不同的人握手，应由职位高者、身份高者首先伸出手来。

6. 在家里接待客人时，应由主人先伸出手来。

7. 当客人向主人告辞时，应由客人先伸出手来。

（四）握手的主要禁忌

握手礼仪有比较多的禁忌，只要有一个小细节没有注意到就会失礼。

1. 在外交场合遇见身份高的领导人，应有礼貌地点头致意，不要主动上前握手问候。只有在领导人主动伸手时，才能向前握手问候。

2. 在任何情况下拒绝对方主动要求握手的举动都是失礼的，即使有手疾、汗湿或手脏，也要向对方说一声"对不起，我的手现在不方便"，以免造成不必要的误会。

3. 不要在握手时仅仅握住对方的手指尖，好像有意与对方保持距离。正确的做法是要握住整个手掌，即使对异性，也要这么做。

4. 如果在抽烟时需要与人握手，千万不要换手持烟去握手，而应该马上把烟放下，再伸手相握。

5. 与别人握手时不能三心二意、东张西望。

6. 不要用左手与他人握手，尤其是和阿拉伯人、印度人打交道时，因为在他们看来左手是不洁的。

7. 在和基督教信徒交往时，要避免两人握手时与另外两人相握的手形成交叉状，这种形状类似十字架，在他们眼里这是很不吉利的。

8. 不要在握手时戴着手套，只有在社交场合女士戴着薄纱手套握手，才是被允许的。

9. 不要在握手时戴着墨镜。

10. 不要在握手时将另外一只手插在衣袋里或拿着东西。

11. 不要在握手时面无表情、不置一词。

12. 不要在握手时长篇大论、点头哈腰、过分客套。

13. 不要在握手时把对方的手拉过来，推过去。

14. 不要以肮脏不洁或患有传染性疾病的手与他人相握。

四、电话礼仪

电话具有传递迅速、使用方便、失真度小、效率高的优点，因此在短时间内得到了迅速普及。电话不仅能缩短人际交往的空间距离，而且还能节约宝贵的时间。因此，掌握正确的电话礼仪是非常必要的。

（一）基本电话礼仪

打电话与面对面的交谈有所不同。打电话缺少面部表情的参与，所有的沟通都是通过声音的传递，对电话内容的准确识别产生了一定的障碍。为了有效地沟通，以下几个方面需要注意：

1. 自报姓名，说明来意。

2. 长话短说，传达必要的消息，不说无关紧要的内容。

3. 言词准确、简洁、清晰。

4. 音调高低适中、强度合适、语速适宜。

（二）拨打电话礼仪

1. 时间适宜

（1）选择通话时机。打电话应选择适当的时间。按照惯例，通话的时间原则有两个，一是双方预先约定的通话时间，二是选择对方便利的时间。

（2）控制通话长度。每一次通话的时间应有意识地加以控制，千万不能如泄堤之水，滔滔不绝。

2. 内容合理

（1）事先准备。每次通话前，发话人应该做好充分的准备。最好的办法是把受话人的姓名、电话号码及谈话要点等必不可少的内容列出一张"清单"，这样一来，就不会再出现打错电话、缺乏条理、丢三落四的情况了。

（2）简明扼要。在通话时，发话人问候完毕，即开宗明义，直入主题，尽量少讲空话、废话。绝不可啰唆不止、节外生枝、无话找话、短话长说。

3. 语言文明

在通话时，发话人不仅不能使用"脏、乱、差"的语言，而且还须铭记电话的基本文明用语，态度要谦虚，言谈要文明。

（三）接听电话礼仪

1. 及时接听

一般来说，在办公室里，电话铃响3遍之前就应接听，3遍后就应道歉："对不起，让您久等了。"如果受话人正在做一件要紧的事情不能及时接听，代接的人应代为解释。如果既不及时接电话，又不道歉，甚至极不耐烦，是极不礼貌的行为。尽快接听电话会给对方留下良好印象，让对方觉得自己被重视。

2. 确认身份

对方打来电话，一般会自己主动介绍。如果没有介绍或者你没有听清楚，就应该主动问："请问您是哪位？我能为您做什么？您找哪位？"但是，人们习惯的做法是拿起电话听筒盘问一句："喂！哪位？"这在对方听来，陌生而疏远，缺少人情味。

3. 调整情绪

当你拿起电话听筒的时候，一定要面带笑容。不要以为笑容只能表现在脸上，它也会藏在声音里。亲切、温情的声音会给对方留下良好的印象。如果绷着脸，声音会变得冷冰冰，第一印象也会大打折扣。

4. 注意方式

接听电话时，应注意使嘴和话筒保持 4 厘米左右的距离，耳朵应贴近听筒，仔细倾听。同时，用左手接听电话，右手准备纸笔，便于随时记录有用的信息。

5. 礼貌挂断

最好是在对方挂电话之后，再放下电话。一般先挂断电话的人应是长辈、上级、年长者，而晚辈、下级、年幼者是不能先挂断电话的，更不能不等对方说完就挂断，那是极不礼貌的行为。

（四）代接电话礼仪

1. 以礼相待

接电话时，对方找的人不是自己，不要显得不耐烦，以"不在"的回答打发对方，而应友好地说："对不起，他不在，需要我转告什么吗？"

2. 尊重隐私

在代接电话时，千万不要热心过度，向发话人询问对方与所找之人的关系，应避免"打破沙锅问到底"的无礼纠缠。当别人进行通话时，要根据实际情况，或是埋头做自己的事，或是自觉回避，千万不可"侧耳旁听"，更不要没事找事、主动插嘴，这种参与意识是不可取的。

3. 记忆准确

对发话人要求转达的具体内容，要认真做好笔录，在对方讲完之后，还应把要点重复一下，以验证自己的记录足够准确，以免误事。代接电话，应记录的信息包括通话者单位、姓名、联系方式、通话时间、通话要点、是否要求回电话、回电话时间等几项基本内容。

4. 传达及时

代人传达信息要及时，不到万不得已时，不要把代人转达的内容再托第二人代为转告。

第三节　几个常见场合的社交礼仪

一、出行礼仪

在日常生活中，不论是上学、放学、上班、下班，还是上街购物、出门访友，人们都离不开在道路上行走、上下楼梯、搭乘电梯以及利用各种交通工具出行。出行礼仪是指人们出行时应遵守的礼仪规范，是人们在社会交往中应该具备的基本素质之一，是社交礼仪的重要组成部分。

（一）行走的礼仪

1. 遵守交通规则

行走时，要遵守行路规则，步行要走人行道，不能走自行车道或机动车道。横过马路时，应走人行横道。通过有交通信号灯的人行横道时，应当按照交通信号灯的指示通行。通过没有交通信号灯的人行横道或路段时，在确认安全后方可通行。

2. 爱护道路卫生

道路卫生是公共卫生的一部分，保持公共卫生是每个公民应当具备的社会公德。在道路上行走时，不能随地吐痰，不能乱扔果皮纸屑。

3. 注意礼貌待人

马路上人来人往，摩肩接踵，因此行人之间要相互礼让。遇到老、弱、病、残、孕者，要礼让后行。在人群特别拥挤的地方，要有秩序地通过，万一不小心撞了别人或踩着别人的脚，要主动道歉。如果别人不小心踩了自己的脚或碰掉了自己的东西，应表现出良好的修养和自制力，切不可口出恶言、厉声责备。

4. 切忌妨碍交通

走路遇到熟人，应主动打招呼或进行问候，不能视而不见。如果在路上碰到久别重逢的朋友，想多交谈一会儿，应选择路边人少的地方站立，不要站在路中间或人多拥挤的地方，以免妨碍交通。

5. 问路要有礼貌

需要问路时，应在距对方适当的距离内停步，根据对方的年龄、性别等特征恰当地予以称呼，并对打扰对方表示歉意，然后，清晰简明地说明自己的意图。得到对方的回答后，应诚恳地表示感谢，如果对方不能回答，也应礼貌地道谢。

接受他人问路时，注意倾听对方的要求，指明交通线路或需乘坐的交通工具。但当被问到不了解的情况时，应向对方表示歉意，或请他人予以帮助。

（二）上下楼梯和搭乘电梯的礼仪

随着城市化的进程不断加快，高楼大厦鳞次栉比，人们上下楼梯、乘坐电梯也越来越频繁。楼梯和电梯是比较特殊的场所，其礼仪规范是不容忽视的。

1. 上下楼梯的礼仪

上下楼梯时，步伐要轻，不能推挤他人，不能急速奔跑；不应多人并排行走，而应靠右单行；不应进行交谈，以免妨碍他人通行。同时，应保持与前后人员的距离，以防碰撞。为他人带路时，应走在前面。但若是引导受尊重的人（如长者、女士等）上楼梯，应请对方走在前面，下楼梯时自己走在前面，这样可以确保对方的安全。

2. 搭乘电梯的礼仪

搭乘电梯时，应轻按按钮，不随意扒门，不强行挤入，不大声喧哗。与不相识的人同乘电梯，进入时要按先后顺序，出来时应由外至内依次而出，不能抢先进入或出来。与熟人同乘电梯，尤其是与尊者、长者、女士、客人同乘电梯时，应视电梯的类别而定：进入有人管理的电梯时，应后进后出。进入无人管理的电梯时，应当先进后出，这样做是为了控制电梯。

（三）乘车的礼仪

1. 乘公共汽车的礼仪

公共汽车是中国城市居民最常用的交通工具，是一个特殊的公共场所。人们上、下班，上、放学，走亲访友，上街购物，通常都会选择价格便宜的公共汽车。但在上、下班的高峰时段一般会比较拥挤，因此，个人良好的行为举止对维护公共秩序有很大的促进作用。乘坐公共汽车时，应注意以下礼仪。

依次上车。乘公共汽车时，应在车站或站台候车，依次排队并按顺序上车。车靠站停稳后，要先下后上或从前门上后门下，应主动让老、弱、病、残、孕者先上车。上车后，应酌情向车厢内移动，不要堵在车门口，以免妨碍后面的乘客上车。

主动购票。乘客上车后，应主动购票或出示月票。乘坐无人售票车时，应自觉投币或刷公交卡。

互谅互让。在车上遇到孕妇、病人、老人和抱孩子的妇女，有座位的年轻乘客应主动让座。当他人给自己让座时，应立即表示感谢。假如自己不打算去坐，应礼貌地说明，如"谢谢，我马上要下车了"等。车上人多拥挤，相互间难免磕磕碰碰。若是自己踩了别人的脚，应马上向对方道歉，并礼貌地说声"对不起"；若别人不小心撞到你或踩到你的脚，要表示谅解，切不可破口大骂。

注意安全。不准携带易燃、易爆等危险物品乘坐公共汽车。车在行驶过程中，不要催促驾驶员开快车；不准与驾驶员闲谈或做其他妨碍驾驶员安全驾驶的活动；不准将手或身体其他部位伸出车外，以免发生意外；司机和乘客严禁在车上吸烟。

注意卫生。在车上，不要随地吐痰，不要乱扔果皮纸屑，不要吃有刺激性气味的食物。随身携带鱼、肉等物品的乘客，应将其包好，以免弄脏车厢和他人的衣物。遇到下雨天，在上车前应把雨伞折拢，将雨衣脱下叠好，以免弄湿他人的衣物。

保持安静。上车后，应保持车厢内的安静，不要高声谈笑，也不要大声打电话。人多时，在车上遇到熟人只要点头示意、打个招呼即可，不要挤过去交谈，更不要远距离大声呼喊。

2. 乘小轿车的礼仪

近年来，小轿车的数量越来越多，搭乘小轿车与领导、同事一起出差、办事，与朋友一起举家出游，也已是家常便饭。因此，乘坐小轿车的礼仪，也显得颇为重要。乘坐小轿车涉及的礼仪，主要有座次排序、行为举止、上下车的顺序 3 个方面。

座次排序。非正式场合，对于座次不必过分拘礼，可随意就座。但正规场合，乘坐小轿车时应分清尊卑，在自己该坐的位置就座。由专职司机驾驶轿车时，按照汽车前进的方向，礼宾顺序原则是：以后排右座为首，后排左座次之，后排中座再次之，司机旁边的副驾驶座位为末座。副驾驶座一般称为随员座，即通常坐的多为随员、助理、警卫等，因此，一般不应让女士、孩子与尊长坐在由专职司机驾驶的轿车的前排座。如果由主人充当司机驾车出行，司机旁边的副驾驶座则为首座，后排右座次之，后排左座再次之，后排中座则为末座。客人坐在副驾驶座，既表示对主人的尊重，也表明愿意与主人同舟共济。乘坐主人驾驶的轿车时，最重要的是不能让前排座空着，一定要有一个人坐在那里。如果前座客人中途下车，则后座的客人应移到前座，补其空缺，相陪主人，这样才不失礼，否则，有把主人当车夫使用之嫌。

行为举止。乘坐小轿车与乘坐公共汽车有所不同，一般都是相识的人，言行举止可稍随意。但也要注意以下几点：第一，动作雅观。不要对异性表现得过分亲近，更不能东倒西歪地趴在他人身上。穿短裙的女士，上下车最好采用背入式或正出式，即上车时双腿并拢，背对车门坐下后，再收入双腿；下车时正面面对车门双脚着地后，再移身车外。若跨上跨下、爬上爬下，姿态极不雅观。第二，注意卫生。不要在车内连吃带喝，不要向车外扔垃圾、吐痰、擤鼻涕，不要在车上脱鞋、脱袜、换衣服或用脚蹬踩座位，更不要将手、腿或脚等伸出车窗外，以防发生意外。自己的车上可以吸烟，但有女宾时，应先做礼貌性的请求，得到应允后，方可进行。特别应该注意的是：在空调车上，一般不能吸烟。第三，注意安全。不要分散驾驶员的注意力，减少与驾驶员的闲聊，尽量不让驾驶员接听电话。在上下车、开关门时，应先看后行，特别要注意看后面有无车辆，以免因疏忽大意而伤及他人。在关车门时，用力应适宜，避免力量过大。

上下车的顺序。上下车顺序的基本要求是：倘若条件允许，应请尊长、女士、来宾先上车、后下车。具体情况分为几种：由专职司机驾驶轿车时，坐于副驾驶位者，大都应后上车、先下车，以便照顾坐于后排者。与其他人同坐于后一排时，位卑者应请尊长、女士、来宾从右侧车门先上车，自己再从车后绕到左侧车门上车；下车时，位卑者则应先从左侧下车，再从车后绕到右侧车门去开门，帮助他人下车。若车停于闹市，左侧车门不宜开启。在右门上车时，应里座先上，外座后上。下车时，则应外座先下，里座后下。由主人驾驶轿车时，如有可能，主人均应后上车，先下车，以便照顾客人上下车。

（四）乘飞机的礼仪

1. 候机时的礼仪

国家民航局规定，乘坐国内航班应提前90分钟到达机场，乘坐国际航班应提前120分钟到达，以便办理登机手续。在办理手续时，要耐心等待，听从工作人员的安排。不得在候机厅高声交谈、抽烟、乱扔果皮纸屑。

2. 飞行时的礼仪

登机前，要自觉排队检票。进入机舱时，当空中小姐或是机长礼貌迎客的时候，应该友好地回应。登机后，应该遵循乘客规则，配合乘务员的工作。

在飞机上，每个座椅后背都有一个供后面乘客使用的小桌，除用餐外，不宜长时间放下，以免影响其他乘客出入。需要放低座椅靠背休息时，应礼貌地征询后面乘客的意见后，再放低座椅。飞机上提供的毛毯、读物等物品应该爱惜并保持整洁。飞机上的洗手间或梳妆台都是公用的，在使用时应该保持清洁，不要长时间在里面逗留，以免影响其他乘客使用。座位上的氧气罩和座位下面的救生衣是发生紧急情况时使用的，不可随意把玩。

3. 乘飞机的禁忌

飞机从起飞到落地停稳前，禁止使用一切会干扰无线信号的物品，如手机、手提电脑等。少数飞机尾部设有吸烟区，需要抽烟的乘客应自觉到吸烟区。当飞机亮出"请勿吸烟"的讯号时，即使正在吸烟，也应立刻把烟熄灭。

（五）乘船的礼仪

1. 有序上船

男士和年轻乘客应该让女士、小孩和年长者先行，并主动帮助其他乘客。

2. 勿入禁区

乘客们可在甲板上散步、观景，但不可游逛到船上的驾驶舱和"乘客止步"的场所，那些场所一般都是船员工作的地方，乘客擅自闯入会干扰船员的正常工作。

3. 尊重船员

船员和服务人员是客轮上与乘客接触最多的工作人员，应对他们的服务表示尊重。特别是船长，他是客轮的首长，没有要事不要轻易打扰。

4. 交往有度

在没有被邀请的情况下，不要私自探访他人的客舱。在凌晨、正午、深夜等休息时间，也尽量避免探访其他客舱的朋友。

5. 有序下船

下船时，男士和年轻乘客应该礼让后行，帮助女士、老人、小孩下船。

二、宴会礼仪

宴会是在社交活动中，尤其是在商务场合中表示欢迎、庆贺、饯行、答谢，以增进友谊和融洽气氛的重要手段。招待宴请活动的形式多样，礼仪繁杂，掌握其礼仪规范是十分必要的。

（一）宴会的种类

根据交际目的、邀请对象以及经费开支的不同，宴会分为以下几种形式。

1. 工作宴会

工作宴会又称为工作餐，是一种多边进餐的非正式宴请形式。按照用餐时间，可分为早、中、晚餐，工作餐不重交际形式而强调方便务实，不需事先发请柬，只需邀请与某项特定工作有一定关系的领导、技术人员和其他有关人员，一般不请配偶，但排席位。安排座位时，以参加者职务的高低为序。其形式与具体安排，以干净、幽雅、便于交谈为宜。

2. 冷餐会

冷餐会又称冷餐招待会或自助餐，是一种方便灵活的宴请形式。其基本特点是以冷食为主，站着吃。一般不设正餐，但可以有热菜，不安排席次，但会设一些散座，以供老弱、妇女使用。菜肴、酒水和饮料等都放在特定的长条餐桌上，供客人自取，也可由服务员端送。冷宴有3个优点：一是不设固定席位，客人可以自由活动，边走边吃；二是便于接触交谈，广泛交往；三是可以容纳大量的来宾。其布置也比正式宴会简便，可以在室内也可在院子里进行。根据宾主双方身份，冷餐会的规模隆重程度可高可低，还可视财力情况掌握丰俭，举办时间一般安排在中午12时或下午6时，每次进行两小时左右。用餐时要"一次少取，多次取用"，且应注意社交形象。须知参加冷餐会，吃是次要的，与人沟通才是最主要的任务。

3. 酒会

酒会又称鸡尾酒会。以招待酒水为主，略备小吃。酒会不一定都备鸡尾酒，但酒水和饮料的品种应多一些，一般不用烈性酒。食物多为各色面包、三明治、小香肠、炸春卷等，以牙签取食。酒水和小吃由招待员用盘端送，也可置于小桌上由客人自取。酒会不设座椅，宾主皆可随意走动，自由交往。这种形式比较灵活，便于广泛接触交谈。举行的时间亦较灵活，中午、下午、晚上均可，一般持续两小时左右。在请柬规定的时间内，宾客到达和退席的时间也不受限制，可以晚来早退。酒会多用于大型活动，因此，可以利用这个机会进行社会交际和商务交际。

4. 家宴

家宴即一般在家中设便宴招待客人，以示亲切、友好。在社交和商务活动中，家宴对人际交往有重要的促进作用，西方人喜欢采取这种形式。家宴按举行的时间不同，又有早宴、午宴和晚宴；在宴请形式上又可分为家庭聚会、自助宴会、家庭冷餐会和饭店宴请等。

家庭聚会是我国目前采用最多的一种请客形式。这种家宴规模较小，形式简单，气氛亲切友好，一般由女主人操办，适合宴请经常往来的至亲好友。

自助宴会的特点是灵活自由，宾主可以一起动手准备，大家合作各显其能，边准备边聊天，这种形式比较随便、自然、亲切。

家庭冷餐会以买来的现成食品为主，赴宴的客人可以站着吃，也可以坐着吃，还可以自由走动挑选交谈对象。这种形式比较受年轻人的欢迎。

在饭店请客或请厨师在家中做菜宴客，是较为正宗的家宴形式，适用于宴请久别的亲友和比较尊贵的客人，或者规模较大的婚宴、寿宴等。

（二）宴会的组织

1. 确定宴会的目的与形式

宴会的目的一般很明确，如节庆日聚会、工作交流、贵宾来访等。根据目的决定邀请什么人、邀请多少人，并列出客人名单。宴请主宾身份应该对等，多边活动还要考虑政治因素、政治关系等。宴请形式在很大程度上取决于当地的风俗习惯。

2. 确定宴请的时间和地点

宴会的时间和地点，应当根据宴请的目的和主宾的情况而定。一般来说，宴会时间不应与宾客的工作、生活发生冲突，通常安排在晚上 6 ~ 8 点。同时，宴请时间应尽量避开对方的禁忌日。例如，欧美人忌讳"13"，日本人忌讳"4"、"9"。宴请的地点，应依照交通、宴请规格、主宾喜好等情况而定。

3. 提前发送请柬

当宴请对象、时间和地点确定后，应提前 1 ~ 2 周制作并适时分发请柬，以便被邀请的宾客有充分的时间安排自己的行程。即使是便宴，也应提前用电话准确地通知。

4. 确定宴会规格

宴会规格是宴会礼仪的重要内容。宴会规格一般应考虑宴会出席者的最高身份、人数、目的、主人情况等因素。规格过低，会显得失礼；规格过高，则铺张浪费。确定规格后，应与饭店（酒店、宾馆）共同拟订菜单。在拟订菜单时，应考虑宾客的口味、禁忌、健康等因素。对于需要照顾的个别宾客，应尽早做好安排。

5. 合理安排席位

宴请往往采用圆桌布置菜肴、酒水。采用一张以上圆桌安排宴请时，排列圆桌的尊卑位次有两种情况：一种是由两桌组成的小型宴会，当两桌横排时，其桌次以右为尊，以左为卑。这里所讲的右与左，是由面对正门的位置来确定的，这种做法又叫"面门定位"。

当两桌竖排时，其桌次则讲究以远为上，以近为下。这里所谓的远近，是以距正门的远近而言的，此法亦称"以远为上"。

另一种是 3 桌或 3 桌以上所组成的宴会，称为多桌宴会。安排桌次时，除了要遵循"面门定位"、"以右为尊"、"以远为上"这 3 条规则外，还应兼顾其他各桌与主桌的距离，即与第一桌的远近。通常距主桌越近，桌次越高；距离主桌越远，桌次越低。

其次需注意的是进行宴请时的席位安排，每张餐桌上的具体位次也有主次尊卑之别。排列位次的方法是主人应面对正门并在主桌就座；举行多桌宴请时，各桌之上均应有一位主办方的代表就座，其位置一般与主桌主人同向，有时也可面对主桌主人；各桌的位次尊卑，应根据其距离该桌主人的远近而定，以近为上，以远为下；在各桌上，距离该桌桌主相同的位次，讲究以右为尊，即以该桌桌主为准，其右为尊，其左为卑。

圆桌上位次的具体排列又可分为两种情况：第一种情况是每桌一个主位的排列方法，其他桌每桌只有一个主人，主宾在其右侧就座。第二种情况是每桌两个主位的位次排列方法，其安排是主人夫妇就座于同一桌，主宾和主宾夫人分别在男、女主人右侧就座。

倘若主宾身份高于主人，为了表示尊重，可安排其在主人位次上就座，并请主人坐在主宾的位次。另外，每张桌上所安排的用餐人数应限于 10 人之内，且宜为双数。

6. 细心准备餐具

考究的餐具既赏心悦目，又表达了对客人的尊重。宴请餐具的挑选和摆放十分重要，是宴会的基本礼仪之一。在宴会之前，必须统一对餐具进行清洗、消毒，确保餐具的干净卫生。此外，桌布、餐巾也应浆洗干净并熨平。

7. 合理安排宴请程序

迎客时，主人一般在门口迎接。如果是官方宴请活动，主办方的主要官员还应陪同主人迎接宾客。宾客到达时，主人应与宾客热情握手，之后再由工作人员引入休息厅或直接进入宴会厅。主人抵达宴会厅后，由主人陪同主宾进入休息厅与其他宾客见面。在休息厅，宾客应由相应身份的人员陪同，且服务员应及时端送饮料。

主人陪同主宾进入宴会厅，全体宾客入席，宴会开始。若宴会规模较大，则可请主桌以外的客人先就座，贵宾后入座。若有正式讲话，一般安排在热菜之后甜食之前由主人讲话，接着由主宾讲话，也可以一入席双方即讲话，冷餐会及酒会讲话时间可稍灵活。

外国人的日常宴请在女主人作为第一主人时，往往以她的行动为准。入席时，女主人先坐下，并由女主人招呼开始进餐。

（三）赴宴的礼仪

宾客参加宴会，无论是作为组织的代表，还是以私人身份出席，从入宴到告辞都应注重礼节规范。这既是个人素质与修养的体现，又是对主人的尊重。

1. 认真准备

接到邀请，能否出席应尽早答复对方，以便主人做出安排。万一遇到特殊情况不能出席时，尤其是作为主宾，要尽早向主人解释并道歉，必要时，应亲自登门表示歉意。应邀出席一项活动之前，要核实宴请的主人，活动举办的时间、地点，是否邀请配偶以及主人对服饰的要求。

出席宴会前，一般应梳洗打扮。女士要化妆，男士应梳理头发并剃须。衣着要求整洁、大方、美观。若参加家庭宴会，可给女主人准备一定的礼品，在宴会开始前送给主人。礼品价值不一定很高，但要有意义。

2. 按时抵达

按时出席宴会是最基本的礼貌。出席宴请活动，抵达时间的迟早、逗留时间的长短，在一定程度上反映出对主人的尊重，应根据活动的性质和当地的习俗定夺。迟到、早退或逗留时间过短都被视为失礼或有意冷落。身份高者到达时可略晚些，一般的客人到达应稍提前。出席宴会要根据各地习惯，适时抵达，我国则是正点或提前 1~2 分钟抵达。出席酒会可以在请柬注明的时间内到达。抵达宴会活动地点后，先到衣帽间脱下大衣和帽子，然后前往迎宾处，主动向主人问候。如果是庆祝活动，应表示祝贺。对在场其他人，均应点头示意，互相问候。

3. 礼貌入座

应邀出席宴会活动，要听从主人的安排。若是宴会，进入宴会厅之前，应先掌握自己的桌次和座位。入座时注意桌上座位卡是否写有自己的名字，切不可随意入座。如邻座是长者或女士，应主动协助他们先坐下。入座后坐姿要端正，不可用手托腮或将双肘放在桌上。坐时应把双脚踏在本人座位下，不可随意伸出，以免影响他人入座。不可玩弄桌上的酒杯、盘碗、刀叉、筷子等餐具，不要用餐巾或纸巾擦餐具，以免让人误认为餐具不洁。

在社交场合，无论天气如何炎热，不可当众解开纽扣或脱下衣服。小型便宴时，若主人请宾客宽衣，男宾可脱下外衣搭在椅背上。

4. 适度交谈

宾客坐定后，如已有茶，可礼貌饮用。无论是主人、陪客，还是宾客都应与同桌的人交谈，特别是左邻右座，不可只与几位熟人或个别人交谈。若不相识，可适当地进行自我介绍。谈话要掌握时机，要视交谈对象而定。不可只顾自己夸夸其谈，或谈些荒诞离奇的事而引起他人的不悦。

5. 文雅进餐

宴会开始时，一般是主人先致祝酒词。此时应停止谈话，不可吃东西，应认真倾听。致辞完毕，主人招呼后，即可进餐。

进餐时，举止要文雅。盘中食物吃完后，如果不够可以再取，但取菜时，一次不可盛得过多。

用餐前，应先将餐巾打开铺在腿上。用餐完毕叠好放在盘子右侧，不可放在椅子上，亦不可叠得方方正正而被误认为未使用过。餐巾只能擦嘴，不能擦脸、擦汗或擦桌子。服务员送的香巾是用来擦脸的，擦完后要放回原盛器内。

若遇到本人不能吃或不爱吃的菜品，当服务员或主人夹菜时，不可打手势，不可拒绝，可取少量放入盘中，并表示"谢谢，够了"。对不合口味的菜，切勿表现出难堪的表情。主人在给宾客让菜时，要主动用公用餐具，切不可用自己的餐具让菜。

冷餐酒会，服务员上菜时，不可抢着去取，应待其送至本人面前时再取。周围的人未取到第一份时，自己不可急于去取第二份。取完后，应立即离开，以便让其他人取食。

吃食物时，要文雅，应微闭着嘴咀嚼，不可发出声响。要将食物送入口中，不可伸口去迎食物。食物过热时，可稍凉后再吃，切勿用嘴吹。鱼刺、骨头、菜渣等不可直接外吐，要用餐巾掩嘴，用筷子取出，或轻吐在叉匙上，放在碟中。嘴里有食物时，不可进行谈话。剔牙时，要用手绢或餐巾遮口，不可边走动边剔牙。吃剩的菜，用过的餐具、牙签等应放在碟中，勿放置桌上。

6. 文明祝酒

（1）斟酒

祝酒之前需要斟酒。如果是大型的宴会，应该由服务人员来斟酒。斟酒一般要从位高者开始，然后按顺时针依次斟酒。在普通的宴会上，主、宾之间互相斟酒也不为过。在正式的宴会上，他人为你斟酒时，应回敬以"叩指礼"，方法是把右手拇指、食指、中指捏在一起，指尖向下，轻叩几下桌面表示对斟酒者的感谢。白酒和啤酒可以斟满，而洋酒就不宜斟满，约至1/3或1/2杯即可。如果不需要斟酒了，应把手挡在酒杯上，并说声"不用了，谢谢！"就可以了。斟酒者也要适可而止，没有必要非得一再要求为对方斟酒。

（2）祝酒的时间

祝酒应该在特定的时间进行，并以不影响来宾用餐为首要原则。祝酒分为正式祝酒和普通祝酒。正式祝酒，一般是在用餐前由主人祝酒致辞。而普通祝酒，一般是在正式祝酒之后开始，但要注意时机的选择，应尽量在对方方便的时候进行，例如在对方没有与其他人祝酒时。此外，如果向某人祝酒，应该等身份比自己高的人为其祝酒之后，方可进行。

（3）祝酒的顺序

祝酒前一定要充分考虑好祝酒的顺序，以避免尴尬。通常，祝酒是按职位、身份的高低，从位高者开始。当主人和客人进行祝酒时，先由主人祝主宾，再由主办方的其他成员祝主宾和来宾，然后主宾回敬主人或其他主要的主办方成员，最后是主办方之间或来宾之间互相祝酒。为了制造宴会的热烈气氛，祝酒可以进行多轮。

（4）祝酒的举止

当主人向全体来宾祝酒致辞时，无论是主办方还是来宾都应停止其他一切活动，起身并手端酒杯，面带微笑，认真聆听。当主人提议干杯时，所有人都要端起酒杯站起来，互相碰杯。按照国际惯例，祝酒时，酒杯中的酒不一定要一口全部喝完，但即使是平时滴酒不沾的人，也应拿起酒杯抿上一口，以示对主人的尊重。除了主人向全体来宾祝酒，主宾也可以向所有出席者祝酒。主宾的祝酒词可以简短明了，例如："各位，为今后我们合作愉快，干杯！"

祝酒时，涉及礼仪最多的是普通祝酒。普通祝酒就是在主人和主宾正式祝酒之后，主办方与来宾之间进行的祝酒。当别人向你祝酒时，要手举酒杯到双眼高度，在对方说完祝酒词之后，再喝酒。喝完后，还要用手拿着酒杯与对方对视一下，这一过程才算结束。碰杯也是有讲究的，为表示对对方的敬重，通常都要让自己的酒杯稍低于对方的酒杯；碰杯的时候，可以象征性地与对方轻碰一下酒杯，不要用力过猛，非听到响声不可；如果与对方相距较远，可以用酒杯杯底轻碰桌面，即表示碰杯。此外，当主人亲自向来宾祝酒后，该来宾必须回敬主人。

祝酒无论是祝酒的一方还是被祝酒的一方，都要注意因地制宜、入乡随俗。在我国的部分地区，特别是东北、内蒙古等北方地区，祝酒的时候往往讲究"端起即干"。在他们看来，这种方式才能表达诚意和敬意。所以，酒量欠佳者应该事先诚恳说明，不要看似豪爽地端着酒去敬对方，结果对方一口干了，而你却只是"意思意思"，这样往往会引起对方的不快。必须要提醒的是，向对方祝酒，要比对方多喝才行，最好全干，但对方向你祝酒，可以看情况适量喝。另外，对于祝酒的一方，如果对方确实酒量不济，没有必要去强求。喝酒的最高境界，应该是"喝好"而不是"喝倒"。

（5）祝酒的语言

无酒不成宴，祝酒是中国人的美德。请吃或者吃请，宾主总得觥筹交错，喝上几杯。有朋自远方来，若不沽酒以待，是失礼；送客人走，劝君更进一杯酒，是重情。要做到恰到好处，必须灵活地运用祝酒词。

祝酒词是一门艺术，恰当地运用这门艺术，不仅能活跃宴会的气氛，还能增进彼此的感情。例如向久别的朋友祝酒时，应该说"感情深一口闷，感情浅舔一舔"；向一般的朋友祝酒时，应该说"劝君更进一杯酒，走遍天下皆朋友"；向下海经商者祝酒时，应该说"日出江花红胜火，祝君生意更红火"；向老师祝酒时，应该说"感谢您对我的栽培，我不仅从您那学到了令我受益匪浅的学术知识，而且您为我在人生的道路上树立了一个标杆，在此，我真心地敬您一杯"；向领导祝酒时，应该说"感谢领导对我的关心和教育，我真心地敬您一杯酒，希望您步步高升，万事如意"等等。

遇到别人来祝酒时，若酒量不济，应巧妙地拒酒，以免伤身。例如"君子之交淡如水"、"酒量不高怕丢丑，自我约束不喝酒"、"万水千山总是情，这杯不喝行不行"等等。

7. 礼貌告辞

正式宴会一般在吃水果后即结束，此时，一般先由主人向主宾示意，请其做好离席的准备，然后从座位上站起，这是请全体起立的信号。一般以女主人的行动为准，女主人先邀请女主宾离席退出宴会厅。宾客告辞时，应礼貌地向主人道谢。通常是男宾先向男主人告辞，女宾先向女主人告辞，然后交叉，再与其他人告辞。

席间一般不应提前退席。若确实有事需提前离席，应向主人打招呼后悄悄离去，也可事前打招呼到时再离去。退席理由应尽量不使主人难堪或不悦。退席时，要有礼貌。从宴会结束到告辞前，不可有任何不耐烦的举动。

对主人的致谢，除了在宴会结束告辞时表达谢意外，正式宴会还可在2~3天内以印有"致谢"或"P. R"字样的名片或便函表示感谢。有时私人宴请也需致谢，名片可寄送或亲自送达。首先感谢女主人，但不必说过谦的话。

（四）吃西餐的礼仪

西餐是西方国家的一种宴请形式。由于民族习俗的差异，西餐的餐具、摆台、酒水菜点、用餐方式、礼仪等都与中餐有较大差别。随着国际交往的不断增多，西餐也已成为我国招待宴请活动的一种方式。因此，了解西餐的一般常识和礼仪是十分必要的。

西餐的餐具多种多样。常见的西餐餐具有刀、叉、匙、杯、盘等。

摆台是西餐宴请活动中一项专门的技艺，也是必不可少的一个礼仪程序。西餐的摆台因国家的不同也有所不同，常见的有英美法国式和国际式西餐摆台，这里主要介绍国际式西餐摆台。

国际上，常见的西餐摆台方法是：座位前正中是垫盘，垫盘上放餐巾（口布）。盘左放叉，盘右放刀、匙，刀尖向前、刀口朝内，主食靠左，饮具靠右前方。正餐的刀叉数目应与上菜的道数相等，并按上菜顺序由外至里排列，以便用餐时从外向里依序取用。饮具的数目、类型应根据上酒的品种而定，通常的摆放顺序是从右起依次为葡萄酒杯、香槟酒杯、啤酒杯（水杯）。

吃西餐时，应注意掌握以下几个方面的礼仪：

1. 上菜的顺序

一般情况下，西餐上菜的顺序是：开胃前食、汤、鱼、肉、色拉、甜点、水果、咖啡或茶等。上菜时，菜肴从左边上，饮料从右边上。

2. 餐巾的使用

入座后先取下餐巾，打开并铺在双腿上。如果餐巾较大，可稍折叠后再放在双腿上，切不可将餐巾别在衣领上或裙腰处。用餐时可用餐巾的一角擦嘴，但不可用餐巾擦脸或擦刀、叉等。用餐过程中若想暂时离开座位，可将餐巾放在椅背上，表示你还要回来；若将餐巾放在餐桌上则表示你已用餐完毕，服务员就不再为你上菜。

3. 刀叉的使用

吃西餐时，通常用左手持叉、右手持刀。用叉按住食物，用刀子切割，然后用叉子叉起食物送入口中，切不可用刀送食物入口。如果只使用叉子，也可用右手使用叉子。使用刀叉时应避免发出碰撞声。用餐过程中，若想放下刀叉，应将刀叉呈"八"字形放在盘子上。用餐完毕，则应将刀叉并拢放在盘子内。

4. 用餐的礼节

当全体客人面前都上了菜，切不可自行用餐，应等主人示意后方可用餐；喝汤时，不要发出声响；面包要用手去取，不可用叉子去取，也不可用刀子去切，面包应用手掰着吃；吃色拉时，只能使用叉子；用餐过程中，若需用手取食物，要在西餐桌上事先备好的水盂里洗手（沾湿双手拇指、食指和中指），然后用餐巾擦干，切不可将水盂中的水当成饮用水喝掉；最好避免在用餐时剔牙，若非剔不可，必须用手挡住嘴；当服务员依次为客人上菜时，一定要等服务员走到你的左边，才可取菜，如果在你的右边，则不宜急着去取；吃水果不可整个咬着吃，应先切成小瓣，用叉取食；若不慎将餐具掉在地上，应由服务员更换；若将油水或汤菜溅到邻座身上，应表示歉意，并由服务员协助擦干。

三、舞会礼仪

舞会是一种很不错的社交场合，它能促进人与人的交往，增进彼此的友谊。无论是参加家庭舞会还是夜总会舞会，除了化妆打扮要特别适合气氛外，最重要的是保持你的兴致，使你周围的人也跟着快乐起来。表面看来，舞会的气氛轻松随便，但种种礼仪却不容忽视。当你有幸被邀请参加舞会时，以下几点可供参考：

（一）注重仪表

得体的仪表和着装，既是优雅风度的体现，又是对他人的一种尊重。在西方，男士参加正式交谊舞会的传统服装是白领结、燕尾服，如果没有燕尾服，一般都穿着半正式晚礼服；女士通常穿着高雅的长裙。在我国，男士可穿着笔挺的西装，夏天可穿着衬衫配西裤；女性可穿着裙装，不能穿工作服、牛仔裤、背心、短裤等过于随便的衣服，这会与整个舞会的气氛不协调。

（二）口气清新

应邀参加舞会前的饮食，要避免气味强烈的食物，如大蒜、酒等。若已经吃了，应设法进行必要的处理，以清洁口腔，消除异味。

（三）邀舞有方

男女即使彼此不相识，但只要参加了舞会，无论是男士还是女士，都可以互相邀请。通常是由男士主动去邀请女士共舞，以体现绅士风度。同时，男士要有意识地照顾在场的每一位女士，尽量不要让某一位女士孤寂地坐在舞场一角，郁郁寡欢。

当男士有意邀请一位素不相识的女士跳舞时，必须先观察她是否已有男友伴随，如有，一般不宜去邀请，以免发生误会。如果被邀女士的丈夫或父母在场，要先向他们致意问候，得到同意后，方可邀请女士跳舞。舞曲结束后，要把被邀女士送到座位旁或送回其家人身边并致谢。当男士邀请舞伴时，要整理好自己的服装，把手擦干净，庄重地走到女士面前，面带笑容，弯腰鞠躬，并做出"请"的手势，同时轻声说："想请您跳个舞，可以赏脸吗？"征得对方同意后，共同步入舞池。不要没等对方表示愿不愿意，就伸手去拉对方。

（四）拒绝有礼

参加舞会时，受邀请者也应当落落大方，如果决定拒绝别人的邀请时，更要注意文明礼貌，不要伤害对方的自尊心，千万不要不理不睬或恶语伤人。如果女士已经答应和别人跳这场舞，应当向迟来邀请的男士真诚地表示歉意，说："对不起，已经有人邀请我跳了，等下一次吧。"如果女士决定谢绝男士邀舞时，应当婉转地说："对不起，我累了，想休息一下。"或者说："我不大会跳，真对不起。"以此来求得对方的谅解。已经婉言谢绝别人的邀请后，在一曲未终时，女士不宜同别的男士共舞，否则，会被认为是对前一位邀请者的蔑视，这是很不礼貌的。

四、座谈会礼仪

邀请有关人员召开会议，收集对某一问题的反映，或就某些方面的问题发表看法，属于座谈的形式。举行座谈会时，要注意以下礼仪：

（一）提前通知

会议通知要及时发送，至少在开会的前一天发到与会者手中，因为座谈会大都要求与会者发言，早一天接到通知可以稍做准备。会议通知上要写明召开座谈会的具体时间、详细地点、座谈内容、举办单位名称。如果用电话通知，最好找到参加者本人接电话，以示郑重；如果托人转告，则不要忘了告知座谈会的主题，以免与会者懵懂而去，打无准备之仗，发生尴尬，这对与会者将是失礼的。

（二）会前礼仪

座谈会座位不做特殊安排，一般是与会者围圈而坐，主持人也不例外，以便创造一种平等的气氛。如果与会者互相不认识，主持人应该一一进行介绍或引导他们作自我介绍，以融洽会议气氛。

（三）会中礼仪

座谈会开始时，主持者应首先讲明会议的主题以及被邀请者的类别，为什么邀请在座的各位来参加座谈会，以便使座谈者明确自己与这次座谈内容的联系，明确自己对座谈会的重要性，更积极主动地进入角色。如果开始有冷场现象，主持者可以引导大家先从稍远处或外围的话题谈起，然后逐步逼近座谈会主题。采取点名的方法请某人先发言，通常是不得已而为之的。

举行座谈会，就是希望大家来了后能畅所欲言，知无不言，言无不尽。话不在长短，而在于能包容较大的信息量。讲话时也不要求非得一个个轮着来，讲完一个算一个，像完成任务似的，而是允许你一言，我一语，鼓励大家插话和讨论。但插话时，切记不着边际地打"横炮"，也不要用反唇相讥、唯我独尊的方式和态度发言。要多用探讨、商榷的口气，即使有争论，也要冷静，而不是动用冲动和粗暴的语言。

（四）结束礼仪

座谈会结束时，主持者应归纳总结大家的发言，对大家发言的态度和表现、提供的内容和信息作出诚恳的肯定，并强调座谈会对工作的积极作用。最后，向大家表示感谢。

五、馈赠礼仪

馈赠是社交活动的重要手段之一。中国人一向崇尚礼尚往来，《礼记·曲礼上》就有："礼尚往来，往而不来，非礼也，来而不往，亦非礼也。"在现代人际交往中，礼物是人们往来的有效媒介之一，它像桥梁和纽带，迅速地传递着彼此间的情感和信息，深沉地寄托着人们的情意，无言地表达着人与人之间的真诚关爱，成为人们联络和沟通感情的主要方式。

（一）赠品的选择

得体的赠品，恰似无声的使者，会给交际活动锦上添花，给人们之间的感情和友谊注入新的活力。因此，只有在掌握馈赠基本原则的前提下，才能真正发挥馈赠在交际中的重要作用。

1. 赠品的贵贱

赠品的贵贱厚薄，往往是衡量情感和诚意的重要标志。然而，赠品的贵贱与其价值，并不总是成正比的。因为赠品是言情寄意表礼的，是人们情感的寄托，赠品有价而人情无价。也就是说，就赠品的价值而言，赠品既有其物质的价值含量，也有其精神的价值含量。"千里送鹅毛"的故事，在我国妇孺皆知，被标榜为"礼轻情意重"的典范。"折柳相送"也常为人们津津乐道。我们提倡"君子之交淡如水"，提倡"礼轻情意重"。

2. 馈赠的效用

同一切物品一样，当礼以物的形式出现时，礼物本身也就具有了价值和实用价值。就礼品本身的实用价值而言，人们的经济状况不同，文化程度不同，品味追求不同，对于礼品的效用性要求也就不同。

一般来说，在物质生活较为贫寒时，人们多倾向选择实用性的礼品，如食品、水果、衣料、现金等；在生活较为宽裕时，人们则倾向于选择艺术欣赏价值较高、趣味性较强或具有纪念性的物品作为礼品。

3. 馈赠的禁忌

由于民族、生活习惯、生活经历、宗教信仰以及性格、爱好的不同，不同的人对同一礼品的态度是不同的，或喜爱、或忌讳、或厌恶。因此，馈赠礼物要把握投其所好、避其禁忌的原则。

馈赠前一定要了解受礼者的喜好，尤其是禁忌。例如，中国人普遍有"好事成双"的说法，因而凡是大贺大喜之事，所送之礼，均好双忌单。尽管好事要成双，但广东人则忌讳"4"这个双数，因为在广东话中，"4"听起来就像是"死"，是不吉利的。再如，白色虽有纯洁无瑕之意，但中国人比较忌讳，因为在中国，白色常是悲哀之色和贫穷之色；同样，黑色也被视为不吉利，是凶灾之色、哀丧之色；而红色，则是喜庆、祥和、欢庆的象征，受到人们的普遍喜爱。另外，我国人民还常常讲究给老人不能送"钟"，给夫妻或情人不能送"梨"，因为"送钟"与"送终"，"梨"与"离"谐音，是不吉利的。

（二）馈赠的礼仪

要使交往对象愉快地接受馈赠，并不是件容易的事情。因为，即便你在馈赠原则指导下选择礼品，如果不讲究馈赠的礼仪，也很难使馈赠成为社会交往的有效手段，甚至会适得其反。那么，馈赠时应注意哪些礼仪呢？

1. 礼品的包装

精美的包装，不仅使礼品的外表美观，而且显示出赠礼者的文化和艺术品位，同时还可以使礼品产生一种神秘感，这既有利于交往，又能引起受礼者的兴趣和好奇心理。好的礼品若不注重包装，不仅产生"人参变萝卜"的缺憾，而且还易使受礼者轻视礼品，无形中折损了礼品的价值。

2. 馈赠的场合

馈赠场合的选择，是极其重要的。尤其那些出于酬谢、应酬或有特殊目的的馈赠，更应注意馈赠场合的选择。

通常情况下，当众馈赠礼物给一群人中的某一个人是不合适的。因为那会使受礼者有受贿之感，而且会使没有受礼的人有受冷落和受轻视之感。给关系密切的人馈赠礼物，也不宜在公开场合进行。既然关系密切，馈赠就应避开公众而在私下进行，以免给公众留下这种密切的关系完全是靠物质支撑的印象。只有那些能表达特殊情感的特殊礼品，如一本特别的书，一份特别的纪念品等，才可在公众面前赠予，因为这时公众已变成你们真挚友情的见证人。馈赠礼物是为巩固和维持双方的关系，势必有特定的对象。因此，馈赠礼物应在受礼者在场的时候进行，以便于观察受礼者对礼品的感受，并适时解答和说明礼品的功能、特性等，还可有意识地向受礼者传递你选择礼品时的独具匠心，从而激发受礼者对礼品的兴趣。

3. 馈赠的言行

只有平和友善的态度、落落大方的动作以及伴有礼节性的语言表达，才能达到馈赠的最佳效果。那种像做贼似的，悄悄将礼品置于桌下或房中某个角落的做法，不仅达不到馈赠的目的，甚至会引发受礼者的强烈反感。

4. 馈赠的时机

中国人很讲究"雨中送伞"、"雪中送炭"，这其中讲究的就是送礼的时效性。因为，只有在最需要的时候，得到的东西才是最珍贵的。因此，要注意把握好馈赠的时机，包括时间的选择和机会的择定。一般说来，时间贵在及时，超前或滞后都达不到馈赠的目的。"门可罗雀"时和"门庭若市"时，人们对馈赠的感受会有天壤之别。所以，对处境困难者给予馈赠，其所表达的情感就更显真挚和高尚。一般来说，生日、纪念日、传统节日、结婚、祝寿、升学、就业、职位升迁、生老病死、乔迁搬家等，都是馈赠礼品的好时机。另外，曾经接受过他人的帮助、指导或引荐等，也可以馈赠礼品表示感激。

（四）受礼的礼仪

1. 受礼者在接受对方礼品时，应表示感谢，并适当地赞美、夸奖对方。赞美礼品的精致、优雅或实用，夸奖赠礼者的周到和细致，并真诚地致以感谢之辞。

2. 双手接过礼品。双手接过礼品后，视具体情况或拆看或只看外包装，还可请赠礼者介绍礼品的功能、特性、使用方法等，以示对礼品的喜爱。

3. 只要不是贿赂性礼品，一般不要拒收，否则，会使赠礼者难堪。

六、探病礼仪

当亲友、同事、同学患病时，前往探望、慰问是人之常情，但是，要注意相应的文明礼仪。

（一）选择适当的时机

探望病人时，应选择适当的时机，尽量避开病人休息和治疗时间。由于病人的饮食和睡眠比常人更为重要，所以不宜在早晨、中午、深夜、以及病人吃饭或休息时间前往探视，一般上午 10～11 点，下午 2～4 点是探望病人的最佳时段。如果是探望住院的病人，还应在医院规定的时间内前往。若病人正在休息，则不应打扰，可稍后再去或留言相告。

（二）逗留的时间不宜过长

为照顾病人休息，与病人谈话或在病房内逗留的时间不宜过长，探望时间一般为 15 分钟，最多不超过半个小时。要注意适时地、婉转地结束探望，一方面避免病人疲劳，另一方面，避免影响同病房内的其他病人休息。

（三）言行举止要得当

探望病人时，不宜穿着颜色过于鲜艳或款式过于新潮的服装，女士不宜化浓妆。在谈话的内容上，应针对病人的焦虑心态要多说一些轻松、鼓励、开导、宽慰的话，以利于增强病人战胜疾病的勇气。由于特殊的心理状态，病人在患病期间都相当敏感。因此，切勿对病人谈他的病情有多么严重，也不要列举一些类似的严重病例，增加病人的紧张感和焦虑感，否则，好心会办了坏事。如果病人不知道自己的病情，应尽量避免谈病情。告别时，一般应谢绝病人送行，并祝病人早日康复。

（四）适当携带礼品

探望病人时，可适当带些礼品，如鲜花、滋补食品或水果等。但选择礼品时，要考虑病人的病情。例如患有呼吸道疾病的人，在闻到很浓的香味时，可能会出现咳嗽的症状，因此应选择气味比较清新的鲜花。

第四节　克服社交的心理障碍

有些人在社会交往中不敢交往、不愿交往、不能交往，出现见人恐惧、孤僻、敌意、羞怯、自卑、偏见和愤怒等现象，引起社交上的障碍。由于这些障碍与心理因素有关，因此也称做"社交心理障碍"。有社交心理障碍的人往往存在特殊经历、个性缺陷或认知错误，从而导致行为上的退缩。其实，每个人在一生中，都可能遇到轻重不等的社交心理障碍，不能因为有障碍就不去交往，我们的原则是认识它、改变它、战胜它。

一、克服社交恐惧症

（一）社交恐惧症的概述

恐惧症，又称恐怖性神经症，是以恐惧症状为主要临床表现的神经症。恐惧对象有特殊环境（广场、电梯、登高、黑暗等）、特定事物（血、狗、蛇等）或特定的人，每当接触这些恐惧对象时即产生强烈的恐惧和紧张，无法自控，并且产生回避行为。社交恐惧症指在社交场合对人的恐惧。

在美国，社交恐惧症在人群中占12%～13%，即每8个人中就有1个人在一生的某个阶段或是终生被这种恐惧所带来的焦虑困扰着，这严重地影响了他们的生活、交往和个人发展。社交恐惧症、抑郁症以及酒精依赖，被列为美国社会的3大危害，引起了医学界的广泛关注。我国的情况也不容乐观，从心理医院日常的门诊量发现，社交恐惧症所占的比例高达全部心理疾病的20%，仅次于抑郁症和焦虑症，其中青少年较多见。由于人们对该症普遍认识不足，大量的病患被轻描淡写地认为是"胆小、内向"而未受到重视，导致社交恐惧症的病患数量统计趋于保守。

（二）社交恐惧症的表现

有社交恐惧症的人，平时较少接触人群，个别人几乎不接触人群。见到自己父母等熟悉、亲近的人，无恐惧现象，一旦遇到陌生人、异性、上级领导，甚至马路上的行人就会恐惧紧张、拘束不安、焦虑不宁、手足无措、面红耳赤、心悸出汗，更有甚者出现头昏呕吐、四肢颤抖的状况。同时，本人会想方设法加以回避，逃离现场，以求减轻心理上的不安。一般情况下，多数社交恐惧症者，在没有人注意他们时，可以正常活动，当他们发现自己被关注时，立刻变得紧张、害怕，所以有的人还表现为不能在公众场合打电话，不能在公众场合与人共餐、共饮，不能单独与陌生人见面，不能在他人注视下工作等，至于上台表演、大会发言就更是不可能的了。

根据症状的轻重，社交恐惧症的表现是不同的，与不同的社交对象接触，表现也会不同。轻微的只是脸红，重者头昏呕吐、四肢颤抖。社交恐惧症患者，多在青少年时期发病，其中，一部分人会逐渐减轻，另一部分人却会日益加重，甚至回避社交。若得不到及时的纠正和治疗，恐惧症状会日益加重，恐惧的对象会逐渐扩大（从开始只是怕黑，到后来怕广场、怕人、怕动物等），最后发展到不敢外出，拒绝出席一切社交活动，内心异常痛苦、忧郁，甚至产生消极、自杀行为。

（三）社交恐惧症的原因

1. 创伤性经历。有社交恐惧的人，一般缺乏安全感，同时也与童年时的一些创伤性经历有关，由于没有得到良好的处理，便压抑在潜意识层面，在后来的生活中与某一个具体的对象（如广场、电梯、飞机、动物、人、黑暗、血腥场面等）相联系，正好触发这种情绪。

2. 个性孤僻。有社交恐惧的人，多数喜欢独处，没有或很少有同伴，很难融入集体活动，家长和老师又没有及时发现并给予纠正，最终形成孤僻的个性。这种孤僻的个性为日后的社交埋下了隐患。

3. 自卑胆小。有社交恐惧的人，往往有比较强烈的自卑感，认为自己这也不行，那也不好。胆小害怕，害怕别人观察自己，害怕在众人面前表演，害怕自己的紧张和窘态被别人发现，害怕自己的形象受到损害，于是出现紧张、脸红、手足无措等症状。

（四）克服社交恐惧症的方法

1. 脱敏疗法。社交恐惧症患者，大多积极求医，希望改变自己的处境。其中，脱敏疗法是常用的方法之一，其原理是通过逐步递增社交的情境而增强对恐惧的耐受性，从而达到消除社交恐惧的效果。一般的程序是：第一，不断地告诉自己，这种恐惧是可以消除的。第二，正确认识人与人交往的程序，了解与人交往的方法。第三，找出产生社交恐惧的事物种类，并回忆童年，挖掘心灵深处的根源。第四，在一个假想的空间里，不断地模拟发生社交恐惧的场景，不断练习重复发生症状的情节，并鼓励自己勇敢面对这种场景，以便从假想中适应这种焦虑紧张的环境。

2. 去掉自卑感。防治社交恐惧症，要从心理上去掉自卑感，要树立一种自信、自强、自立的精神，只有这样，才能战胜自我。

3. 去掉"怕"字。防治社交恐惧症，还要在心理上去掉"怕"字。正常的社交活动，并不带什么神秘的色彩，只不过是人与人的交往与应酬。因此过分注意社交中自己的言谈举止是多余的，只要做到自然、大方即可。

4. 有明确的社交内容。防治社交恐惧症，还要带着明确的社交内容参加社交活动。心理上有了具体的社交内容，就可以把注意力从自身转移到该说的话和该做的事情上，从而减轻紧张感。

二、克服孤僻

（一）孤僻的表现

孤僻是指孤寡怪僻而不合群的人格表现。

孤僻常表现为独来独往、离群索居，对他人怀有厌烦、戒备和鄙视的心理；凡事与己无关、漠不关心，一副自我禁锢的样子。如果与人交往，也会敷衍了事，缺少热情和活力，显得漫不经心。有时看上去似乎也较活跃，但常给人一种做作的感觉，似乎有点神经质。

孤僻在以下几种情景中，表现更为突出：自身不被他人理睬而不得不独处时，常会有失落感和自尊心受挫感，这时就会显得更加孤僻而不愿与人交往。当与别人交往时，当众受到讥讽、嘲笑、侮辱和指责时，常会产生神经过敏，以为别人都瞧不起自己，这时就会闷声不响、郁郁寡欢、异常恼怒、撒手离去。当遇到各种挫折时，常会产生虚弱感、自卑感而心灰意冷，这时，就会自我孤立起来，闭门谢客，拒人于千里之外。而越不与人接触，社会交往能力就越得不到锻炼，结果就越孤僻。

孤僻的人中有些人是社交恐惧症，而有些人不是社交恐惧症。与社交恐惧症不同的是，孤僻的人多数胆子并不小，而且清高自傲，只是因为在社交中受挫，导致心灰意冷而拒绝与他人交往。它与社交恐惧症的人积极求医要求改善自己的处境是不同的，他们常常拒绝改变现状。

（二）克服孤僻的方法

1. 正确地认识自我和他人。孤僻者一般都不能正确地认识自己，有的人自命不凡，总想着自己的优点、长处，只看到别人的缺点、短处，认为与某人交往是不值得的；有的人自尊心太强，在交往中怕被别人讥讽、嘲笑、拒绝，从而把自己紧紧地包裹起来，保护着脆弱的自尊心。这两种人都需要重新认识自我和他人，多与别人交流、沟通，正确认识孤僻的危害，最终，才能克服孤僻的心理。

2. 学习交往技巧。多看一些有关社会交往的书籍，同时多参加社会交往活动，虚心听取他人的意见。只有认真学习，掌握交往的技巧，才能纠正认知、获得友谊、愉悦身心，重树自己在他人心目中的形象。

3. 可以从先结交一个性格开朗、志趣高雅的朋友开始，处处跟着他学，并请他多多提携和帮助，长此以往就会喜欢交往。

三、克服敌意

（一）敌意的表现

在现实生活中，有这样一些人总认为别人不好，看谁都不顺眼，说谁怎样自私、谁如何贪心、谁怎样狡猾、谁又如何虚伪等等。这种人的特点是感觉过敏、广泛猜疑，将他人无意的、非恶意的甚至是友好的言行误解成与自己作对，从而产生紧张和冲突，这种异常的心理，就是敌意。有敌意的人，对一切有"不利言谈举止"的他人都充满敌意，表现为怒目相对、冷漠仇视。而对那些看不顺眼和厌恶的人，尽管他们没有触犯自己，也会表现不友好、不热情。这种由偏见诱发的敌意，会随时随地表现出来，因此有敌意的人常常人际关系紧张，而且从不主动要求改善。

（二）克服敌意的方法

1. 消除偏见。偏见是敌意心理产生的原因之一。那种喜欢戴有色眼镜曲解他人的态度、不分青红皂白地认为他人的言谈举止都是不利的偏见，都要去掉。凡事要多从正面去理解，恶意伤害别人的人毕竟是少数，即使是恶意伤害，只要心平气和地处理，也必定会使刻意中伤者有所收敛。同时，也不要以自身的好恶取舍他人，要懂得人的兴趣、需要、性格是各不相同的，如果因为他人的喜好与自己的喜好相左而烦恼，则势必会把自己孤立起来而成为孤家寡人。

2. 学会尊重、理解和宽容。敌意心理产生的另外一个原因是不懂得尊重他人和理解他人。人与人是平等的，不管他人的性格、地位、才智、名声如何，都应该与之热情相处，任何形式的轻视、蔑视、歧视和敌视都是造成敌对心理的温床。人与人之间的关系是互酬的，只有热情待人、悦纳他人，他人才能热情待己、悦纳自己。因此一定要在人际交往中逐步学会互相尊重、互相包容、互相谅解、互相支持、互相协调，并逐渐习惯和适应这种交际方式，使敌对情绪渐趋淡化。

四、克服羞怯

羞怯是指从轻微的社会不适到严重的与社交恐惧相似的退缩或抑制性行为。多数人在童年期开始出现，并持续几年或十几年，在青春期可能重现，或以间歇的形式出现。羞怯与性格内向还是外向无明确关系。有统计表明，5%的成人确信从未感到羞怯，80%的成人在儿童期、青少年期感到明显的羞怯，50%的人成年后基本摆脱了羞怯。羞怯是心理成长的必经之路，几乎影响了所有的儿童，但伴随年龄的增长会逐渐减弱。如果羞怯持续并出现退缩和逃避行为，就会严重影响社会交往。

（一）羞怯的表现

有羞怯心理的人，多数见人脸红，少数人除脸红外，还会伴随说话声音发颤、出汗、张口结舌等症状。在社会交往中，他们总是感到焦虑、恐惧、沮丧和不快；自我警觉性高，较敏感，总消极地认为自己不可爱，无吸引人之处；很难主动，不愿与他人交流，很少坚持自己的看法，从而导致逃避和退缩行为。

（二）克服羞怯的方法

1. 正确认识自己。要清楚地认识到那些令自己感到羞怯的事情，比如面对异性、上级领导、长辈等。坦然承认自己害羞，并心安理得，那么当别人注意到自己时，就不会紧张或刻意掩饰，从而展现从容的姿态。

2. 树立自信心。羞怯的根源在于自己看不到自己的优点，总认为自己无能，害怕不能给别人留下好印象，所以在交往过程中会变得谨慎、迟疑、紧张、不安，从而影响交往的效果，最终削弱自信心。在和别人交谈中，要相信自己说的话和别人说的话是同样重要的。不要总是想着自己的缺点，这样往往会限制自己，使自己很害怕而不敢说，越不说越怕说，使得羞怯心理越来越严重。

3. 尝试扮演一个不羞怯的自己。一个人如果在房间里面对一个异性或某位领导的照片大声说话、吐舌头、扮鬼脸，就会发现这不是一件很难的事。做过几次之后，当面对真实情境中的异性或领导时就会坦然多了。

4. 要告诫自己可以胆怯，但不能露怯。其实在社交场合，很多人包括一些名人，都会胆怯，唯恐出错，但是胆怯可以有，露怯是坚决不行的。在日常交往中，出现声音发颤、脸红、出汗、张口结舌等行为就是露怯，就等于告诉别人，"我是胆小的，我是怕你的"。

5. 宽容自己。要认识到在他人眼里害羞其实并不像自己想得那么受人关注，大可不必事后狠狠地责怪自己。

6. 勇于与人交往。要做出乐于与人交往的表示。一个人如果终日沉默不语，别人便不愿打扰他了。只有善于并乐于表达，并使他人在与你的交谈中获得乐趣，才能使他人愿意与你交往，你才能从羞怯的阴影中摆脱出来。

7. 平时与人交谈时，眼睛要注视对方，留心他人的行为和爱好，多结交一些性格开朗、外向的朋友，并与他们保持密切的往来，从他们身上习得泰然自若的举止风度。

8. 争取锻炼机会。开始可以先在熟人范围里多发言，然后在熟人多、生人少的范围内练习，再发展到生人多、熟人少的场合，循序渐进。例如，可以向经常见面但说话不多的人（如邮递员、售货员等）问好，当你勇敢地讲出第一句话之后，随之而来的很可能就是流利的语言了。

许多著名人物如美国前总统卡特的夫人，4 次获奥斯卡金像奖的女影星凯瑟琳·赫本，第 23 届奥运会 4 枚金牌得主卡尔·刘易斯等人，都坦率地承认自己曾经是一个十分害羞的人，可他们经过有意识的磨炼，最终克服了羞怯心理，拥有了令人瞩目的成功。

五、克服自卑

(一) 自卑的表现

胆小怕事。自卑的人，胆小怕事、性格懦弱。

自我评价消极。表现为对自己的能力、个性等评价过低，总是信心不足。经常说的口头禅就是："事情这么重大，我能做得好吗？""估计我不行，因为我从来没做过。"

言行被动拘谨。从无积极主动的言行，总是推脱、逃避，从而丧失机会。

情绪悲观低落。情绪低落、态度悲观、心情抑郁、意志消沉，消极地看待未来，觉得生活毫无意义。在他们的经历中，几乎没有愉快的事情。

人际关系不良。孤立、离群，几乎无任何主动的人际交往。

孤僻多疑。长期被自卑情绪包围的人，一方面会觉得自己不如别人，可另一方面又害怕被人看不起，于是逐渐养成了一种孤僻、多愁善感、敏感多疑的性格。

（二）产生自卑的原因

有痛苦的生活经历。如童年期经常遭受惩罚、虐待或忽视，缺乏夸奖、温暖和爱，受到同龄人的排斥和嘲笑等。

有身体缺陷。如五官不够漂亮、肥胖、身材矮小、口吃、斜视等。

有性格缺陷。如内向、懦弱、孤僻等。

怀疑自己的能力。如学习不好、工作能力低、记忆力差等。

自身环境差。如出身贫寒、赚钱少、学历低等。

有特殊经历。如恋爱失败、当众出丑、被人嘲弄等。

（三）克服自卑的方法

1. 正确认识自己，提高自我评价。自卑的人往往注重接受别人对他的低估评价，而不愿接受别人的高估评价。在与他人比较时，也多半喜欢拿自己的短处与他人的长处相比。因此有自卑心理的人，首先要正确认识自己，提高自我评价，要经常回忆自己的长处和经过努力获得成功的事例，以此激发自信心。

2. 善于自我满足，消除自卑心理。自卑的人一般都比较敏感脆弱，做事追求完美，经不起打击。一旦遭受挫折，就会意志消沉，愈发自卑。因此，凡事应不怀奢望，无论生活、工作或学习，目标都不要定得过高，避免挫折感和失落感的产生。必须明白努力的目的是完成自己的既定目标，而不是为了打败别人。

3. 坦然面对挫折，加强心理平衡。自卑的人往往心理防御机制不健全，自我评价认知系统偏低，因此，遭受挫折与失败的时候，会怨天尤人、轻视自我。这时，就要客观地分析环境与自身条件，若每次失败之后都能有所"领悟"，把每一次失败当做成功的前奏，那么就能化消极为积极，变自卑为自信。

4. 广泛社会交往，增强生活勇气。自卑的人多数比较内向、孤僻，不合群。自卑者如能多参与社会交往，可以感受他人的喜、怒、哀、乐，丰富生活体验；可以增进相互间的友谊和感情，使心情变得开朗；可以抒发被压抑的情感，增强生活勇气，走出自卑的泥潭。

5. 掌握克服自卑的行为训练方法。行走时抬头、挺胸，步子要迈得有弹性。抬起双眼，目视前方，眼睛要正视他人。要多争取当众发言和当众亮相的机会，多做自己过去不敢做的事，如不敢在众人面前大声说话、不敢找领导谈话、不敢在大会上发言等。

六、克服偏见

（一）偏见的表现

我国古代有一则寓言，说的是有一位农夫丢了一把斧子，他开始怀疑是隔壁家的儿子偷的。在这种心理支配下，他觉得那人走路的样子、声音、表情和平常人都不一样，很像偷了东西的人。后来他自己的那把斧子找到了，于是再留心观察隔壁家的儿子，觉得他的言行、举动、表情又都不像一个偷斧子的人了。这种心理就属于偏见。

偏见是指根据一定表象或虚假的信息来做出判断，从而出现判断失误或判断本身与判断对象的真实情况不相符的现象。偏见是以有限的或不正确的信息来源为基础，对一些人的看法往往是捕风捉影的、道听途说的。有偏见的人，看人处事容易走极端，往往"抓住一点，不及其余"，如果说某个人好，就什么都好，如果说某个人不好，就一无是处。一位哲人说过："偏见比无知离真理更远。"有偏见的人，或多或少有过失败的人际关系。

（二）克服偏见的方法

1. 避免先入为主。那位农夫先入为主地怀疑别人偷了他的斧子，于是发现在那个人身上有许多"疑点"，其实这只不过是农夫自己主观臆断的结果，而并非事实。人们通常根据第一印象将他人归类，然后再根据这一类别系统的特点，对此人加以推论或作出判断。所说的"先入为主"，便是这个意思。显然，这种"先入为主"的作用过大，便可能导致偏见。

2. 避免"循环证实"。有些人对他人的偏见十分强烈，而且这种偏见形成后，久久不能消除，这就是受了"循环证实"的影响。如你对某人抱有反感，久而久之，对方也会对你产生敌意，反感对反感，敌意对敌意，两人的偏见和隔阂就会越来越深。遇到这种情况，自己应首先主动理智地改变偏执的态度和行为，切断偏见的"循环证实"。

3. 双方直接接触。许多偏见往往是由于彼此间缺乏开诚布公的交谈而形成的。要克服偏见，就必须跨越敌意和不信任的心理障碍，加强直接接触，促进双方的交流和沟通。

4. 提高知识修养水平。可以说，偏见是无知和愚昧的产物。一个人知识修养水平越高，观察和分析问题的能力越强，偏见就越少。反之，则容易受流言蜚语、道听途说的愚弄，而对他人形成偏见。

七、克制愤怒

最近，美国密歇根大学心理学家南迪·内森的一项研究发现，"一般人的一生平均有十分之三的时间处于情绪不佳的状态"。尤其是愤怒，可以让一片大好的融洽气氛顷刻间化为乌有，让朋友成为敌人。为了防止自己的情绪突变，要谨记以下几点：

1. 留意愤怒的迹象。对自己愤怒的反应和感觉要敏感，如当自己愤怒的时候，手是否不知不觉地攥成了拳头，是否开始在房间里不停地走来走去，且紧咬牙关、不停地念叨和诅咒。在觉察到自己生气的种种迹象时，应立即做出努力以平息即将到来的怒气，防止事态恶化。

2. 不要让愤怒失去控制。当自己怒火中烧的时候，千万别立即还击，而要耐心地询问，慢慢地深呼吸。切忌让愤怒失去控制，只有保持镇定方能防止事态变得更加严重。

3. 换一种方法来表达愤怒。换一种方法来表达愤怒会让自己感觉一切尽在掌握中。"我对你的行为感到很失望"，这句话肯定比暴怒时的口不择言更有力量。

4. 寻找愤怒的原因。愤怒一定有原因，但可能是一些微不足道的原因。一个没放在原位的订书器、一双扔在地板上的脏袜子、一个放在冰箱里的空牛奶瓶……这些小事情其实根本不值得自己愤怒。

5. 等待愤怒消解。研究表明，愤怒所持续的时间不超过 12 秒钟。因此，愤怒时进行深呼吸或者在心中默数 10 个数。当做完这一切，你就会发现其实自己已经没有那么生气了。

6. 说出愤怒的缘由。与其采取故意不交工作报告或者故意开会迟到来发泄愤怒，不如鼓足勇气告诉老板，长期以来高负荷的工作量已经超出了自己所能承受的范围。

7. 切忌喜怒无常。愤怒的时候大发雷霆，高兴的时候得意忘形，对周围的人都会产生不良的影响，应该适当加以控制。要知道，喜怒无常的情绪是社交的大忌，而喜怒不形于色也是需要长期磨炼的。

第五节　培养社交的优良品质

社交的优良品质有乐观的情绪、成功的心态、积极的思维和自信的态度。

一、培养乐观的情绪

一位名人说过："成功是 99% 的汗水加 1% 的天才，而乐观是使你坚持下去的动力。"乐观情绪是一种积极的人生态度，情绪乐观的人能微笑地面对挫折，勇敢地跨越困难，积极地提升自己。如何培养乐观的情绪呢，我们不妨从以下几方面着手：

1. 尝试改变自己的情绪。要学会在阴雨绵绵之时观看跳动的雨滴，在水瘦山寒之中欣赏飘舞的雪花，在艰难困苦的境地想象柳暗花明，在生离死别之时体验人生乐趣……只有这样，我们的情绪才能在善变的环境中，保持一种相对稳定的状态。

2. 体会成功的喜悦。挣到第一笔钱时，要拿出一部分钱犒赏自己，如去享受一顿美餐或买一个礼物给自己等。

3. 换种心态看烦恼。有的人总看到自己的不幸，但有的人碰到天大的难事也不会太在意。因此有人得出结论，我们对烦恼的感受，往往与我们有什么样的心态有关。

4. 为自己找一个借口。有一则著名的寓言故事中讲到"狐狸吃不到葡萄就说葡萄是酸的"，这只聪明的狐狸为自己吃不到葡萄找了个借口，并潇洒地走开。如果狐狸换一种想法，认为"是谁和我过不去，把葡萄架做得这么高"或"这么好吃的葡萄吃不到，我真是太没用了"，它就会闷闷不乐地度过这一天。

5. 知足常乐。人的欲望太多，不容易满足是导致心情郁闷的重要原因。知足并不意味着对事业、对生活没有追求，恰恰相反，知足常乐的人更热爱生活，向往未来，追求成功。

6. 加强人际交往。良好的人际关系，本身就会使人愉快。孤僻而不善交往的人缺少友谊，有苦恼没处诉说，他们是不快乐的。

二、培养成功的心态

生活中，我们到处可以看到为了实现自己的"成功梦"而做出的种种努力：读书想拿奖学金，大学毕业想找一个更好的工作，生意上想赚更多的钱……美国心理学家马斯洛曾经说过，"人生最高的需要层次是自我实现"，可见成功的欲望是埋藏在我们的潜意识里的。

下面这些方法，是拿破仑·希尔用了整整 20 年时间，走访了 504 位社会各界名流与成功人士，最后归纳出的他们成功的经验，我们不妨借鉴一下。

1. 计划自己的人生。在这个世界上，太多没有计划、没有时间观念、随波逐流的人，最终碌碌无为地度过一生。人生没有计划，就没有成功！

2. 找出自己一生中最希望得到的东西，并立即着手去实现它。尽管想要的东西距离自己很遥远，但只要开始做了，就离成功更近一步。

3. 追求领先。在成功者的潜意识里，没有最好，但一定要追求更好，要朝更高的目标努力，要以更高的标准要求自己。追求领先是成功者永不泯灭的梦想。

4. 要经常提醒自己，任何不利的情况都是可以克服的。虽然爱迪生只接受过 3 个月的正规教育，但他却是最伟大的发明家；虽然海伦·凯勒失去了视觉、听觉和说话能力，但她不屈不挠的精神却鼓舞了无数人。

5. 要认识到打倒自己的不是挫折，而是面对挫折时所持的心态。

6. 以开阔的心胸包容所有事物。学习接受他人，而不要一味地要求他人照着自己的意思行事。

7. 勇敢地面对批评。对于善意的批评应采取积极的态度，而不应采取消极的态度。

8. 以相同或更多的价值回报给过你帮助的人。"报酬增加率"会给自己带来成倍的好处。

9. 切断与失败经历的所有联系，消除脑海中的那些与成功心态背道而驰的因素。

10. 避免任何具有负面意义的说话形式，尤其应根除吹毛求疵、闲言碎语或中伤他人名誉的行为，这些行为会使人的思想朝向消极面发展。

11. 应当承认爱是生理和心理疾病的最佳药物，爱会改变并且调适体内的化学元素，这有助于形成成功的心态。接受爱的最好方法，就是付出自己的爱。

三、培养积极的思维

劳埃尔·皮科尔曾说，成功人士的首要标志是他思考问题的方法，一个人如果是个积极思维者，喜欢接受挑战和应付麻烦事，那他就成功了一半。世界保险业的巨子克莱门·斯通也曾说，人与人的差别只是一点点，这就是思维方式。成功者始终用最积极的思维、最乐观的情绪和最成熟的经验支配和控制自己的人生，失败者却刚好相反，他们的人生是受过去的种种失败与疑虑所引导和支配的。培养积极的思维，主要应从以下几个方面着手：

1. 要有积极行动。积极的行动会产生积极的思维，而积极的思维会产生积极的人生态度，有积极的人生态度才会有更积极的行动。许多人总是等到自己有了一种积极的感受再去付诸行动，这些人是本末倒置的。如果一个人总是等待着感觉把自己带向行动，那他永远不能成功。

2. 要心怀必胜的信念。当我们开始用积极的思维方式并把自己看成成功者时，我们就开始成功了。

3. 相信自己的创造性。有些人认为，只有世界上的天才人物才会有创造性，事实却并非如此——只有积极思维的人，才更具创造性。例如伟大的发明家爱迪生的一些杰出发明，都是在为某个失败的发明苦苦地寻找额外用途的情况下诞生的。

4. 用信心影响他人。随着行动与思维的日渐积极，你的信心倍增，慢慢地就会获得一种满足感，人生中的目标感也会越来越强烈，同时，他人也会被你吸引，因为人们总是喜欢跟积极乐观者在一起。

5. 放弃鸡毛蒜皮的小事。积极思维者不会把时间和精力花在小事情上，因为小事情会使他们偏离主要目标。以下是对小事情做出荒谬反应的事例，值得我们思考：中国古代有一个皇帝曾因一个茶壶破了而大开杀戒；有人不小心把玻璃杯里的水溅在托莱侯爵的头上，就导致了一场英法大战；一个男孩向格鲁伊斯公爵扔鹅卵石，导致瓦西大屠杀。虽然我们不可能愚蠢到因为一点小事而发动一场战争，但我们肯定会因为一点小事而使自己及周围的人不愉快。

6. 培养奉献的精神。一个积极思维者所能做的最大贡献是给予他人。通用面粉公司前任董事长哈利·布利斯曾告诫他下面的推销员："忘掉你的推销任务，一心想着你能给他人什么样的服务。"他发现人们一旦思想集中到想去服务他人，就马上变得更有冲劲、更有力量、更加无法拒绝。说到底，谁能抗拒一个尽心尽力帮助自己解决问题的人呢？

四、培养自信的态度

流浪街头的吉卜赛修补匠索拉利奥，每天早上起床后的第一件事，就是大声地对自己说："你一定能成为一个像安东尼奥那样伟大的画家。"说了这句话后，他就感到自己真的有了这样的能力和智慧，于是满怀信心和激情地投入到一天的工作和学习之中。十年后，他真的成为了一个超过安东尼奥的著名画家。事实证明，相信自己行，才能接受挑战，并最终获取成功。那么，如何培养自己的自信心呢？

1. 主动开口介绍自己。主动开口说话、主动介绍自己、主动握手、主动递上名片。

2. 正视他人。一个人的眼神可以透露出许多信息。通常，不敢正视他人意味着：在你旁边我感到很自卑，我不如你，我怕你。躲避他人的眼神意味着：我有罪恶感，我怕你看穿我。正视他人等于告诉他：我很诚实且光明正大，我告诉你的话是真的，毫不心虚。

3. 加快行走的速度。那些遭受打击、被排斥的人，走路喜欢拖拖拉拉，完全没有自信。另一种人走起路来比一般人都快，像在奔跑，表现出超凡的信心。加快行走的速度，不但能给他人留下良好的印象，还能给自己带来自信，何乐而不为呢？

4. 挑前面的位子坐。在各种聚会中，很多人愿意坐在后排，因为坐在后排的人都希望自己不会"太显眼"，而他们怕受人注目的根本原因就是缺乏信心。当然，坐前面会比较显眼，但要记住，有关成功的一切都是显眼的，怕显眼就是怕成功。

5. 练习当众发言。在会议中沉默寡言的人认为："我的意见可能没有价值，别人可能会觉得很愚蠢，我并不想让你们知道我是这么无知。"这些人常常会对自己许下这样的诺言："等下一次再发言。"久而久之，自信心受挫，金口更难开启，从而丧失锻炼的良机。我们的建议是，不论是参加什么性质的会议，每次都要主动发言，而且一定不要最后一个发言。

6. 做自己过去不敢做的事。不敢对他人说出心中的愤怒，不敢反驳父母，不敢找老师谈话，不敢向上司提出加薪的要求，不敢向心爱的女孩示爱等。多数人在事情过去后，又很后悔自己丧失了机会。我们的建议是，下决心做自己过去不敢做的事。一个可行的方法就是告诫自己："现在是最好的机会，立刻去做。"

第四章　交谈礼仪

俗话说："言为心声。"语言体现思维，语言传递情感。斯大林说："语言是工具、武器，人们利用它来互相交际，交流思想，达到互相了解。"言谈不是一门科学，而是一门艺术，正是交谈礼仪使言谈成为了一门艺术。学习和掌握好这门艺术，有利于思想感情的交流，有利于增进彼此的了解与友谊，有利于人际关系的和谐。

第一节　交谈的基本条件

一、交谈的基本要求

交谈的基本要求是礼貌、文明、准确、简练。

（一）礼貌

在交谈中，多使用礼貌用语是博得他人好感最为简单易行的做法。所谓礼貌用语，也称礼貌语，是指约定俗成的、表示谦虚恭敬的专门用语。在社交中，"五句十字礼貌语"是最简单、最有效、最常见的礼貌用语，因此，应经常加以运用，并且多多益善。

1. 您好。"您好"是问候的礼貌语。遇到相识者与不相识者，不论是深入交谈，还是打个招呼，都应主动向对方先问一声"您好"。若对方先问候了自己，也要以此来回应。

2. 请。"请"是请托的礼貌语。在要求他人做某件事情时，居高临下、颐指气使不合适，低声下气、百般乞求也没必要。在此情况下，多用上一个"请"字，就可以逢山开路、遇水架桥，赢得主动。

3. 谢谢。"谢谢"是致谢的礼貌语。每逢获得理解、得到帮助、承蒙关照、接受服务、受到礼遇之时，都应当立即向对方道一声"谢谢"。这样做，既是真诚地感激对方，又是对对方的一种积极肯定。

4. 对不起。"对不起"是道歉的礼貌语。当打扰、妨碍、影响了他人，或是在人际交往中给他人造成不便，甚至给对方造成某种程度的损失、伤害时，务必要及时地向对方说一声"对不起"。这不但有助于修复双方关系，而且可以大事化小、小事化了。

5. 再见。"再见"是道别的礼貌语。在与人作别之际，道上一句"再见"，可以表达惜别之意与恭敬之情。

（二）文明

作为有知识、有文化、有教养的现代人，一定要使用文明优雅的语言。下述语言就不宜在交谈中使用。

1. 脏话。脏话是指说话时口带脏字、骂骂咧咧。讲脏话的人，非但不文明，而且会贬低自我。

2. 黑话。黑话是指流行于黑社会的行话。讲黑话的人，往往自以为见过世面，可以吓唬人，实际上却显得匪气十足，令人反感厌恶。

3. 荤话。荤话是指说话时把艳事、绯闻、色情、男女关系之事挂在口头，说话"带黄"、"贩黄"。爱说荤话者，低级趣味。

4. 怪话。怪话是指说话时怪里怪气，或讥讽嘲弄，或怨天尤人，或黑白颠倒，或耸人听闻。爱讲怪话的人，难以让人产生好感。

5. 气话。气话是指说话时斗气、泄私愤、图报复、发牢骚、指桑骂槐。在交谈中说气话，不仅无助于沟通，而且还容易伤害人和得罪人。

（三）准确

在交谈中，语言必须准确，否则不利于彼此沟通。要做到语言准确，应注意以下几个方面的问题：

1. 发音准确。发音准确有两个含义：一是发音要标准，不能读错字；二是发音要清晰，不能含含糊糊。

2. 音量适中。声音过大令人震耳欲聋，声音过小则让人听着费劲，因此，音量要适中。

3. 语速中等。语速是指讲话的速度。在讲话时，语速应加以控制，使之保持快慢适中。语速过快、过慢或忽快忽慢都会影响交谈的效果。

4. 少用土语。交谈对象若非家人、乡亲，最好不用对方听不懂的方言或土语。在多方交谈中，即便只有一个人听不懂，也不要采用方言交谈，以免使其产生被排挤、被冷落的感觉。

5. 慎用外语。在普通性质的交谈中，应当讲中文，讲普通话。若无外宾在场，最好慎用外语。与国人交谈时使用外语，常有卖弄之嫌。

（四）简练

在交谈时，应力求言简意赅、简单明了。要做到语言简练，应注意以下两点：

1. 不宜冗长。在交谈时，不要没话找话、短话长说、啰啰唆唆、翻来覆去、拖泥带水。语言表达过于冗长，既会冲淡主题，让人不得要领，又容易跑题，进而影响交谈的效果。

2. 重点突出。古语云："言不在多，达意则灵。"在交谈时，要思路清晰，把握重点，有理有据。切忌概念模糊，表达不清晰，这样就会词不达意，严重影响交流的效果。

二、初次交谈的切入点

初次交谈，一般是指与陌生人或新结识的朋友之间进行的交谈。在初次交谈中，一般都只会涉及平常的事件或一些比较常见的话题，不会谈及个人隐私和一些有争议的话题。要使初次交谈融洽、愉快，应找准交谈的切入点。

（一）判断谈话点

当面对一个素未谋面的陌生人时，心里的第一个问题就是如何与他开始交谈。

如果初次见面，便单刀直入，往往会让人感到突兀，认为此人太粗鲁、无教养，势必影响交谈的效果。初次见面，不妨先各自作个简单的介绍，从工作单位、家庭成员、乡土风俗等谈起，待气氛融洽后，再"言归正传"，根据个人兴趣、爱好和所见所闻，将话题拓宽。话题的得当与否，将直接关系到谈话的效果和后续的发展，因此，寻找适合的话题，颇为重要。下面介绍几种寻找话题的方法，以供参考。

1. 中心开花。面对众多的陌生人时，选择众人关心的事件为中心引出话题，会得到众人的响应，形成"中心开花"的良好氛围。

2. 即兴引入。以此时、此地的某些材料为题，巧妙地借此引发交谈。

3. 投石问路。与陌生人交谈，先提一些"投石"式的问题，在略有了解后再进行有目的的交谈。

4. 循趣入题。问明对方的兴趣，能顺利地进入话题。因为对方感兴趣的事，总是最熟悉的、最愿意谈的，也是最有话说的。

5. 常谈不衰的话题有：衣、食、住、行、气候、时事、新闻、工作等。

6. 讳莫如深的话题有：对方缺点、他人坏话、他人隐私、妇女年龄和婚姻、家庭财产、个人恩怨和牢骚、未明的是非隐衷、难以启齿的疾病等。

（二）寻找双方的共同点

陌生人之间做到"能言"，需要从彼此求同开始。初次见面，素昧平生，人们的表现也各不相同。有人生性腼腆，不好意思交谈；有人虽有交谈愿望，却无从启齿。如果寻找一个共同的话题，除了能消除彼此的紧张感和陌生感外，有时还可以为你带来意想不到的效果和收获。那么，怎样才能找到双方谈话的共同点呢？

1. 察言观色，寻找共同点。一个人的心理状态、精神追求、生活爱好等，都或多或少地在他们的表情、服饰、谈吐、举止等方面有所体现。只要你善于观察，就会发现你们的共同点。

在火车上，一名中文老师看到对面座位上一个年轻人正在看一本世界名著，于是主动与他交谈："你是学什么专业的呀？"对方回答："我学的是中文。""哎呀，咱们是学同一个专业的，我也是学中文的，你们上学时学的什么版本？"……这位中文老师在观察对方以后，发现学中文是彼此的共同点，由此引发话题，从而消除了交谈的障碍。但并非所有的共同点都能顺利地引发话题，察言观色还要同情趣爱好相结合，才有可能打破沉寂的气氛，否则，即使发现了共同点，也会无话可讲。

2. 以话试探，侦察共同点。陌生人相遇，为了打破沉默的局面，开口讲话是首要的。有人以打招呼开场；有人一边帮对方做某些急需帮助的事，一边以话试探；有人通过借书借报来展开交谈；有人通过听口音来寻找老乡等。

刘女士到医院里看病，坐在大厅里候诊，邻座坐着的一位大姐很健谈。大姐主动问她："你是来看什么病的？听口音不像本地人，你老家是哪里的呀？"当她得知刘女士是山东青岛人时，便很高兴地说："青岛非常美，我以前出差去过多次……"刘女士便问："那您在什么单位工作呀？"于是她们亲切地交谈起来。等到就诊时，她们已经成为无话不谈的朋友了，分手时还互邀对方来家做客。这种融洽的效果看上去是偶然的，实际上也是必然的。只有通过"火力侦察"，发现共同点，交谈才能开始并顺利进行。

3. 听人介绍，猜度共同点。去朋友家串门，遇到有陌生人在场。作为对二者都很熟悉的主人，会马上出面为双方介绍，说明双方与主人的关系、各自的身份、工作单位，甚至个性特点、爱好等。细心的人从介绍中马上就可发现对方与自己的共同之处。

一位县物价局的局长和一位县中学的教师，在朋友家遇见了，主人做了介绍后，他们发现都是主人的同学这个共同点，就马上围绕"同学"这个突破口进行交谈，相互了解，很快变得亲热起来。这当中重要的是在听介绍时仔细地分析对方，发现共同点后，再在交谈中延伸，不断地发现新的共同话题。

4. 揣摩谈话，探索共同点。为了发现陌生人同自己的共同点，可以在对方与自己交谈时揣摩对方的话语，从中发现共同点。

在公共汽车上，小张不慎踩到了旁边一位老者的脚，她忙道歉说："对不起，对不起。"老先生笑着说："你是哈尔滨人吧?"小张点点头。老先生接着说："我曾经在那里工作了3年，那是10年前的事了，现在哈尔滨变化挺大吧?"……这样一路下来，小张同老先生谈得很投机。通过交谈得知，老先生就是小张学校的老教授，后来小张还多次拜访过老先生，有很大的受益。可见通过细心揣摩对方的谈话，可以找出双方的共同点，使陌生的路人变为熟人，进而发展成为朋友。

5. 步步深入，挖掘共同点。发现共同点是不太难的，这只是谈话的初级阶段所需要的。随着交谈内容的深入，共同点会越来越多。为了使交谈更有益于双方，必须一步一步地挖掘深层次的共同点，才能如愿以偿。

一个度假的大学生和一位在法院工作的同志，在同一个朋友家聚餐。经主人介绍认识后，开始交谈，慢慢地两人发现他们对社会上的不正之风的看法相似，不知不觉便展开了讨论。他们从令人发指的社会现象，谈到这些现象产生的土壤和根源，从民主与法制的作用，谈到对党和国家的期望。越谈越深入，越谈双方距离越近，越谈双方的共同点越多。事后双方都认为这次交谈对大学生认识社会，对法院同志了解外面的信息和群众的要求，对增强纠正不正之风的自觉性都有颇大的益处。

寻找共同点的方法很多，譬如面临的生活环境、工作任务、生活习惯等，只要仔细观察，陌生人无话可讲的局面是不难打破的。

（三）从眼前的事物谈起

"花鸟虫鱼寻常物，解用都作绝妙词。"从眼前的事物谈起，谈话者要善于观察，善于发现眼前的事物与你的交谈对象之间的内在联系，从而找出共同的话题。例如，在车站、码头上与人初识，一时没有话说，这时可以从眼前双方都能看到、听到或感觉到的事物谈起，结合所处的环境，就地取材来引出话题。去朋友家里，朋友为你沏上一杯清茶，细细一品，何不就此谈谈感受？不仅朋友会因你的赞美而欣慰，你也由此而打开了话匣。20世纪60年代，陈毅外长出访亚洲某佛教国家，在一次公众集会上，为表示对陈毅外长的欢迎，一位宗教界长老向他赠献了一尊佛像。陈毅外长虔诚而高兴地接过，连连称谢，并说："靠老佛爷保佑，我再也不怕帝国主义了。"陈毅外长从一件普通的礼物上找到了话题。

第二节　交谈要学习的六大本领

一、学会赞美

赞美是一种卓有成效的交往艺术。国外有些社会心理学家把赞美看做"仙人的魔棒"、"点石成金之术"。无论男女老少、尊卑贵贱都喜欢他人对自己的赞美。男士喜欢别人称道他幽默风趣、有风度；女士渴望他人赞赏自己年轻、漂亮；老年人乐于他人欣赏自己知识丰富，身体保养得好；孩子们爱听他人表扬自己聪明、懂事。赞美能给他人带来成倍的成就感和自信心，可谓是一种感化他人的有效方法。人人都期待赞美，如能对其适度运用，会起到意想不到的效果。

（一）赞美的原则

1. 赞美的态度要真诚。态度是影响赞美效果的首要因素，只有真诚的赞美才能打动他人的心灵。赞美实际上是对他人的敬重和肯定。如果赞美不是出自真诚，就会使对方误解，并引发防范的心理。为避免这种误会，必须确认并坚信你所赞美的对象确实具备某些优点和长处，而且你必须诚心诚意地敬慕和佩服，这就为赞美提供了足够充分的理由。

2. 赞美的语言要得体。美国社会心理学专家海伦·克林纳德认为："赞美时，用语不当是引起窘迫、屈辱、不满的直接原因。"恰如其分地赞美他人并不是件容易的事，在具体的语言表达方式上要因人而异，如果称赞不得当，反而会遭到排斥。试想，一位原本已经为自己瘦削身材而苦恼的女性，听到别人"赞美"她苗条，会高兴吗？假若要赞美一个略微发福的中年妇女，"你这衣服穿起来身材真不错"，"这衣服的款式和颜色都非常适合你"，后者的称赞就明显好于前者的称赞，其效果也会大相径庭。

3. 赞美的内容要具体。人都有自动把局部夸大为整体的特点，因此赞美的时候只要从某个局部、某件具体的事情入手就可以了。局部、具体的赞美，会显得更真诚、更可信。"你太漂亮了"、"你很聪明"、"你真棒"，这类笼统的、空洞的、缺乏热诚的赞美，给人以敷衍的感觉，有时甚至有拍马屁的嫌疑，容易引起对方的反感。但如果你能详细地说出她漂亮在哪里，他怎么聪明，他哪里让你感觉很棒，那么赞美的效果将截然不同。对方自然能够由此感受到你的真诚。

4. 赞美的频率要适度。培根说："即使好心的称赞，也要适可而止。"西奥多·罗斯福总统的军事参谋阿奇·巴特对这一问题就有着清醒的认识。在和罗斯福交往过的人中，很少有人当着罗斯福的面指出他的错误。这些人嘴里永远这样不停地唠叨："简直太不可思议啦！这难道不是奇迹吗？多么超凡出众！"巴特称他们为"一群疯狂的摇尾者"。虽然巴特非常钦佩罗斯福，但是他并没有像这些"疯狂的摇尾者"一样，嘴里充斥着阿谀奉承。结果，很少有人能比他更顺利地赢得了罗斯福总统的喜爱和尊重。

5. 赞美情况要真实。对一个嘴巴大的人，你夸他："瞧，你的小嘴多可爱！"对一个胖子说："呀，你多苗条！"还有比这更糟糕的赞美吗？这种不真实的赞美，不但不会换来好感，反而会使人心生厌恶。

（二）寻找赞美点

赞美的主题选择很重要。很多人不会赞美他人，是因为他们没有认真观察，找不到可以赞美之处，所以迟迟开不了口。事实上，只要用心观察，你会发现每个人都有值得赞美的地方。

1. 外在的和具体的。如：眼睛明亮，脸型好看，面带福相，气质儒雅，高贵洋气，身材苗条等。有一次，毛泽东接见尼克松的女儿、女婿，期间，他问尼克松的女婿为什么老看着他，尼克松的女婿回答说："我觉得您脸的上半部分长的很好看。"毛泽东听后哈哈大笑，他们的会面气氛也因为这高超的赞美而变得十分愉快。

2. 内在的和抽象的。如：品格、作风、气质、学历、经验、气量、心胸、兴趣、爱好、特长、处理问题的能力等。张先生是某理发店的常客，发型师小李经过一番了解后，得知他是某公司销售部经理，且经验丰富、能力超群、业绩突出。当张先生再次光顾时，她对张先生说："张经理，听说您的销售额超过百万，真了不起，我好佩服您！"张先生听了，心里很高兴，以后每次来理发时，他都指名要小李为他服务。

3. 赞美对方要找对点。有的人不喜欢别人赞美他显而易见的优点，因为他认为这些优点是很自然的事情，没有必要加以恭维。相反，如果赞美他鲜为人知的优点，他会很有成就感。石油大王洛克菲勒喜欢别人称赞他善于打理琐碎的家庭经济，同时，他也很喜欢听人家说他对教会是怎样的热心。

4. 运用第三者的口吻赞美。"借第三者之口的赞美"原本是社交礼仪中的一个术语解释，就是通过第三者效应来阐述一个事物的美好和与众不同，这样更容易让被赞美者接受，往往也会收到意想不到的效果。如："听你们经理说，你是个销售高手，让我佩服。""听你老师讲，你去年在教育实习中表现非常优秀。""听你们员工讲，你去年又加薪又去旅游，羡慕死了"等等。

二、学会幽默

有人这样说："没有幽默感的文章是一篇公文，没有幽默感的人是一尊雕像，没有幽默感的家庭是一家旅店，而没有幽默感的社会是一潭死水。"生活中，我们都喜欢幽默的人，也希望自己成为一个幽默的人。有什么方法可以使我们变得更幽默一些呢？

（一）自我解嘲

在与人的交往、沟通中，有的人听不得半点"逆耳之言"，别人的言语稍有不恭，不是极力辩解就是大发雷霆，其实这样做是十分愚蠢的。这不仅无法赢得他人的尊重，反而会让人觉得你不易相处。采取虚心、随和的态度，以自我解嘲的方式缓和一下双方之间的紧张气氛，将使你与他人的合作更加愉快。

美国作家霍尔摩斯有次出席一个会议，他是与会者中身体最为矮小的一个。"霍尔摩斯先生，"一位朋友脱口而出，"你站在我们中间，是否有'鹤立鸡群'的感觉？"霍尔摩斯反驳了他一句："那种感觉倒没有，我觉得我像一堆便士里的铸币。"原来铸币比便士面值高，但比便士体积小。他以幽默的回答化解了自己的尴尬，也回击了对方的不敬。

英国作家杰斯塔东是个大胖子，但他从不以胖为耻。有一次，他对朋友说："我是一个比别人亲切 3 倍的男人，每当我在公共汽车上让座时，便足以让 3 位女士坐下。"轻松的自嘲和诙谐的语言表现了作家高度的自信。

（二）灵活善变

在消除误会、化解冲突的过程中，幽默往往发挥着神奇的魔力。在日常生活中，遇事应灵活善变，从不同的角度出发，从而消除紧张的气氛，化解矛盾。

约翰是一个极富幽默感的警官，无论什么案件或难题，在他手中总能迎刃而解。有一天，在闹市区的一个路口，有个持不同政见者正在发表演讲："如今的政治腐败透顶了，我们应该把政议院和参议院统统烧了！"由于他的演讲，行人越聚越多，堵塞了交通。等到警察赶到时，秩序已经大乱。正在无从下手之时，约翰急中生智大叫一声："同意烧参议院的站到左边，同意烧政议院的站到右边。"话音刚落，人群顿时分开，道路豁然畅通。

一位夫人打电话给建筑师，说每当火车经过她家附近时，她的床就会摇动。"这简直是无稽之谈！"建筑师回答说，"我来看看。"建筑师到达后，夫人建议他躺在床上，体会一下火车经过时的感觉。建筑师刚上床躺下，夫人的丈夫就回来了。他见此情形，便厉声喝问："你躺在我妻子的床上干什么？"建筑师战战兢兢地回答："我说是在等火车，你会相信吗？"夫人的丈夫顿时语塞。正是一句幽默的回答，使一场即将爆发的战争化为乌有。

（三）委婉调侃

在人际交往中，幽默的情怀无疑就像湿润的细雨，可以冲淡紧张的气氛，缓解内心的焦虑，缩短彼此间的距离，即使是在很多不愉快的情境下，也能消除尴尬。但是要做到幽默适度，却并不是件容易的事。在日常生活中，学会委婉调侃，能有效化解尴尬的局面，从而把冲突扼杀在摇篮中。

在一家饭店里，一位顾客正把饭中的沙子一粒一粒地挑出来，并摆放在桌子上。服务员见了不好意思地说："净是沙子吧？"顾客笑笑说："不，还有米饭，而且米饭多，沙子少。"幽默委婉的批评，既表达了不满，又不至于引起对方的反感和尴尬。

在邮局大厅内，一位老妈妈走到一个中年人跟前，客气地说："先生，请帮我在明信片上写上地址好吗？""当然可以。"中年人按老人的要求做了。"谢谢！"老妈妈说。中年人微笑着问道："还有什么要帮忙的吗？""嗯，还有一件小事。"老妈妈看着明信片说，"帮我在下面再加一句：字迹潦草，敬请原谅。"

其实在生活中，我们每个人都可以变得幽默一些，它并不是天才、高智商、喜剧演员的专利。只要你学习让嘴角往上翘，换个新鲜角度欣赏事物，即可学会幽默，走出尴尬。幽默被誉为"没有国籍的亲善大使"，它能使你建立和谐的人际关系，摆脱困难的处境。但要成为幽默的人，就要具备广博的知识和深刻的社会经验，敏锐的洞察力和丰富的想象力，高尚优雅的风度和乐观轻松的情绪，良好的文化素养和高超的语言表达能力。

三、学会道歉

人孰能无过？人人都可能犯错误，所犯的错误也可能对他人造成伤害。大多数伤害可能是无意的，但不管是有意的伤害还是无意的伤害，我们都应该道歉。衷心的道歉不但可以弥补破裂的关系，而且还可以增进友谊。下面谈谈道歉的原则和道歉的方式。

（一）道歉的原则

1. 表达歉意。最常见的就是说"对不起"。表达歉意，意味着你的行为可能伤害或冒犯了对方，为此你感到内疚和痛苦。

2. 承认过错。在一些人看来，只有"我错了"这 3 个字才是最真诚的。如果没有说出类似承认过错的话，他们就感受不到你的道歉。

3. 弥补过失。这意味着犯错者必须拿出实际行动来。回想一下小时候，如果别的小朋友抢走了你心爱的玩具，无论他再怎么说"对不起"

或者"我错了",最终让你破涕为笑的,还是他乖乖地把玩具还给你,不是吗?

4. 真诚悔改。在一部分人眼里,语言是个很廉价的东西,即便对他们真诚地说100遍"对不起,我错了",可能仍然无法得到谅解,因为他们需要的是你做出改变,真诚悔改。

(二)道歉的方式

1. 切记道歉并非耻辱,而是真挚和诚恳的表现。很多人拒绝道歉,认为道歉很丢人,很没面子,从此会矮他人三分,其实这种想法是错误的。在真诚地向他人道歉之后,我们同样会收获到来自对方的歉意。我们发现,那些不可一世的大人物们有时也会道歉,邱吉尔起初对杜鲁门的印象很坏,但后来他告诉杜鲁门说以前"低估"了他。这是用赞誉的方式表示的歉意,可以想象,杜鲁门听了这番话后窃喜的样子。

2. 应该道歉的时候,就马上道歉。很多人都有这样的体会,道歉越耽搁下去,越难启齿,有时甚至追悔莫及。假若你认为有人得罪了你,而对方又没有及时致歉,那你应该冷静,不要闷闷不乐,更不要生气,也许对方正为如何道歉而苦苦地寻找机会呢。

3. 如果你觉得道歉的话说不出口,可以用别的方式来代替。献上一束鲜花可使前嫌冰释;把一件小礼物放在对方的餐桌上或枕头底下;触摸对方也可传情达意,如摸摸头、拍拍肩膀,这就是所谓的"此时无声胜有声";请他吃饭,如果他应邀前往,就说明他已接受你的道歉。

4. 给对方发泄心中不快的机会。有一些伤害导致后果难以挽回,多次道歉后,对方仍然不能释怀,那么,挽回友谊的最佳办法就是让对方骂你,骂个痛快,将心中的怒气发泄出来。尽管这是一个不得已的办法,但比起让不满淤积在对方胸中数年不散要好得多。

5. 夸大自己的过错。你越是夸大自己的过错,对方越容易原谅你。

6. 赞美对方心胸宽广,大人不记小人过。大多数人受到这样的赞美后,都会不自觉地按赞美的话去做。

7. 有些事可以表示遗憾,但不必道歉。如果没有错,就不要为了息事宁人而认错。可以说"深感遗憾"之类的话,这样也会有缓和矛盾的效果。

四、学会聆听

国外有句谚语:"用十秒钟的时间讲,用十分钟的时间听。"聆听,可以从谈话中获取必要的信息，领会对方的真实意图，也可以帮助自己了解对方的内心世界，促进人与人之间的交流与互动。我们在交谈时应当充分重视听的功能，讲究听的方式，追求听的艺术。在交谈中，聆听的原则是：热情关注，耐心倾听，适时呼应。

（一）热情关注

在听对方说话时，应该目视对方，全神贯注。要真正了解对方，可以通过说话者的神态、表情、姿势、声调、语气等非语言的变化，来了解对方的思想感情和真实意图。有礼而专注的目光，对说话者是一种尊重和鼓励。

（二）耐心倾听

在对方阐述观点时，即使听到与自己不一致的观点、自己不感兴趣的话题或因为产生了强烈的共鸣而禁不住想要打断对方，都不宜插话，而应耐心认真地听对方讲完。如必须打断，应适时示意并致歉后再插话，插话结束时，要立即告诉对方继续讲下去。

（三）适时呼应

聆听并不是毫无反应地傻听，而应随着谈话者情感和思路的变化做出恰当的呼应。可以根据情境，配合点头、鼓掌和微笑等身体语言。此外，适时的发问也能促进彼此的交流，形成心理上的默契，如"您的意思是……"，"哦，原来是这样……"，"恐怕我没有完全领会您的意思。"

五、学会拒绝

在人际交往中，由于某种原因而不得不拒绝他人的情形是经常有的，很多人为此而烦恼。拒绝可能会伤害、得罪他人，不拒绝却会让自己很为难。到底该怎么做才能两全其美呢？为了最大化地降低拒绝所产生的负面影响，我们需要掌握一些拒绝的技巧。既让对方了解自己的苦衷，又不至于伤害对方的自尊，从而达到拒绝的目的。

（一）该说"不"时就说"不"

一开始即斩钉截铁地说"不"，委实不妥。然而，不要因此而放弃拒绝的权利，即使这样做会破坏他人对自己的期望。但办不到的事终究还是办不到，也许如此一来，请求你的人会暂时表现出失望，但总比最后的埋怨要好得多。所以在考虑答应对方的请求前，应先仔细盘算自己是否力所能及。如果答案是否定的，就要认真想想，如果现在答应办的事，之后又因种种原因办不了，一旦失约，对方就会对自己产生不信任感。因此，鼓起勇气将之拒绝，是最明智的选择。

一个要好的中学同学打电话来找小刘帮忙，说是需要小刘所在公司某部门的企划书。虽说很难，但小刘还是答应试试看。结果过了一周，事情仍没有进展。那同学在电话中抱怨，如果早点说做不到的话，他还有时间找其他公司的资料，可是现在已经来不及了。因为一开始小刘没有及时说"不"，最后落得双方都不愉快。

(二) 道明原委，互相理解

人们拒绝对方总会有一些原因，而这些原因对方未必都很清楚。在拒绝他人的同时，不妨将拒绝的理由及自己的难处一并陈述给对方，只要是真诚的，对方多半能给予理解。

一家外企由于急需一批钢材，想以高价格向天津天铁冶金集团有限公司购进，但是天津天铁冶金集团有限公司拒绝了他们的订单，原因是他们已经答应卖给另外一家民营企业了，虽然还没有签订合同，价格也更低，但是诚信是他们公司的原则，因此他们不能卖给这家外企。虽然这次生意没有做成，但是却得到了这家外企的理解和信任，他们从此建立了合作伙伴关系。

(三) 巧言诱导，委婉拒绝

我们不妨在言语中安排一两个逻辑前提，不直接说出结论，而是把逻辑上必然产生的否定结论留给对方推断。这样，既能表达自己的诚意，又能让对方了解真相。

有一次，韩宣王欲重用手下的两个人，便来征求掺留的意见。掺留明知重用这两人不妥，但直言"不"，一会冒犯韩宣王，二会让韩宣王以为自己嫉贤妒能。于是掺留用下面的话，表达了自己的见解："魏王曾重用这两个人而丢过国土，楚国也曾因为这两个人丢了国土，将来他们会不会把我国也出卖给外国呢？"韩宣王听了无言以对，从此再也没有提过这件事。

(四) 拒绝后采用"补偿性措施"

无论拒绝的方法多么有礼貌，多么富有人情味，但是拒绝终归不能像承诺那样博得对方的好感。为了缓解对方因自己的拒绝而产生的不快情绪，也为了表达自己的诚意，我们不妨在拒绝的时候，主动为对方考虑一下退路或做出"补偿性措施"，从而消除对方的失落感。

卡耐基有一次不得不拒绝一个演讲邀请，他是这样对邀请者说的："哎呀，很遗憾，我实在排不出时间了，对啦，某某先生讲得也很好，说不定是比我更合适的人选呢。"

（五）先肯定，后拒绝

我们在同意对方一部分观点的情况下，采用先肯定、后拒绝的方式是最常用的拒绝方法。例如："是的，您说的很对，但是也许这样会更好……"；"你刚才的意见有一定的道理，但我以为还是……更好"；"能与你一起合作我会非常高兴的，只是我这个摊子就够一个人忙的了，真遗憾，失去了一次合作的机会。你看找别人行吗？"

（六）先商量，后拒绝

我们在完全不同意对方观点的情况下，采用先商量、后拒绝的口吻比一开口就拒绝要婉转得多。例如"我们能不能换一个角度来考虑问题？……，如果不行，那我就谈谈我的看法……"

六、学会批评

在这个世界上，没有人永远不犯错误。在他人犯错误的时候，你可能忍不住大发雷霆。狂风暴雨过后，你会发现"善意"并没有被对方所接受，其结果甚至令人沮丧。这是因为批评对谁来说，都不是一件愉快的事，所以我们有必要掌握批评的技巧和方法，使之达到春风化雨、润物无声的效果。

（一）私下进行

没有人希望在自己受到批评的时候召开一个"新闻发布会"，让所有的人都知道。被批评本来就不是一件光彩的事，公之于众更会让对方感到"丢面子"。所以"丢面子"往往是对方拒绝接受批评的首要原因。为了维护被批评者的"面子"，在批评的时候要尽量私下进行，避免第三者在场。

（二）对事不对人

批评时一定要针对事情本身，而不要针对个人。谁都会做错事，做错了事，错的只是行为本身，并不代表他这个人如何。所以，批评时，一定要对事不对人，不能因为做错了事而否定对方的能力。谁都怕别人否定自己，所以不要让对方觉得是自己的能力不行才办砸了事情。

（三）提供正确的答案

批评他人的同时，必须告诉他怎么做才是正确的。一定要他明白，不是想追究他的责任，只是想解决问题。这样的批评方式，往往最容易让对方接受。

（四）在和谐的气氛中进行

不要一上来就发泄你的"牢骚"，先尽可能地创造一个和谐的气氛。因为一般做错事的一方都有一种本能的害怕情绪。如果很快地进入正题，被批评者很可能会产生不自主的抵触情绪。所以，先让他放松下来，然后再开始你的"慷慨陈词"，这样才能达到比较理想的效果。

第三节　交谈的应对技巧

一、如何补救失言

在一些社交场合，难免会发生口误而导致失言，这是一个令所有人都感到尴尬的事情。失言不但可能会引起误会和不快，还有可能会被对方抓住把柄，失去在交际中的主动地位。失言虽然不可避免，但也没有想象中的那么可怕，只要掌握技巧，就能够在一定程度上挽回影响。

（一）将错就错

"将错就错"就是在错话说出口以后，能巧妙地将错话衔接下去，最后达到纠错的目的。

在婚宴上，一位主持人在主持节目："你们走过了恋爱季节，开始步入了婚姻的殿堂，就好像是一对旧机器……"其实他想说的是"新机器……"发现出错了，他镇定了一下说，"已过磨合期"。此言一出，举座称妙。

（二）反问否定

在交谈中，如果发生口误把意思讲反或讲偏，就会直接影响真正的本意。这个时候我们就要迅速调整自己的情绪和立场，坚决果断地把讲错的话推向自己的对立面。这样不仅使错误得以纠正，使正确的意思得以表达，同时也能达到增强本意的效果。

一位大学生在辩论赛中，把"改革开放后，中国人民的生活一年比一年好"误说成"一年比一年差"。此言一出，举座惊愕！这位大学生顿时察觉失言，但他很快冷静下来，不紧不慢地接上一句："难道真是这样吗？不，大量的事实驳倒了这种谬论！"

（三）巧妙移植

既然错话已出，迅速地把错话移植到他人头上是个不错的选择。根据自己所说错话的意思，将与此有关或无关的人和事物牵扯进来，以此来转移别人对自己失言的关注。例如说："这是某些人的观点，我认为正确的说法应是……"

（四）词义别解

在某个词语前或后加上一些附加成分后，使词义因此而发生变化，达到补救失言的目的。

某位女演员穿着一件黑缎子制作的旗袍参加一个舞会，人们都对她赞不绝口。只有一位心直口快的女孩说了句："穿这件旗袍老多了！"刚一出口，便觉失言，她从容地补上一句："真的，大街上穿这种旗袍的人老多了，她穿上却很漂亮！"果然，后边的话使女演员十分高兴。

二、如何化解尴尬

自我解嘲术，就是拿自己的缺点来开玩笑，以自我嘲弄的形式，摆脱窘境，从而争取主动的一种舌战谋略。在应付尴尬的情境中，有特殊的表达功能和使用价值。所以当遇到难堪的局面时，多一些风趣生动的自嘲，能及时化解矛盾，从而把自己从尴尬中解脱出来。

（一）盛情难却时应巧妙回答

有一次，与林肯关系非常要好的一位报界友人邀请林肯到一个编辑大会上发言。林肯对编辑工作一无所知，但是直接拒绝友人又不太好，于是林肯给他的这位朋友讲了一个这样的小故事："有一次，我在森林里遇到一个骑马的妇女，她目不转睛地盯着我看。她说：'我现在才相信你是我见过的最丑的人。'我回答说：您大概讲对了，我生了这副丑相是很遗憾，我要是待在家里不出来就好了！"友人不禁为林肯的幽默自嘲而哑然失笑，于是就不再勉为其难。

（二）陷入僵局时应以退为进

某蔬菜公司一位副科长到外地调运蔬菜，卖方报价很高。多次协商无果，谈判陷入僵局，让这位副科长心急如焚。然而，为了稳住对方，他摆出一副无可奈何的样子道："其实，你们把我给看高了，我只不过是个小科长，还是个副的，手里能有多大的权力？再说我花大价钱办一笔赔本买卖，这个责任我担当得起吗？"他这一番"自嘲"既表明了自己在价格上的态度，又让对方明白在价格上要他让步是强人所难。于是，卖方不再坚持自己的要价，双方顺利完成了交易。

（三）遇到突发事件时应从容应对

一个叫李君的青年结婚时，由于经济拮据，便用纺织袋简单地封住新房的顶棚。所以当新娘子被众星捧月般接进洞房时，贴在顶棚上的大红喜字一下子被震下来了。这在结婚时可是大忌讳，代表着不吉利。洞房内顿时一片寂静。正在这个难堪的关头，新郎急中生智，突然喊道："喜从天降，太好了，太好了！这老天爷看我娶新娘也来道喜，凑热闹来了！我李君何德何能，竟敢劳驾老天爷您老人家来祝贺呀！"一场尴尬就这样在人们的赞叹声和掌声中化解了，洞房内又恢复了喜庆的气氛。

（四）遭遇窘境时应宽容大度

柏林空军军官俱乐部正在举行盛大招待宴会，主宾是著名的乌戴特将军。敬酒时，一位年轻军官不小心将啤酒洒到了乌戴特将军光亮的秃头上，全场的人都目瞪口呆，宴会厅鸦雀无声。此时，乌戴特将军并没有生气，而是微笑着对颤抖的年轻军官说："兄弟，你以为这样降温会有效吗？"在场的人闻言大笑起来，宴会又恢复了一片欢乐。乌戴特将军一句幽默的自嘲，不仅化解了尴尬，摆脱了窘境，而且还展示了将军宽容大度的胸怀。

（五）剑拔弩张时应学会忍耐

春节刚过，小李在公共汽车站等车时，挤了一个中年人一下。那中年人开口说："猪年才到就这么拱，要拱到年底，那还不把这站台拱个大洞！"人群中顿时爆发出一阵笑声。小李也不是"省油的灯"，马上回了一句："怪，狗年都过了怎么还乱叫！"这一下，人群笑得更欢了。就这样，两人你一言、我一语地不停对骂。围观的人越来越多，小李心想再这样骂下去，那中年人非动手不可。于是就自嘲说："唉，大哥，到底是你比我多吃几年咸盐，走过的桥比我走过的路都多，你比我幽默，我认输！"小李一句自嘲的话说得中年人也很不好意思。一场火药味十足的对骂，就这样被他化解了。

三、如何"打圆场"

所谓打圆场，是指当事人双方争吵或处于尴尬处境时，由第三者出面进行调解的一种方法。打圆场是从善意的角度出发，以特定的话语去缓和紧张气氛、调节人际关系的一种语言。在日常生活中，有着非常重要的意义。打圆场能有效地调解纠纷、化解矛盾、避免尴尬、打破僵局。

有个理发师傅带了一个徒弟。徒弟学艺 3 个月后，这天正式上岗。

徒弟给第一位顾客理完发，顾客照照镜子说："头发留得太长。"徒弟不语。师傅在一旁笑着解释："头发长使您显得含蓄，这叫藏而不露，很符合您的身份。"顾客听罢，高兴而去。

徒弟给第二位顾客理完发，顾客照照镜子说："头发留得太短。"徒弟不语。师傅笑着解释："头发短使您显得又精神又帅气。"顾客听了，欣喜而去。

徒弟给第三位顾客理完发，顾客边交钱边嘟囔："剪个头花这么长的时间。"徒弟无语。师傅马上笑着解释："为'首脑'多花点时间很有必要。您没听说：进门苍头秀士，出门白面书生！"顾客听罢，大笑而去。

徒弟给第四位顾客理完发，顾客边付款边埋怨："用的时间太短了，20 分钟就完事了。"徒弟心中慌张，不知所措。师傅马上笑着抢答道："如今时间就是金钱，剪发速战速决，为您赢得了时间呀。"顾客听了，笑着告辞。

以上事例说明，适时地打圆场，能有效地避免尴尬，化解矛盾。做人受欢迎，其实就是深谙人际交往中的方圆之术。在需要"圆"的时候，圆通一些，便能在复杂的人情关系中，取得顺畅生活的通行证。打圆场时，要注意以下几点：

第一，打圆场要善用吉言。吉言顺耳，爱听吉言几乎是人们共有的一种心理。在上述的故事里，师傅巧妙地利用人们的这种心理，在顾客抱怨时，以"首脑"、"藏而不露"和"白面书生"等吉言来博得对方的欢喜。可见，吉言是师傅成功解围的首要诀窍。

第二，打圆场要扬长避短。生活中的任何事情都有两面性，其中的对与错、利与弊是相对的。辩证地看待问题，适当地扬长避短，是打圆场的又一技巧。通过扬长，引领对方换个新视角，对先前不满意的事来一番变位思考。如顾客嫌头发留太长了，师傅说"头发长使您显得含蓄"；顾客嫌头发剪太短了，师傅说"头发短使您显得又精神又帅气"；顾客嫌剪头发的时间太长了，师傅说"为'首脑'多花点时间很有必要"；顾客嫌剪头发的时间太短了，师傅说"剪发速战速决，为您赢得了时间"。

第三，打圆场要用语幽默。幽默是人际交往的润滑剂，是化解尴尬的良方。幽默的话语常能令人转怨为喜，开怀大笑，能让人在笑声中相互谅解，从而激活僵局。如故事中这位师傅使用的"首脑"一词，就颇为幽默。将头说成"首脑"，调侃中不失文雅，庄重中又含风趣，从某种意义上提升了顾客的身份，顾客能不开怀大笑吗？再看那"进门苍头秀士，出门白面书生"之语，更是生动至极。至于"如今时间就是金钱，剪发速战速决，为您赢得了时间"的解释，幽默的话语中又含带了与时俱进的因素，这就大大地增强了说服力，更易为对方所接受。

四、如何应对嘲讽

在生活中，人们难免会碰到一些故意取笑或羞辱自己的人，常常大发一通怒火，气得手脚发颤，最后，只会说："岂有此理，岂有此理。"那么应该怎样应对，才能有力地反击那些取笑自己和无理取闹的人呢？

（一）反唇相讥，让对方自取其辱

生活中，总有那么一些人爱寻衅滋事、故意找碴儿，让别人下不了台。这时你如果退避三舍，必会遭人耻笑；如果视而不见，也难免有软弱之嫌。你想化被动为主动，就要反唇相讥，让对方自取其辱，既可让寻衅者无言以对，也能让自己下台阶。

晋朝刘道真读过书，由于遭受战祸，流离失所，无以为生，只好到一条河边当纤夫。刘道真素来嘴不饶人，喜欢嘲笑别人。一天正在河边拉纤，看见一个老妇人在一只船上摇橹，刘道真嘲笑说："女子为什么不在家织布，而跑到河里划船？"那老妇人反唇相讥道："大丈夫为什么不跨马挥鞭，而跑到河边替人拉纤？"刘道真沉默无语。

又有一天，刘道真正在草屋里与别人共用一只盘子吃饭，见一个青年妇人领着两个小孩从草屋前走过，三个人都穿着青衣，就嘲笑她们说："青羊引双羔。"那妇人望了他一眼，说："两猪共一槽。"刘道真无言以对。

（二）借力使力，顺水推舟

人们总难免碰到一些无理取闹的人，这个时候就要控制好自己的情绪，以"骤然临之而不惊，无故加之而不怒"的气势反击对方，一语击中要害，让对方哑口无言。

晏子来到了楚国，楚王举行酒宴来招待他。当大家酒兴正浓时，两个差人捆着一个人走到楚王的面前。楚王故意问道："你们捆绑的是什么人？"差人说："他是齐国人，犯了偷盗罪。"

楚王笑嘻嘻地望着晏子说："齐国人本来就善于偷盗，是吗？"

晏子站起来离开席位，郑重其事地回答说："我曾听说过这样一个故事：橘树生长在淮河以南是橘树，生长在淮河以北就成了枳树。橘树和枳树虽然长得很像，但它们结出的果实味道却不大相同。橘子甜，枳子酸，为什么呢？由于水土不同啊！如今，在齐国土生土长的人，在齐国时不做贼，一到楚国就又偷又盗，莫不是楚国的水土使老百姓惯于做贼么？"

楚王听后，苦笑着说："德才兼备的圣人，是不能同他开玩笑的，我现在是自讨没趣了。"

第五章 体育教师礼仪

　　学校是建设社会主义精神文明和物质文明的重要窗口，教师肩负着培养德、智、体、美、劳全面发展人才的重要职责。体育教育作为一种塑造和培养人才的重要手段和形式，为丰富学生的体育知识、提高学生的运动技能、增强学生的体质和健康发挥了重要的作用，同时，它还是提高智力、锻炼意志、发展情绪和情感、培养健康人格等的重要载体。体育教师是学校体育教学和体育活动的组织者和引导者，加强体育教师的礼仪修养，树立体育教师的良好形象，对提高教学质量，顺利完成体育教学任务，具有十分重要的意义。

第一节 体育教师的道德

　　教师是知识的化身，是智慧的源泉，是道德的典范，是人格的楷模，是学子们人生可靠的引路人。教师只有以无私奉献的精神去感染学生、以高尚的道德去影响学生、以渊博的知识去培育学生、以真诚的爱心去温暖学生、以健全的人格去塑造学生，才能成为一名真正的优秀的人民教师。艺高为师，身正为范。只有拥有良好的道德修养，才能为人师表，才能引领学生走向知识的海洋。体育教师作为人类灵魂的工程师，首先要具备基本的社会公德和职业道德。

一、社会公德

　　社会公德有广义和狭义之分。广义的社会公德，是指反映阶级、民族和社会共同利益的道德。它包括社会和国家特别提倡和实行的道德要求，如法律。狭义的社会公德是特指人类在长期社会生活实践中逐渐积累起来的、为社会生活所需要共同遵守的、为维护社会的利益而约定俗成的行为规范和准则。社会公德是人类在社会生活中根据共同生活的需要而形成的，作为一种无形的力量约束着我们的行为，它对维系社会公共秩序和调整人与人之间的关系发挥着重要作用。教师作为文化科学知识和文明道德的传播者，更应该具备良好的社会公德。

（一）文明礼貌

在日常生活中，举止文明、以礼相待、和谐相处是做人处事的基本要求。教师对待学生态度要和蔼，要尊重学生人格，不讥讽或挖苦学生。对犯错误的学生要耐心教导，不得体罚或变相体罚。教师互相见面要主动热情地打招呼或用语言问候，如"您好"、"早安"，或点头、微笑致意等。同事之间要互相帮助，友好相处，背后不说三道四。家长来校，教师要热情接待，家长进办公室时，要起身相迎、让座、倒茶。与家长交流时，语气要温和、诚恳，交谈结束后，要起身相送。

（二）爱护公物

爱护公共财物是社会公德极其重要的内容，在公共场合特别要注意这一点。教师应当牢记，任何公物都不可窃为己有，也不应以任何形式独占或私用。在公共场所进行活动时，要爱护公共建筑和设施，不要到处乱刻、乱画、乱抹。要爱惜公用桌椅、公用电话及其他公共物品。不要随意攀爬公有园林里的树木、损坏树木、偷采花卉和果实等。教师不但要爱护公物，并且要带头抵制那些破坏公物的行为。

（三）保护环境

保护环境不仅体现了每个人基本的社会公德，更是人类维持生存的需要。为了保持社会公共生活环境的干净、整洁和舒适，保障社会成员的身体健康，每个公民都应当自觉维护公共环境卫生，保护水、空气、土壤和森林资源，节约能源，这是每个公民都应当遵循的基本社会公德和基本行为规范。教师应该言传身教，做出表率，并且带头抵制那些破坏环境的行为。

（四）遵纪守法

法律是对公民行为的必要约束及规范，是对道德的补充与完善。自觉遵守法律法规是社会公德最基本的要求。作为一名教师，必须依照法律、法规及制度的有关规定行事，自觉提高法律意识、增强法纪观念，时刻用法纪、法规来指导和约束自己的行为，自觉履行法纪、法规规定的义务，敢于并善于运用法律武器同各种违法乱纪行为作斗争，并能正确运用法律手段维护自己的合法权益。

二、体育教师的职业道德

体育教师的职业道德是一种高度社会化的角色道德，是指体育教师在工作过程中，处理与学生、家长、所在单位和国家之间的相互关系时，所必须自觉遵守的职业行为准则。

(一) 师德之责是教书育人

"教书育人"是教师的基本职责，同时也是教师职业道德的核心。教育工作是面向现代化、面向世界、面向未来的一项伟大工程。体育教师的主要任务是通过体育教学和运动训练，向学生传授体育知识和健康知识，提高学生的健康水平，增强学生的体质，培养坚强的意志和适应社会的人格，同时把爱国主义教育、社会主义教育和思想品德教育等有机地融合到体育教学中，使体育教育、知识教育和德育教育相辅相成、相得益彰。

(二) 师德之基是学高为师

在现代科学技术迅猛发展的今天，知识更新的周期愈来愈短，各学科之间的横向联系日趋密切。这就要求体育教师不仅要掌握扎实的专业技能，还要具备雄厚的专业理论知识，以及全面的教育科学知识和心理科学知识。必须经常、自觉地更新观念、更新知识、拓宽知识面，用现代化的知识和技能武装自己，同时，不断提高教学、训练和课外活动的组织能力，并根据教学目标和教学内容，对学生因材施教，增强体育教学的实效性，更好地为学生服务。

(三) 师德之本是身正为范

孔子曰"君子怀德。"体育教师自己首先要有高尚的人格和道德，才有资格去教育学生。以身作则、为人师表就是指体育教师必须在人格塑造上规范自己，形成健康、完整、和谐的人格特征。体育教师的道德对学生具有强烈的示范和渗透作用，所以，正人必先正己。体育教师要为人师表、积极向上、举止文明、谈吐文雅、严于律己、平等待人，善于控制自己的情绪，具有融洽的人际关系和良好的社会适应力。只有这样，才能真正地体现出教师的身正为范，为人师表。

(四) 师德之魂是热爱学生

热爱学生是教学成功的奥秘，所有的教学过程都体现了教师对学生的无比热爱。只有热爱学生，以真挚的感情对待学生，才能取得学生的充分信赖，才能做好学生的教育工作。热爱学生是体育教师的天职，只有把整个身心献给学生，才能沟通师生双方的情感；只有全面关心呵护学生、以情动人，才能在师生之间架起信任的桥梁，维护师生之间的感情，赢得学生的尊敬和爱戴。学生在良好的情感催化下，才会自觉愉快地接受教师的指导，使学生的学习动机转化为自身的迫切需求。从而在这种愉快的教学气氛中，取得良好的教学效果。

第二节　体育教师的仪表礼仪

身教重于言教，体育教师的仪表、教态、言谈、举止等时刻都在感染、熏陶并影响着学生。体育教师要仪表端庄、表情丰富、举止文雅、用语文明，体现出良好的精神面貌。

一、仪表

得当的仪表，使人看上去精神焕发、神采飞扬，不仅让自己充满自信，而且是对他人的一种尊重；不当的仪表，使人看上去萎靡不振、无精打采，甚至会失敬于人。体育教师不宜过于粗糙，也不要过分粉饰自己。要端庄、大方、得体，才能给学生留下良好的印象。

（一）头发

按照一般习惯，人们注意或打量他人，往往是从头部开始的，所以修饰仪容通常应当"从头开始"。体育教师的头发要长短适中、经常梳洗、干净整洁，发型要朴素大方，与自己的脸型、体型、性别、年龄相符，不宜留前卫或怪异发型。男教师不宜留鬓角，头发不宜过长，做到前不覆眼、侧不掩耳、后不及领。女教师则不宜染彩发，不宜做流行夸张的发型，披发不宜过肩部，且上体育课时长发应盘起或束起，以免影响教学的效果。

（二）面容

仪容，很大程度上是指人的面容。修饰面容，首先应做到清洁，使之干净清爽，无汗渍、油垢等不洁之物。男教师要剃净胡须、刮齐鬓角、剪短鼻毛，不留小胡子和大鬓角。女教师可适当化妆，但以淡妆为宜，不可浓妆艳抹，并避免使用气味浓烈的香水。

二、服饰

服饰要根据性别、年龄、高矮、胖瘦、肤色、情境、季节调整，突出"合体、适时、整洁、大方、庄重"的特点。

（一）服装

1. 正装。正装适合体育教师上理论课时穿着，包括制服或深色的套装、套裙。

2. 运动装。上体育课或开展课外体育活动时，体育教师应着运动装。运动装既便于完成动作的示范，又能体现出健美的形象。运动装一般款式比较宽松、颜色比较鲜艳，体育教师应结合自己的年龄、性别、体型、肤色等特点去选择适合自己的运动装。

（二）饰物

恰当地佩戴饰物，能起到装饰和美化的作用，从而更好地体现个性和内在气质。体育教师可以在校园和公众场合佩戴适合自己的饰物，如帽子、手套、围巾、胸花、戒指、头饰等，但必须符合一定的礼仪规范和佩戴原则。体育教师在进行体育教学时，原则上不宜佩戴饰物。

三、表情

表情能较真实地反映人们的心理变化。体育教师的表情，总体要求和蔼、亲切、友善。在课堂上，体育教师的表情应该轻松欢快、面带微笑、可亲可敬，慈爱中有关切，亲切中有鼓励，创造出一个和谐融洽的教学氛围。同时避免冷漠、呆板、做作、轻视、敌视的表情。

（一）目光

体育教师以慈祥专注的目光注视学生，会给学生可亲、可信、正直之感。体育教师在进行教学时，要把全体学生都置于自己的视野内，用目光捕捉并反馈信息。目光对学生能起到命令、鼓励、责备、信任、警告等作用，体育教师要善于运用目光这一无声语言辅助体育教学。对上课认真、成绩优良的学生，要示以肯定和表扬；对信心不足、畏畏缩缩的学生，要示以鼓励和督促；对过于兴奋者，要示以抑制；对违反纪律或做危险性练习的学生，要示以警告。

（二）笑容

如果从上课到下课体育教师一直板着面孔，学生会被吓得低眉顺眼，那么这堂课一定是死气沉沉的。若体育教师面带微笑，学生也会变得轻松、活跃起来，教学效果也将得到明显的提高。

四、举止

举止包括手势、坐姿、立姿、走姿。体育教师要做到精神饱满、稳重端庄、从容适度、自然得体、优雅大方。

（一）手势

手势即手的动作与姿势。手势是体育教师在做集合、整队、讲解等动作时所发布的指令性信息，一般和口令、口哨配合使用。体育教师讲课时，一般都需要配以适度的手势来强化讲课效果。体育教师的手势应表现协调、自然、大方、潇洒、果断、清楚、有力。手势表达的含义相当丰富，情意手势、指示手势、象形手势的运用居多，如在篮球滑步练习时可用不同手势表示不同方向。

（二）坐姿

坐姿即人在就座后所呈现的姿势。入座时，不宜坐满整个座位，一般占据其位置的2/3。就座后，要挺直上身、端正头部、目视前方。双手应掌心向下，叠放于大腿之上，或者放在身前的桌面上。男教师就座后双腿可略分开一些，但不应宽于肩；女教师就座后，特别是身着短裙时，务必并拢大腿或双腿叠放。

（三）站姿

站姿是指人站立时所呈现出来的姿态。体育教师在站立时应挺拔而庄重，即身体站直、挺胸收腹、双腿并拢、双脚微分、双肩平直、双目平视、头部端正。体育教师健美的形体、潇洒的风度、准确的动作，都会给学生带来美的视觉享受。因此，体育教师应保持形体美，才可能完成一个个轻松、漂亮的示范动作。

（四）走姿

走姿是指人行走时所形成的姿态。体育教师的走姿应当精神饱满、轻松矫健、优美匀速、朝气蓬勃。切莫消沉懒散、有气无力、萎靡不振、低头含胸、慢慢吞吞。

第三节 体育教师的语言礼仪

语言是表达思想、进行交流的主要工具，是人际交流中重要的沟通手段。教学语言是指教师在教学过程中，根据教学内容的需要，以传授知识、介绍经验、交流感情为目的而使用的一门工作语言。

一、体育教师的基本用语

（一）礼貌用语

一般的礼貌用语包括"你好"、"请问"、"对不起"、"谢谢"、"没关系"、"再见"等。体育教学中的礼貌用语，是一般礼貌用语和专业术语的有机结合，如"请张立给大家示范一下动作"、"谢谢张立的精彩示范。"

（二）文明用语

对待学生的文明用语有"同学们好"、"希望你继续努力"、"不懂请来问老师"、"让老师帮助你"等。

对待家长的文明用语有"谢谢家长的支持与配合"、"教育学生是老师的责任"、"让我们商量一下，应怎样教育孩子"等。

（三）禁忌用语

对学生使用的不敬称呼有"喂"、"嘿"、"那个"、"下一个"等；同时，还包括对学生称呼外号如"眼镜"、"大头"、"胖子"、"瘦猴"等；以及对学生称呼昵称如"甜甜"、"林林"等，以上这些用语都是不妥的，应当禁止使用。

二、体育教师教学语言的要求

教学语言是课堂信息交流的重要工具。体育教师对教学语言的运用是否得当，将直接影响教学的效果，因此，教学语言必须有一定的要求和规范。体育教师的教学语言要求准、精、美、活。

（一）语言准

语言准确是教师授课最基本的要求，是由知识本身所蕴含的科学性和信息传播的精确性所决定的。主要包括以下 3 点：

发音准。教学语言既有规范性，又带有示范性，因而语音必须是标准的普通话发音。我们说的口语表达，是指普通话的口语，而不是指地方语言的口语。

语体准。科学语体、文学语体、政论语体是教师最普遍、最常用、最基本的语体，既具有口语语体的风格特点，如用词通俗、口语表达、句式简短、停顿多、重点地方有重复等，又具有书面语体的特征，如话语集中、结构完整、语言修辞准确等。

达意准。是指传情达意要准确，分析论证要完整，知识的科学性、系统性要突出，符合知识的逻辑性和条理性，符合学生的认知规律和接受能力。

（二）语言精

教师要在有限的时间内完成规定的教学任务，语言表达一定要精。它包括以下 3 点：

精准。精准是指用尽可能少的语言传达出准确无误的知识和信息。每堂课的教学效果并不取决于教师话语的多少，而是看教师使用的语言是否都能传情达意。

精练。精练简洁的语言有利于突出重点，从而取得理想的教学效果。有的教师唯恐学生不理解，在自认为重要的地方说了一遍又一遍。其实多次重复的刺激，不但不会加强印象，反而会使大脑产生排斥。

精彩。精彩的语言有利于激发学生的求知欲，能使学生对本学科产生一种特殊情感。精彩的语言富于启发性，可以化抽象为形象，化深奥为通俗，化枯燥为有趣，使课堂教学变得活跃而富有成效。

（三）语言美

美是一种意境，也是一种效果。教师要高效地完成教学任务，语言表达一定要体现出美。语言美包括以下 3 点：

通俗。教学语言通俗有利于提高教学效果，达到深入浅出、雅俗共赏的意境。

生动。一般人可以做到语言达意，却难以做到语言生动。生动的语言不仅能体现教师的语言水平，同时也体现出教师对语言的驾驭能力，这常常需要较长时间的教学磨炼。

和谐。和谐是指教师语言准确清晰，讲解流畅顺达，形式内容统一，师生交流融洽的一种氛围。

（四）语言活

注意穿插。如果学生长时间坐在课堂，习惯性接受来自听觉的刺激，久而久之必生厌烦。所以要注意语言与体态语言、板书、音像的穿插使用，用视觉感受来缓解听觉压力。

恰当留空。留空是话与话之间的停顿。合适的停顿如音乐中的休止符，将给学生以体味、回想的余地。比如"讲讲、议议、练练"，就体现了时间留空的技巧。

善于变位。教师由主讲变为主听，有利于师生双向交流。

三、体育教师教学语言的特征

上述"体育教师的基本用语"和"体育教师的教学语言"都适合体育教学，但体育教学环境与普通课堂的教学环境有较大区别，因此体育教师的教学语言，还有以下特殊性。

（一）准确性

体育教学语言的准确性主要体现在阐述理论知识、讲解动作要领、分析或纠正错误动作、发布口令等。例如，讲解篮球单手肩上传球的分解动作时，要领可以概括为"转体、挥臂、甩腕、拨指"，这8个字准确地描述了动作的过程和发力的部位。只有采用准确的语言，才更有利于学生的记忆和掌握。

（二）精炼性

体育教学的特点是讲得少，练得多，因此教师的讲解就必须言简意赅，突出重点。精练的讲解是以语言的概括性和科学性为主要特征的，使学生一听就懂，便于理解和记忆。例如在教原地推铅球时，采用"蹬—转—起—挺—伸—拨"来讲解，并结合动作示范，使学生较快理解并记住动作要领，有利于学生建立正确的动作概念和清晰的运动表象。

（三）形象性

形象性是指把教学中的技术要领、技术规格等一些抽象的东西，通过恰当的比喻，生动、具体、形象的讲解来提高学生的学习兴趣。如在做跳马练习，腾空时用"身轻如燕"，落地时用"稳如泰山"等语言形容，有利于学生理解和掌握动作技术。

（四）启发性

体育教师应注意让学生的思维活动和身体练习紧密结合起来，充分利用学生已有的知识、经验和表象感知，采用提问、分析、对比等方式，启发学生的积极思维，让学生在练习过程中自觉发现错误动作并加以纠正，培养其分析问题和解决问题的能力。

（五）及时性

在教挺身式跳远空中动作时，及时发出"挺"的口令；在教短跑的折叠前摆动作时，及时发出"前摆"的口令。当学生在练习中出现错误动作时，应及时给予纠正等。

（六）指令性

指令性语言主要是指口令。口令几乎贯穿整个体育教学过程中，如集合、整队、组织学生练习等，都要运用口令。因此体育教师在运用口令时，应做到声音宏亮，吐字清晰、准确、有力。

（七）调节性

体育教师在教学中应注意发挥语言的调节作用。例如，在体操跳箱技术教学中，教师轻松自如地做一次技术示范，对学生亲切地说一句"不要怕"，可以起到稳定情绪、增强信心的作用；当学生跳过箱时，教师称赞一声"好"，可以起到鼓舞士气的作用。

第四节　体育教师的行为礼仪

一、体育教师与学生交往中的行为礼仪

（一）体育教师与学生交往的基本行为礼仪

教师与学生的关系是学校里最基本的人际关系。体育教师在与学生交往的过程中，应注意以下几个方面：

1. 尊重学生的人格

在与学生的交往中，要尊重学生的人格。在任何情况下，都不能用尖酸刻薄的语言讽刺、挖苦、嘲笑、打击学生。即使是在学生犯了错误的情况下，批评也要就事论事，决不能用伤害学生人格和挫伤学生自信心的语言，如"笨"、"蠢"、"傻"、"呆"、"木"、"讨厌"、"没救了"、"没出息"、"神经病"、"滚"等。教师的一言一行，都会对学生稚嫩的

心灵产生严重的影响。对教师做这样的规定，不仅是职业要求使然，更是一份法律的约束力。

下面是一个刚参加工作的青年教师的真实经历，我们应引以为戒。

我刚参加工作那年，在我教的班级里有一个学生，他患有先天性语言障碍，说的话只有他的家长才能听懂，经常引起学生的哄堂大笑。在一次课堂上，我让学生做书后的课后训练，并先做了讲解。下课了，我把作业收了上来，同学们大都写得很好。当看到一本做得很糟的作业本时，我不假思索地用红色的笔写了一个很大的"傻"字。过了几天，他的家长找到我，我才想起了这件事。他的家长面带委屈地说："他回家就哭了，我们问他是不是有人欺负他了，他不说。在我们的追问下，他才把书给他爸看。当时可把我气死了，您写了个这么大的'傻'字，他能不伤心吗？"接着家长又说："我知道我们的孩子是傻，就是因为他傻，我们才更怕别人说他。"家长的表情很是痛苦。

我听了家长的话，脸上火辣辣的，意识到事情的严重性。我不假思索地写了一个字，给孩子心灵深处留下了极大的创伤。深刻认识到错误后，我主动找孩子，向他承认错误，说老师现在很后悔，不应该那样做，并带着他重新补写了作业，又进行了补批。他看到红色的大对勾和鲜明的"优"字时，高兴地笑了，并用含糊不清的语言向我道谢。我很不好意思，也很惭愧。通过这件事，让我深刻认识到尊重学生的人格是多么的重要。

2. 融洽师生的关系

由于体育课的教学特点，体育教师与学生容易沟通，更容易建立和谐融洽的师生关系。在交往过程中，体育教师要主动了解学生的特长、运动能力、个体差异、对运动项目的喜好、对教学过程是否满意等基本情况，以便与学生更好地沟通、交流。我们的经验证明，一旦有了融洽的师生关系，学生会变得听从指挥，教学过程也会变得顺畅起来。

有一名女生粗言秽语，经常与同学打架，而且不写作业，不爱学习，被称做"假小子"。但她有一个特点，美术好。体育老师发现她的这个特点，就对她说："老师特别欣赏你的画，清秀中透着美丽。人都说字如其人，其实画也如其人，你如果能在自己的言行上多加注意，努力培养自己的内涵，一定会成为一个心灵如画的小姑娘的。"这个女生说："你是唯一喜欢我的老师。"此后，这个女生出现了明显的转变，开始服从体育老师的安排，听从老师的教导，并逐渐改正了自己的言行举止。

3. 挖掘个体的潜能

小林的学习成绩不好，排名总是倒数几位，在班上就是那种不起眼的差等生。体育老师在上体育课时发现了他的运动潜能，主动了解他的情况，鼓励他到学校的田径队参加训练。小林入队后训练很刻苦，短时间内跳远成绩进步飞快，多次代表学校参加市级体育比赛，并获得了很好的名次。因此，他成为了学校和班里的名人，这件事大大增强了小林的自信心。他发奋学习文化课，很快学习成绩也有了大幅度的提高。

班里的小艺是新来的孩子，平时总是不声不响，默默无闻，性格十分孤僻。在一次游戏中体育老师发现她十分爱动脑筋，于是抓住这次机会，鼓励她大胆地把自己的想法告诉其他同学，果然其他同学都对她刮目相看。为了让这个孩子变得大胆自信，体育老师多次为她创造表现自己的机会。通过不断的沟通和交流，小艺渐渐地自信起来，性格也变得开朗多了。

4. 维护学生的安全

体育教学是学生身体活动的过程，有时会暴露出学生的犹豫、害怕、无自信等弱点，体育教师要多给学生以鼓励和支持，并注意保护，防止出现伤害事故。

有一位身体比较胖的女生，对体育课一直是处于一种若即若离的矛盾状态。她很羡慕其他身材苗条的女同学在体育课上欢蹦雀跃的样子，但是一想到自己肥胖的身躯，一种孤独的感觉、自卑的心理便油然而生。在体育课上，她对自己不能做的动作，总是想尽一切办法逃避。尽管体育老师多次鼓励她勇敢地面对，能做的动作尽量去做，但是，这种鼓励对她似乎没有起到什么作用。在一次技巧课上，看着同学们轻巧、敏捷、优美的联合动作，她又陷入了深深的自卑之中。这时老师来到她的面前，拍拍她的肩，用真诚的口吻对她说："当你真正战胜自我的时候，才是你迈向成功的时候！来，我帮助你先做一次前滚翻，我们试试看。"教师那句"当你真正战胜自我的时候，才是你迈向成功的时候"的话极大地震撼了她，她走向体操垫，并暗示自己要战胜自我。这时全班同学也围拢过来，用期待、鼓励的目光注视着她，她感受到了老师和同学们的热切期望。她用尽全力，在教师的帮助下，做了一次"成功"的前滚翻。全班同学立即送给她热烈而持久的掌声……从此她在体育课上认真学习，在课余时间刻苦锻炼。一个学期过去了，她比以往灵活了许多，体能也增强了，还成了班里健美操队的骨干。现在，她变得开朗、活泼，俨然成了另外一个人。

（二）体育教师与学生交往中的禁忌

1. 忌冷漠无情

教师常常被称为人类最崇高的职业，因为他们担负着把人类文明传授给新一代的神圣使命。教师首先应该意识到，对学生的冷漠无异于否定自己的神圣职业，一个态度冷漠的老师是无法激起学生对他的信任和爱戴的。

2. 忌傲慢粗暴

体育教师对学生不能傲慢或粗暴，只有缺乏修养的教师才会做出这些行为。教师的粗暴也许能暂时镇服学生，但是这种方法永远不可能征服学生的心。

2009 年 3 月 31 日下午 4 点左右，青岛某校的体育馆内，七八名体育教师正动手殴打一名打羽毛球的男生，当时在体育馆中的所有学生都看到了这一幕。更令人难以容忍的是，当该男生走出体育馆时，又被多名体育老师强行拖入体育馆内，并将其反锁，再次进行殴打。得知有人报警，校保卫处人员又动用武力欲将该生拖离案发现场。此事造成全校的轰动，影响极坏。无论这位学生是否犯了重大错误，为人师表的教师都不应该在众人面前殴打学生。如此粗暴的行径，令人发指。

3. 忌过分偏爱

十个指头不一般长，学生里同样有好、中、差，但是再差的学生也会期待教师的培养和教育。体育教师如果过分偏爱运动能力强的学生，冷落运动能力差的学生，就会大大伤害学生的自尊心，造成师生之间的隔阂与对立，有的学生甚至会因此而更加自卑。

二、体育教师与家长交往中的行为礼仪

（一）接待家长的礼仪

1. 迎接。家长来访，要立即起身，邀请入座，然后问明身份及来意，根据情况自己接待或安排其他教师接待。千万不能将家长堵在门外问话，这是对家长的不礼貌行为。

2. 为家长引路。一般走在家长的左边稍前一点。路长的话，要边走

边找点话题或者顺便介绍一下学校；转弯和上楼时，要回头以手示意，并说声"请这边走"；进出电梯时要为家长开门；到达接待室或领导办公室时，要为家长开门并说"请进"；领家长进入领导办公室后，如果他们不是熟人，要抢先一步为他们作介绍，避免家长和领导之间的尴尬。

（二）家长会的礼仪

1. 做好充分的准备

提前通知。开家长会要提前通知家长并告之开家长会的目的，家长会应尽量安排在家长有空的时候。

布置环境。学校环境要布置好，包括欢迎家长的标语、供家长翻阅的资料、班级指示牌、饮水机等，要让家长感觉到你做了精心的迎接准备。

准备发言稿。教师一定是家长会的主角或主持人。因此，应打好腹稿甚至文字稿。

2. 与家长平等交流、友好协商

不要当着其他家长的面批评某位学生，个别学生的麻烦问题可以留待会后与家长共同解决。

（三）家访的礼仪

尽管体育教师家访的机会较少，但某些特殊的学生，如肥胖、运动能力差、身体条件不好的学生是需要家长与学校配合的。所以，体育教师家访的目的主要有：与家长沟通，加深双方对学生的了解，使家长支持学校的体育工作；向家长宣传体育教育的重要意义，配合学校体育开展家庭体育活动；根据学生参与体育的情况，让家长起到监督和督促学生的作用。体育教师在家访中要做好以下工作：

1. 提前预约。家访前要与家长预约。那种"告诉你爸，今晚我要上你家"等言辞，是教师礼仪中的大忌。

2. 一视同仁。无论学生家境贫富，体育教师都要不卑不亢，平和自然。体育教师要让学生及家长知道的是，学生无论聪明还是笨拙，在老师眼中都是可爱的学生；父母无论显赫还是平庸，在老师面前都是学生的家长。

3. 请求家长配合。体育教师首先要阐明家访的目的，通过平等的交流，友好的协商，恳切地请求家长配合，最终才能解决问题。因为教师和家长的出发点是完全一致的，相信任何一位家长都是愿意配合的。

4. 多表扬少批评。对学生多表扬少批评，不能有歧视、厌恶的表情和语言。交谈时学生最好在场，如果需要单独与家长交流，可以与家长预约学生不在的时间。

5. 时间不宜过长。达到预期目的即告辞。如果与家长意见不一致，甚至家长态度不好，不宜在学生家中僵持，要另找转弯机会。如可以说："今天我们就谈到这里，我们都再想一想，下次再交流。""这个问题我们有不同见解，我们可以放一段时间再解决。""无论怎样，我会对学生负责，请你们再冷静思考一下。"

6. 不要在学生家里参观。除非家长主动邀请，否则，不要在学生家里东转西瞧。但可以要求看看学生的房间，以示关怀。

7. 不可借家访解决私事。按常理家长帮老师解决私人问题好像是出于情谊，实际是教师以权谋私。

三、体育教师与同事相处的礼仪

体育教师要注重办公室的礼仪，这是建立个人良好形象的重要一环。

1. 注意个人仪表及办公桌的卫生，这也是个人形象的一部分。桌面上尽量简洁，不要将很私人化的摆设放在桌面上。

2. 说话做事尽量压低音量，保持安静是营造文明办公环境的前提。即使是谈工作，声音也应尽量放小，不要因为"我是在工作"就旁若无人，要知道并不是只有你在工作。

3. 和所有同事建立良好的工作关系，并且仅仅是工作关系，有私交的同事可以下班后到酒吧或咖啡厅述谊，切不可在办公室呼朋唤友。

4. 对同事使用正式的称呼，不可呼小名或外号，哪怕是一对恋人，也不能在办公室使用昵称。

5. 和大家一起建立办公室的规则，明确责任和义务，不妨主动做一些公共性事务，但是不要做大包大揽的"活雷锋"。既然是规则，就要大家来执行。

6. 不在办公室做私活，非必要不打私人电话，有人来访尽可能带入会客室，因为办公室是大家的办公地点，你个人的空间范围是有限的。

7. 同事之间不谈私事，家长里短绝不要带入办公室。

8. 与学生简短的交谈可以在办公室进行，如果涉及批评和长时间的谈话，最好另找地点。

9. 同事外出了，刚好有他的来电或来访者，要代为接听或接待，并将详情转告他。如果在办公室，当公用电话响起时，应该由距电话最近的人主动接听。

10. 非经他人同意，不可随意动用他人桌上的办公用品，哪怕是一支铅笔。

第六章 体育教练员礼仪

教练员是运动员学习、训练和比赛的总指导人。教练员对运动员的技术、战术、思想道德和意志品质等全面负责。因此教练员的礼仪和修养直接关系到运动员运动成绩的提高、运动员的健康成长以及我国竞技体育事业的前途和命运。

第一节 体育教练员的礼仪修养

从运动员的选材到成才，整个漫长过程中，教练员一直起着监督、引导和控制的决定性作用。运动员大都从小离开家，没有生活在父母身边。在他们成长的最重要的阶段，与他们接触最多、对他们影响最大的往往是教练员。从某种意义上讲，教练员就是运动员的家长。一个优秀的、有责任心的教练员，除了要使运动员在运动成绩方面得到提高外，更重要的任务就是培养他们做一个正直、诚实和有修养的人。因此，教练员应充分认识到自己对运动员的责任和影响，不断加强自身的礼仪修养，才能成为运动员学习的榜样。

衣着得体，举止文明。教练员要注意自己的服装仪表，不能邋邋遢遢，不修边幅，更不能举止粗鲁，口吐脏字。要时刻谨记：任何不文明的行为，都会给运动员的成长带来不良影响。

情操高尚，以身作则。教练员要具有高尚的道德情操、道德风尚和道德修养，要关心、爱护、尊重运动员，要谦虚谨慎、以身作则、严于律己、作风正派，在运动员中树立自己的崇高形象。

爱岗敬业，满腔热血。这是做好教练工作的基本要求，如果没有对所从事事业的热爱和对工作的热情，则不可能成为一名合格的教练员。

敬业精神是教练员战胜一切困难的强大动力。

精通专业，不断创新。作为体育教练员，应有良好的文化基础，精通专业理论知识，能够合理地运用各种训练方法与手段；不断努力学习，摒弃陈旧的训练理念和方法，引进新的科学训练方法和技术，以满足现代运动训练的需求。

指挥若定，遇变不惊。教练员心理素质的好坏直接影响比赛的结果，特别是在势均力敌、旗鼓相当的比赛中，不光只是队员间的比赛，也是双方教练员的斗智斗勇，是心理、知识、能力等各方面的较量。

关心体贴，热心帮助。教练员不应只关注运动员的训练和比赛情况，对于他们生活中遇到的问题和困难、成长过程中产生的烦恼与困惑等都应给予关注和积极正确的引导，并尽力帮助他们解决一些实际的问题，使他们在各方面都能感受到教练的关爱和支持，从而更加集中精力，全身心地投入到训练和比赛中去。

第二节　体育教练员训练场上的礼仪

教练员是训练过程的主要设计者，是训练活动的主要组织者。在运动员的培养过程中，教练员不仅是专业技术的指导者，更是运动员人生成长过程中的教育者。教练员自身的道德观念和行为举止都直接影响着运动员，所以教练员在运动员的训练过程中一定要注意礼仪礼节。

一、以运动员为中心

教练员在训练过程中应充分重视运动员的主体地位，既要传授专业运动技能，又要注重言传身教，使运动员在掌握运动技能的同时，综合素质也相应地提高。教练员在训练中不能简单、粗暴地对待运动员，片面追求体能、成绩和报酬，忽视运动员自身的特点和个人的发展。教练员要根据运动员训练情况的不同，制定相应的运动训练目标和计划，分配训练任务，带领和监督运动员的日常训练。在不同环境、不同场合，都应及时地了解他们的思想状况，有针对性地进行思想教育。以往，很多教练员为了让运动员早日在竞赛中出成绩，可谓用心良苦，用尽各种方法来督促运动员训练。有的教练员奉行"不打不成才",对完不成训练计划和训练任务的运动员进行打骂,甚至体罚;有的教练员奉行"师道尊严"的封建家长作风,不允许运动员有任何个人意见;有的教练员不尊重运动员,讥讽、羞辱甚至诋毁他们的人格。这不但破坏了运动训练的效果,而且严重地影响运动员身心的健康成长。

1994 年 12 月的马家军集体"出走"事件,曾经轰动一时。《马家军调查》里面记录了"马家军"的训练和日常生活,其中特别提到某位教练员对待运动员的封建家长作风和"残暴行为",最终使运动员忍无可忍而导致集体出走。

二、建立平等的师徒关系

运动训练实际上是一个"教"与"学"的互动过程。在这一过程中,教练员是主导,运动员是主体,二者是教育者与被教育者的关系,也是师生关系。教练员和运动员关系的好坏直接影响到训练工作的顺利进行和运动员运动成绩的稳步提高。所以,二者应该在平等、双向选择的基础上,形成一种和谐的关系。教练员要根据竞赛训练的目标和实际情况把握自己的行为与举止,与运动员在相互理解、彼此信任的基础上,认真地制定训练计划,合理地安排训练任务。对运动员不能过于疏远,否则,彼此之间会显得很冷淡,甚至会产生误会和矛盾;也不能过于亲近而丧失教练员的权威性。教练员虽然是控制运动训练过程的主导,但运动员在训练中的感觉及对训练的意见和看法等,对改进训练、提高训练效果有重要的意义和作用。因此,教练员要能够放下架子,善于了解和倾听运动员的感受,特别是出现与自己不同的意见时,要虚心接受或给予耐心的解释,以保证彼此之间能够沟通无碍,从而确保训练工作的顺利进行。

孙海平和刘翔是体育界的模范师徒。刘翔每年的大年初二,必到孙海平家拜年。2003 年刘翔在青年锦标赛夺冠后,成为起亚千里马的形象代言人,就帮孙海平"挣"到了第一辆车。随着刘翔成绩的不断飞跃,起亚变成了凯迪拉克。此外他还为孙海平"挣"到了一套上海内环的临河豪宅。2004 年拿到奥运会冠军回上海之后,做的第一件事情就是去敬老院看望孙海平的母亲。2008 年北京奥运会刘翔退赛,面对各界的质疑和批评,如果不是孙海平对爱徒维护左右、呵护有加,就不会有刘翔

2009 年上海田径黄金联赛上的再度崛起。这种情同父子的深厚情谊被人们传为美谈。

三、关心和爱护运动员

以往有很多运动员称自己的教练为"师傅"。在他们的交往中，教练员往往集领导、严师、慈父（母）的角色为一身，不仅要抓运动员的训练和比赛，还要管理他们的思想、学习、生活甚至感情问题。因此教练员不仅要把运动员看做是自己的工作对象，而且应当把他们当成自己的子女一样对待，全面地关心他们的成长。在训练和比赛中，运动员难免会有伤病，教练员要第一时间了解队员的病情，及时调整训练计划。当教练员觉察到运动员在训练中，遇到困难、挫折或负荷太强以致对心理产生影响时，教练员要第一时间与运动员进行交流，舒缓情绪、调整心理，并给予鼓励和帮助，使他们取得更大的进步。

南通少年体校的田径教练洪军，经常主动关心特困家庭运动员的生活，联系相关企业长期对困难运动员进行赞助，有时甚至自掏腰包为家庭困难的运动员添置日常生活用品。他还经常上门做家长的思想工作，使运动员不会因为家庭困难而放弃训练。我国优秀女子短跑运动员秦旺平就是洪军教练自费到乡下选材时选上的，他甚至把她安排在自家吃住，对其训练要求严格，生活上照顾得无微不至，并主动帮助她落实就学问题，最终把她培养成为亚洲冠军。

四、遵守职业道德

大量的事实证明，运动员了解、认识，甚至最终服用违禁药物与教练员有密切关系。教练员为了提高运动成绩，不顾运动员的身心健康，鼓励或默认运动员服用违禁药物，是不负责、缺乏职业道德的行为。目前各国除对服用违禁药物的运动员加大惩罚力度外，对相应的教练员也作出了规定和判罚。

由于美国的一些田径运动员先后被查出服用禁药莫达芬尼，2003 年 10 月 28 日国际田联计划对与这些运动员有直接关系的教练员进行处罚。国际田联秘书长表示，如果有证据显示教练员有鼓励或促使运动员服用违禁药物的行为，教练员将被视为同样使用了违禁药物，从而给予禁止执教或禁止参加重大比赛的处罚。

第三节 体育教练员比赛场上的礼仪

运动员在赛场上的表现和成绩是对教练员业绩的检验，作为一名优秀的教练员，必须遵守教练员在赛场上的基本礼仪，无论发生什么事情，都要严守赛场内外纪律，保证比赛的顺利进行。

一、规范言行

教练员赛前要按照规定整齐着装并坐在教练席上。在比赛进行时，教练员严禁进入赛场内；严禁喊叫、干扰比赛；严禁用错误的言行恶意煽动运动员或观众寻衅闹事；严禁为情绪失控的运动员或观众推波助澜、火上烧油；严禁到记录台无礼貌地质问或干扰记录台的工作者；严禁到比赛监督席指责或辱骂临场裁判员、扰乱赛场秩序。教练员应该以身作则，尊重裁判、尊重观众、遵守比赛的各项规定。2009 年中国足联发表声明："今年联赛将重点打击赛场暴力，除了对赌球、假球等毒瘤继续狠抓不怠之外，对教练员的赛风赛纪管理尤其要严格。"据悉，2008 年中超中甲教练员的违纪总次数竟然超过运动员。

2008 年金威啤酒中国足球协会超级联赛第 14 轮第 112 场山东鲁能泰山队与武汉光谷南益队的比赛，于 2008 年 7 月 12 日在山东省济南市体育中心进行。在比赛进行中，武汉光谷南益队助理教练员国作金多次对裁判员的判罚不满，指责并辱骂裁判员，严重干扰了裁判员的正常工作，被裁判员罚离替补席。国作金的不冷静行为，在赛场内外造成了恶劣的影响。

2009 年倍耐力中国足球协会超级联赛第 18 轮第 139 场成都谢菲联足球俱乐部队与长春亚泰足球俱乐部队的比赛，于 2009 年 8 月 22 日在成都体育中心体育场进行。在比赛进行到第 83 分钟时，长春亚泰足球俱乐部队教练员李树斌冲入场内指责裁判员，造成比赛中断 4 分钟。这不但违反了中国足协的有关规定，也在社会上引起了轩然大波。

二、引导比赛

在竞争激烈的赛场上，运动员之间的竞赛，同时也是教练员之间智慧和经验的搏杀。教练员在比赛中主要通过正当的手段和方法，利用规则和规定，依靠实战经验，针对竞争对手的特点设计战略战术，将其运用在运动员的比赛中，使运动员的运动技能得到最佳发挥。

（一）保持冷静头脑

当处在高度复杂、异常紧张的比赛压力之下，缺乏经验的运动员会出现紧张、恐惧、惊慌失措、患得患失的行为。所以教练员必须保持沉着冷静的头脑，做到临阵不慌，处变不惊，才能指挥若定，随机应变。

2008 年 8 月 23 日，在北京奥运会跆拳道男子 80 公斤以上级的比赛中，古巴选手马托斯在被裁判员判罚出局后，教练员和参赛选手竟然先后攻击裁判。当时 31 岁的马托斯在该级别铜牌争夺战中因伤倒地，需进行治疗，当值的瑞典籍裁判员奇尔贝特认为治疗时间已到，于是判哈萨克斯坦选手获胜。在眼看交涉无果的情况下，古巴队教练出其不意地给了奇尔贝特一拳。马托斯看教练出手，立即用一个标准的下劈腿踢中奇尔贝特头部，后者当即口吐鲜血。半小时后世跆联宣布了对两人的处罚结果：两人被终身禁赛，禁止参加所有世跆联组织的国际比赛以及奥运会。古巴队教练和选手马托斯的鲁莽行为加剧了事态的严重性，最终给二者带来了不可挽回的灾难性后果。

（二）保持良好情绪

比赛时，教练员情绪的好坏直接影响每一个队员。教练员着急，队员也意乱；教练员冒火，队员肯定心烦；教练员心灰，队员意冷。这样怎能打好比赛？作为教练员，一定要有大将风范、胸怀宽广、豁达大度，要兼具承受胜利和失败的心理素质。顺境时，不忘乎所以、盲目乐观，而是保持清醒的头脑，谨防大意失"荆州"；逆境时，不灰心丧气、不狂、不躁，依据场上态势精心策划，变被动为主动，力争取胜。遇到强劲对手时，不被表象所吓倒，就是输，也要输赛不输人，弱队战胜强队也不是没有先例的。

前国家女排教练员袁伟民曾把教练员比做一名演员："内心的苦涩、焦虑和不安，丝毫不能溢于言表，还要显得乐观、自信，用自己的情绪去感染队员、鼓励队员。"

2004 年雅典奥运会女排决赛是中国奥运史乃至体育史上分量最重的一次大逆转。中国女排在 0：2 落后于俄罗斯队后，毫不气馁，顽强拼搏，连扳三局夺得了阔别 20 年的奥运会冠军。中国女排置死地而后生的如虹气势，已经成为经典一幕永载奥运史册。这其中最让我们念念不忘的是陈忠和教练自始至终的微笑。赛后他表示，他在场上总是提醒自己要保持轻松的表情，不能让任何不良的情绪影响队员，尽量让队员保持最佳的心态，从而战胜对手。

（三）及时调整对策

现代体育比赛多在高速度、高强度的对抗中进行，赛场形势瞬息万变。教练员必须在最短的时间内，根据双方场上情况，及时调整对策，以发挥我方特长，限制对方优势。

2007年1月23日，在澳大利亚网球公开赛男单四分之一决赛中，刮起了大风，对比赛产生了很大的影响，费天王也很不适应这样的天气。在第一盘结束时，教练及时让他调整了打法。最后，世界排名第一的瑞士"天王"费德勒直落3盘，以6：3、7：6和7：5战胜了7号种子、西班牙名将罗布雷多。费德勒赛后说："罗布雷多身手敏捷，他的底线技术出色。教练让我试着通过改变战术来控制自己的比赛节奏，这样无论是进攻还是发球都打得不错，所以，才取得了这场比赛的胜利。"

（四）调整运动员心态

1. 要正面鼓励运动员

比赛中，当运动员比分暂时领先时，教练员要流露出满意、轻松的神情，对队员在场上的表现应给以表扬、赞美和肯定。当双方比分相持或者我方落后时，教练员要表情平静、从容不迫，表现出胸有成竹的样子，并适当地鼓励运动员。特别是比赛失常的运动员，更需要教练员的安抚和鼓励。

2. 不要给运动员施加压力

在赛场上，特别是国际大型赛事上，运动员的压力是巨大的。教练员更要保持平和的心态，将运动员的注意力引向比赛过程和动作要领。切忌给运动员施压，否则只会使运动员更紧张而影响技术水平的发挥。

3. 不要批评运动员

当运动员在赛场上没有发挥出应有的水平或者出现重大失误时，教练员的训斥、埋怨、讥讽，或者表现惊慌失措、忧心忡忡，只会加重运动员的心理压力，增强其紧张感和恐惧感。

三、尊重裁判

在竞技体育领域内，无法回避的就是裁判的问题。执法任何一项体育赛事或一个体育项目的裁判，都难免会出现误判、错判和漏判，但我们要相信绝大多数裁判是秉公执法的。裁判其实和我们一样，都是平凡人，犯错误是不可避免的。作为教练员，应该有一个宽容的心态。如果裁判在判决过程中出现了明显的误判，按照竞赛规则提出异议是可以的，但需要谨记的是，一定要掌握好尺度，千万不要做出有损国格、人格和违背体育精神的举动，比如辱骂裁判、向裁判扔东西甚至殴打裁判。

在高雄进行的台湾超级篮球赛（SBL）台啤与裕隆之战，爆发了严重肢体冲突。比赛中，裕隆队全场最多落差15分，终场前倒数39.9秒还输3分，但凭着队员一记不可思议的"拉竿换手大车轮"，不但进球得分，还造成了对方犯规，一口气将比分追平。场边台啤队总教练阎家骅当场表示十分不满，认为这根本不是连续动作，进球不算，并与裁判爆发激烈的冲突。该教练几度冲进场内找裁判理论，甚至出手推了裁判长。终场裕隆队逆转获胜，赛后台啤队总教练怒气冲冲，二话不说就脚踹裁判，令全场观众哗然。

全国十运会男子60公斤级摔跤淘汰赛，湖北队小将吴雷对阵上海老将钱跃明。第一节开始，双方就展开了激烈的较量，此节还未进行到一半，湖北队吴雷就被裁判处以两次消极警告（根据规则，一名队员在一场比赛中如果被判罚3次消极警告，将直接被淘汰，而对手获晋级）。此时湖北队教练跑到赛场边大声与裁判理论，但最终还是无功而返。双方队员继续比赛。随后，又是一次有争议的判罚，湖北队教练兼队员王心军冲上赛台直奔裁判席，还没说几句话就拿起裁判台上的分数牌砸向了其中一名裁判。场上顿时一片混乱，观众席上的湖北啦啦队更是大喊："打死他（裁判）！"为防止事态扩大，场边警察立刻跑上赛台，将王心军架出赛场。

2007年8月31日，在深圳举行了2007年中国乒乓球公开赛男单第二轮比赛。在中国选手陈杞与德国选手苏斯的比赛中，德国男队主教练普劳泽违反规定在场外指导苏斯，当值中国女裁判王欣对其进行了口头警告，但普劳泽仍我行我素，王欣随即按规定向其出示黄牌。但是普劳泽却置若罔闻，继续指导队员，王欣遂出示红牌将其罚出场。令人气愤的是，普劳泽因为不满判罚，公然在赛场上用脏话辱骂王欣，震惊全场，影响恶劣。

在第24届汉城奥运会拳击比赛中，韩国选手道丁一发挥出色，频频将对手击倒。但裁判多次判其无效，最后还判决对手获胜。道丁一的教练对裁判非常不满，他和助理教练跳上台对裁判瓦尔克拳打脚踢。更为惊人的是，几名韩国官员、工作人员也以劝架为名，趁机大打出手。观众也骚动起来，空中酒瓶、座椅乱飞，比赛现场乱成一团。当裁判瓦尔克被救出的时候，他已经被打得面目全非。事后，行凶者受到严厉惩处。韩国媒体也对此场比赛进行了报道，认为韩国的教练丢人现眼，有失风度。

四、尊重观众

如果没有观众的喝彩和支持，再精彩的比赛都会变得没有意义。体育比赛来不得半点虚假，否则不仅违反体育精神，也是对观众的极不尊重。任何一场体育比赛都必须对观众负责，必须尊重观众欣赏比赛的权利。国家体育总局局长刘鹏在十运会竞赛工作电视电话会议上多次强调："比赛场上的任何弄虚作假都是对观众权利和感受的无视，都是绝不允许的。所有的体育工作者都必须有强烈的'观众意识'。"

在2005年的十运会女柔赛场上，辽宁选手孙福明听从教练的"弃赛"指令，在比赛中"不抵抗"输给对手。按照十运会的双计分规则，如果解放军选手闫思睿获得冠军，那么辽宁队和解放军队将各获一枚金牌，因此无论孙福明在决赛中是胜是败，辽宁队的一枚金牌已经板上钉钉，这恰恰是孙福明在决赛中没能真正与对手进行大决战的重要原因。本打算来欣赏精彩赛事的观众，没想到却被"假摔"污染了视线。在比赛结束时观众高声大喊"假摔"。比赛结束走到场边时，孙福明说："我对不起观众。"赛后教练员在接受采访时，也表达了对观众的深深歉意。

在2006年亚运会中国男子足球队与伊拉克队首场小组赛上，中国队大半场都以10名队员迎战伊拉克11名队员，最后中国队艰难获胜。终场哨声响起时，中国队员们奔向场边的主教练庆祝这来之不易的胜利。这时，中国队主教练杜伊科维奇却大手向前一挥，让全体队员先去远处的看台，向自始至终为中国队摇旗呐喊的球迷致谢。这些球迷不过百十来人，可是主教练却注意到了他们，这让我们看到了这位名帅令人敬佩的大家风范。

第七章　体育裁判员礼仪

　　裁判员是体育赛场上比赛规则的执行者，体育竞赛过程的操作者，体育竞赛秩序有效运作的维护者，更是体育竞赛精神文明的传播者。在体育竞赛中，只要有了竞赛规则，该竞赛活动就能有序地进行。竞赛规则在体育竞赛中的实际贯彻和落实，主要是通过竞赛过程中的"执法者"即裁判员来执行的，裁判员是保证竞赛规则在体育竞赛过程中的实际贯彻和落实的中坚力量。随着竞技体育的迅速发展，国内、国际大赛的日益频繁，比赛场上、场下的竞争将日趋激烈、复杂。裁判员的自身素质、水平和礼仪修养都关系到体育运动技术的提高，关系到体育竞赛的质量，关系到体育事业的健康发展。

第一节　体育裁判员的礼仪修养

　　随着我国与国际间交往次数的增加，运动项目职业化进程的加快以及我国体育产业的快速发展，对我国裁判员的执法水平、社会责任、职业道德、礼仪修养等提出了更高的要求。裁判员在体育竞赛中公平、公正、合理地执法，对提高运动竞技水平和加快我国体育市场法律、法规体系的形成有积极的作用。作为一名优秀的裁判员，必须具备良好的职业道德，精通体育项目的规则与裁判法，还应具备丰富的临场经验和充沛的体能。

一、职业道德

　　作为裁判员，有责任使比赛更加精彩激烈，但是一切都应基于判罚的准确和比赛的公正之上，而这种公平和公正的基础，便是裁判员的职业道德。裁判员的职业道德是指裁判员在执行临场任务时所遵循的规范和准则。裁判员必须把职业道德作为自己应具备的首要素质，这样在比赛中就能做到以事实为根据，以规则为准绳，从而正确地划清合法与违法、是与非、轻与重的界限，做出客观而正确的判罚。裁判员的职业道德，对维护体育竞赛公平、公正及自身权益有重要的作用。裁判员守则上规定：裁判员必须热爱体育事业，热心体育竞赛裁判工作；严格履行裁判员职责，做到严肃、认真、公正、准确；作风正派，不徇私情，敢于同不良倾向做斗争。裁判员要具有高度的政治觉悟，坚持原则、严于律己、服从大局，自觉抵制各种不正之风和腐败现象，公正、准确地执法。

在 2002 年的美国盐湖城冬奥会花样滑冰双人滑的比赛中，长眼睛的人都看到了加拿大选手塞尔和佩尔蒂埃在比赛中表现得近乎完美，但在这个项目中当了几十年裁判的勒古涅却硬是将最高分打给了表现平平的俄罗斯选手别列日娜娅和西哈鲁利泽，让他们获得了金牌。国际滑联通过调查后，暂停了法国裁判勒古涅的执法资格，加拿大选手最终也被补发了金牌。国际奥委会主席罗格事后承认，该场比赛的结果被暗中操纵。

在现在的中国裁判界，"金哨"孙葆洁可以称得上是里程碑式的人物。从 2001 年开始，他已经先后 6 次，而且是连续 5 年获得"金哨"的称号。更难能可贵的是，在业务能力得到广泛认可的同时，当问及如何才能当一名好裁判时，孙葆洁首先谈到的并不是业务水平，而是个人修养和职业道德。他说："作为一名裁判，他必须得有良好的操守和人格。正所谓，先做人，后做事。"

二、业务能力

业务能力是裁判员在赛场上执法的基础。裁判员应认真钻研规则，熟练掌握裁判法，正确理解和把握规则的判罚尺度，才能在执裁中做到规范责任，准确判罚。

（一）学习新规则

随着体育竞技水平的提高，运动技术的发展，竞赛规则也出现了相应的变动，这要求裁判员必须不断地学习、研究和掌握新规则。近年来，许多运动项目的竞赛规则都进行了多方面的修改。比如排球，新规则采取每球得分制，比赛中使用了自由防守人，发球擦网有效等，这样比赛时间缩短，比赛节奏明显加快，比赛的强度和难度大大增加了。虽然制定的新条款内容更趋合理，但给比赛带来了新的变化和新的规律，这就要求裁判员必须适应这种新的变化。

（二）熟练掌握规则和裁判法

作为优秀的裁判员，应深刻理解和全面掌握规则和裁判法，这是裁判员进行判罚的理论基础。竞赛规则是运动员行为的法规，是裁判员执法的准则，在比赛中具有法律效应。裁判法是裁判员在比赛过程中，以规则为依据，对赛场内外发生的一切行为做出正确判断的方法。两者是统一的，要在掌握规则的前提下，来掌握裁判法。

（三）熟悉运动项目的特点及技、战术

裁判员在临场中，要观察运动员的各种技术动作，每一次判断都要根据运动员技术的合理性及规则要求，做出处理。裁判员对运动项目的技、战术认识越深刻，他的预见能力就越强，反应速度越快，判断就更加及时准确。裁判员要了解运动项目的特点，熟练掌握技术要领，才能有效地掌握其运动规律，对运动员瞬间完成的、复杂的技、战术动作，做出快速而有效的判断。很难想象作为一名裁判员，不懂运动项目的技、战术，而能准确判断各种违例和犯规动作。

三、临场经验

临场经验是指裁判员在多次临场比赛中所获得的表象和感知经验的积累。要成为一名优秀的裁判员，并不是一朝一夕的事，需要裁判员参加各种各样的裁判工作，不断丰富临场经验，提高执法水平。裁判员一切要从大局出发，不但要考虑到场上情况，还应考虑到场外事态的发展。经验丰富的裁判员对气氛紧张、有浓烈火药味的场面能掌控自如，从而避免事态扩大。

6 次获得年度世界"最佳裁判奖"的意大利光头裁判科里纳，被人们誉为传奇人物。欧洲媒体称他为"被崇拜的人"、"世界级明星"、"聚光灯下的焦点"。他在他的自传《我的规则》中举了一个有趣的例子："在一场比赛中，助理裁判请求我对阿根廷球星巴蒂斯图塔判罚了一张黄牌，但是巴蒂斯图塔对此很不理解。很显然，在那种情况下，不适合再去调查事情的实际情况。由于我很了解巴蒂斯图塔，于是我就选择了开玩笑的方式来缓和当时的气氛。那张黄牌，是一位来自加拿大的助理裁判请求我判罚的。于是我就对那位阿根廷前锋说：'你知道那个助理裁判给你黄牌的真正原因吗？'他好奇地看着我，于是我就接着说：'是的，他是加拿大人，但是他的祖籍是智利！'因为智利和阿根廷是老对头，所以我就开了一个这样的玩笑。于是巴蒂斯图塔就说：'啊，原来是这样的！'他听懂了我的玩笑，又重新投入到比赛当中。而一场火药味十足的争斗，也就到此烟消云散。"科里纳在绿茵场上执法多年，得到各方的好评和肯定，实属不易。这主要在于他能够在场上依靠丰富的临场经验，牢牢地掌握规则，公平公正地执法。无论场面多么复杂，都能够坚决地吹响口中的哨子，自如地控制混乱的局面。

四、身体素质

体能是裁判员执法的物质基础，因此要求裁判员加强身体锻炼，保持充沛的体力，保证比赛的顺利进行。特别是运动强度比较大的项目，如足球、篮球等，对裁判员身体素质的要求更高。如果没有充沛的体力就跟不上比赛的节奏，跑不到位或抢不到间隙，有些动作就看不清，势必影响判罚的准确性与合理性。中国"第一金哨"孙葆洁说："我认为一名好裁判，必须得有良好的体能，以便在场上能积极奔跑，及时出现在每一个可能出现争议的地方。"

NBA 赛季的密度是非常大的，在某种程度上说，裁判员也始终处在高强度的运动中。现役最老的 NBA 裁判巴维塔已经 67 岁高龄了，他已经在 NBA 的赛场上执法了 32 年。每次比赛前，巴维塔都会进行比任何一名球员都要认真的热身。全明星赛期间，巴维塔进行了一次充满趣味的折返跑，67 岁老人表现出来的体能让人折服。据说，他每天都会跑 8 英里以保持体能，而且 32 年来从没间断。

中国甲 A 足球联赛的裁判都要在赛季开始前，统一进行体测，过关者才有资格执法比赛。而在甲 A 初期，裁判员每场比赛之前到了当地都要进行一次 12 分钟跑的体测，如果主裁判不过关，就由第一巡边员顶上（那时还没有助理裁判不能当主裁判的规定）。可以说，甲 A 早年对裁判的体能要求甚至高于球员。

第二节　体育裁判员的赛场执法礼仪

裁判员是体育比赛的执法者，在比赛中扮演着十分重要的角色。裁判员的判罚左右着比赛的结果。作为一名优秀的体育裁判员，应该外重礼仪修养，内重执法水平。

一、言行举止

一名优秀的裁判员，应精神饱满、服装整洁、仪表大方、举止得体、气度不凡、镇定自若、目光敏锐，使运动员顿生敬畏。有"世界第一金哨"之称的科里纳在球迷们心中的外表形象是："寸草不生"的头皮、青筋暴露的额头、没有眉毛但有着鹰一般犀利的双眼。虽然其貌不扬，但赛场上的科里纳有着双火眼金睛，洞察着场上的每一个细微的变化。

（一）仪表优美

在竞赛中，裁判员的仪表起着标榜的作用。那健美的身躯，庄重的表情，整齐统一的服装，威严的裁判胸徽，翩翩的姿态，潇洒的风度，都表现出"赛场法官"的良好精神面貌，不但给人以美的感受，而且对调节赛场气氛、树立楷模形象起着重要的作用。

（二）手势规范

裁判员在比赛中，判罚主要是通过手势来进行的。因此，在给出判罚时，手势一定要准确无误。其次要把动作做到位，并且在给出判罚后将姿势保持一定的时间，以便让运动员、现场观众和裁判席看清楚。

（三）语言简练

在比赛中，裁判员的语言要文明、简练、吐字清晰、发音标准，避免运动员或其他裁判误解自己的意思。

（四）哨音洪亮

执裁哨音要洪亮有力。裁判员还应明确各种哨语的准确含义，例如长鸣和短鸣的区别、一声与多声的区别等。在足球比赛中，常常会出现运动员听不到裁判员的哨声而产生误会的情况，这都是由于裁判员哨声不够响亮、鸣哨不够果断所致。

二、执法风范

裁判员是体育竞赛的执法者，除了要精通执裁项目的比赛规则，更重要的是裁判员在执行裁判工作时，应做到严肃、认真、公正、准确。只有拥有这样的执法风范，才能坦然面对运动员、教练员及观众，从而顺利执法。

（一）公平公正

公平公正是裁判员执法的首要原则，裁判不公践踏了体育精神，败坏了社会风气，与精神文明建设和道德建设背道而驰。裁判员应坚守和践行"规则至上、公正无私"的信仰，充分认识到"法官"在执法中的地位和作用，树立"法官"的高大形象，清楚执法不严、不公造成的后果，使比赛在公平的气氛中进行。选手们辛苦准备了多年，最后在此一搏，却在比赛中遭遇裁判不公，这无论是对参赛者还是观众来说，都会带来巨大的伤害和损失。任何赛场上都会有不公平的现象出现，奥运赛场也不例外。这里，我们总结出了奥运历史上九大裁判不公事件，以此警示后人。

1. 洛杉矶奥运会短跑

早期的奥运会上，判罚不公的情况屡见不鲜。在 1932 年洛杉矶奥运会的 200 米比赛中，由于裁判测量不准确，将美国短跑运动员梅特卡夫所在跑道的起跑线多往后退了 2 米，使得梅特卡夫最终失去了金牌。

2. 慕尼黑奥运会男篮

1972 年德国慕尼黑奥运会上，当美苏男子篮球决赛进行到最后 6 秒时，苏联以微弱的一分领先，即 49∶48。这时，美国人柯林斯获两次罚球机会并全部命中，比赛结束的哨音随即吹响。就在这时，匈牙利裁判认为：比赛离结束还差 1 秒钟，苏联队的一个球员来了一个远投但没中。但随后一个来自英国的"不是裁判却有发言权的人"说应该还有 3 秒钟。美国队硬着头皮又走进了球场，结果以一分之差输掉了比赛。

3. 巴塞罗那奥运会羽毛球

1992 年巴塞罗那奥运会，羽毛球首次进入奥林匹克大家庭。混双决赛在中国选手关渭贞/农群华与韩国选手黄惠英/郑素英之间进行。这场对决，关渭贞/农群华确实遇到了麻烦，但麻烦不仅仅是对手的强大实力，还有裁判的判罚。在那场比赛中，英国主裁在关键时刻先后 6 次判定中国选手发球违例，判罚直接导致关渭贞/农群华最终以 1∶2 惜败。奥运会后，偏心的英国主裁被国际羽联永久停职。

4. 都灵冬季奥运会短道速滑

在 2006 年都灵冬季奥运会短道速滑比赛上，程晓蕾因遭遇裁判不公而遗憾出局。滑行在第二位的中国选手程晓蕾，在过弯道时突然摔向场边，最终无缘下一轮。赛后程晓蕾含泪表示，当时从外侧超过她的匈牙利选手有犯规动作，但裁判却没有对其进行判罚。

5. 雅典奥运会花剑

相信大部分中国观众还对雅典奥运上那场比赛记忆犹新，由于裁判几次明显的误判，中国男子花剑队以 42∶45 不敌意大利队，屈居亚军。据中国击剑队官员介绍，当天执法比赛的主裁判是来自匈牙利的希达西。赛后国际剑联主席何内·豪克表示，这次男花团体决赛的执法是"耻辱"。

6. 雅典奥运会男子体操全能

在雅典奥运会体操男子个人全能决赛中，由于韩国选手梁泰荣的双杠起评分被裁判打错，最终的冠军被判给了一度在跳马比赛中出现重大失误的美国选手保罗·哈姆。虽然国际奥委会赛后承认了裁判计分上的失误，并将有关裁判的执法资格吊销，但结果已经无法更改，梁泰荣只能屈居亚军。

7. 雅典奥运会马术

得而复失，失而复得，再得而复失，德国的奖牌榜被两块马术金牌整得太惨。德国人豪伊在比赛中两次越过起跑线，在法国人提出上诉后，豪伊也提出上诉，最终要回了金牌。但参赛的法国、英国和美国联合向国际仲裁法庭提起上诉。最后国际体育仲裁法庭作出最终裁决，法国夺回了团体赛冠军，个人金牌给了英国选手劳迪。德国的金牌也就因此减少了两枚。

8. 赫尔辛基奥运会竞走

在 1952 年赫尔辛基奥运会男子 10 公里竞走决赛的赛场上，裁判在比赛最后阶段告知瑞士人施瓦布和苏联选手容克，因他们犯规被取消比赛资格。但荒诞的是，这两位运动员公然不理会裁判的判罚并走完了最后的 30 米。最后，两位运动员的银牌和铜牌的成绩被保留了下来，而真正应该站上领奖台的选手却没有拿到奖牌。

9. 汉城奥运会拳击

在 1988 年汉城奥运会上的轻重量级拳击比赛中，美国选手琼斯明显占据优势，但裁判却将胜利判给了韩国选手朴熙洪。赛后研究显示，琼斯击中对手的次数为 86 次，远远多于对手击中他的 32 次。这一事件一度在国际体育界引起轩然大波。

（二）判罚准确

裁判员作为赛场上的"法官"，要根据场上复杂且瞬息万变的情况，准确、及时、果断地作出判罚，使比赛始终在自己的掌控之中。

在 CBA 第 24 轮山东对北京的比赛中，在第 3 节比赛还剩下 10 分 24 秒时，北京队 34 号外援哈里斯被山东队的一名队员防守"骚扰"，双方的胳膊扭在一起。因双方当时都处于无球状态，主裁判吴敏华上前快跑了两步，双手指向两名队员予以提醒，没有盲目鸣哨，保持了比赛的流畅性。但是裁判的警告并没有使双方的动作减轻，这时吴敏华再次跑过去，并做出双方犯规的手势。但当他看到山东队员倒地的同时，北京队的 34 号哈里斯有一个明显的推的动作，于是立刻判罚其犯规。准确的判罚，很好地控制了队员的情绪和当时比较混乱的局面。

在 2002 年世界杯巴西队与德国队的比赛中，比赛刚开始不久，双方队员的动作就相当"大"。从第 6 分钟到第 9 分钟，在不到 4 分钟的时间里，裁判科里纳连续给了巴西队儒尼奥尔和德国队克洛斯各一张黄牌。各"打了五十大板"后，双方球员果然老实了很多，以后的局势更为容易地被科里纳所控制。之后，巴西队的卡福非常粗野地一脚直接踢向德国队杰里梅斯的膝盖，杰里梅斯的身体被踢得旋转了 180 度。这时裁判科里纳准确及时地出示了黄牌，并制止住怒气冲冲、急于报复的德国球员，有效地控制了混乱的局势，比赛得以顺利地进行。

（三）团结协作

裁判组的工作是一个整体，应分工协作、各司其职。要充分发挥每个裁判员的特长，主裁、副裁、司线等都要正确对待分工，恪尽职守，服从大局。裁判员之间要互相体谅、相互信任，做到既有分工，又有合作。

三、心理素质

裁判员在临场执法时，要有过硬的心理素质。只有这样，才能做到头脑清醒、沉着稳重、聚精会神、思维活跃、反应迅速、鸣哨及时、宣判合理，从而保证比赛的顺利进行。

（一）自信果断

自信心是裁判员临场判罚的精神支柱。如果裁判员缺乏自信心，在宣判上表现得犹豫不决，或者虽然作出了宣判却表现得不够理直气壮，运动员会对裁判员的宣判产生猜疑，比赛将会变得难以控制。

裁判工作的特点是瞬间反应。如果优柔寡断，就会错过时机，形成"漏判"。如果草率妄断，时机又会不成熟，形成"错判"。只有善于观察、当机立断的裁判，才称得上是高水平的裁判员。所以裁判员在执裁时，要坚决、果断、理直气壮、前后判罚尺度一致。

2004 年雅典奥运会男子 200 米仰泳决赛，美国选手佩尔索以 1 分 54 秒 95 赢得冠军，领先第二个抵达终点的奥地利人罗根 2.40 秒。随后，裁判以佩尔索在 150 米转体时双脚没有碰到池壁违规，最终取消了他的金牌。这本是正确的判罚，但在美国队教练萨罗提出抗议后，技术委员会竟然恢复了美国人的金牌。原本应该得第一的罗根，只能空欢喜一场。

2009 年第 11 届全运会男子柔道 100 公斤级半决赛上，江苏选手王飞和解放军选手魏向军的比赛出现了频繁改判的闹剧。先判江苏队得"有效"分，但 40 多秒后，却改判成解放军选手得"有效"分。现场江苏的支持者马上不买账，群起怒喊"黑哨"、"裁判收钱"、"换裁判"。现场裁判无奈只能暂停比赛，一起观看录像再度商议，最后又将比分改回为双方都不得分。

以上两个案例中，都是由于裁判员缺乏自信，导致频繁改判，影响了比赛的正常进行。

（二）沉着冷静

当运动员的犯规动作明显，判定时容易获得共识。但也有很多时候，运动员犯规动作不明显，处在临界状态，可以判罚也可以不判罚。当运动员、教练员对判罚不服而出现谩骂、动手打人的时候，当观众有倾向性地鼓掌或起哄的时候，裁判员都要沉着冷静、处变不惊，以事实为依据、以规则为准绳来进行判罚，要在最短的时间内、以最恰当的方式解决问题，而不能急躁，导致矛盾激化。作为运动竞赛评定行为主体的裁判员，在赛场上具有绝对的权威性，要善于及时扭转不利情形，使比赛顺利进行。

四、执法戒律

以下是裁判员执法中的十六戒律：

一戒偏。偏就是不公正。如果裁判员临场中偏袒一方，就会混淆是非，颠倒黑白，掩盖真相，达不到公正竞赛的目的。裁判员临场中要防偏，也要防止以偏纠偏。防偏的根本途径是：提高自己的思想觉悟，培养高尚的道德品质，业务上精益求精，判罚上求准再求准。

二戒怒。怒是裁判员临场失去理智的一种表现，是激化比赛矛盾、引起赛场风波的"导火索"。因此，不管遇到多么复杂的问题，裁判员都要沉着、冷静，要善于用规则处理。聪明的裁判员往往是以忍制怒，以理服人，以规则制乱。只有这样才能体现出"法官"的修养和风度。

三戒贪。贪赃受贿，势必枉法。裁判员要尊重自己的人格，爱护自己是"公证人"、"执法官"的光荣称号。戒贪要牢记"吃人家的嘴软，拿人家的手短"；戒贪要警惕小恩小惠，逢迎谄媚，蓄意拉拢；戒贪要做到清正廉洁不受贿，重金难买公正心，做一个正直无私、刚正不阿的裁判员。

四戒情。如果裁判员陷入体育运动竞赛的关系网中，临场中遇到有深情厚谊的哥们儿，受到哥们儿的嘱托，就可能以感情代替规则，偏袒一方，坑害另一方。要戒情，就要做正直、正派的人，不搞拉拉扯扯、吃吃喝喝。只有这样，才能在临场工作中不徇私情、铁面无私、六亲不认、执法如山。

五戒傲。裁判员无论何时都不要骄傲自满、自以为是、目中无人、固执己见、特立独行，要言谈高雅而富有风趣、举止洒脱又平易近人、谦虚谨慎且落落大方。

六戒无精气神。裁判员无精气神，就不可能出现良好的临场状态，也就不可能很好地完成临场任务。要求裁判员，站立要抬头挺胸；走路要坚定有力；跑步步幅要大而快；吹哨要干脆利索；手势要清楚、美观、大方。一句话，临场中要精神抖擞，充满活力、朝气和信心。

七戒优柔寡断。裁判员临场判罚中，不得表现出软弱无力、犹豫不决、举棋不定、拖泥带水，否则，就会失去运动员、教练员和观众的信任。要做到敢于担风险、敢于对自己负责、敢于对运动员负责、敢于对比赛负责。

八戒火上浇油。每当比赛中发生意外和复杂的矛盾时，首先要沉着冷静，千万不要说激化矛盾的话和做激化矛盾的事；不小题大做、不火上浇油、不乱上添乱，要釜底抽薪，缓和暴怒的情绪。

九戒自我表演。裁判员在临场中，无论是移动还是哨声，无论是手势还是表情，都要按规则和裁判法的要求做。不华而不实、不添枝加叶、不故弄玄虚、不装腔作势、不突显自己。

十戒喧宾夺主。一场比赛中，运动员是主体，裁判员是为运动员和比赛服务的。形象地说，运动员是红花，裁判员是绿叶。因此，裁判员在场中绝对不能用自我表演的形式，把观众的注意力吸引到自己身上。

十一戒先入为主。先入为主的含义是，先接受了一种说法和思想，以为是正确的，后来就不容易再接受不同的说法或思想了。裁判员不得对参赛队有任何成见、不能盲目带着"甲队比乙队强"的条条、不能盲目带着"甲队一定胜乙队"的框框从事临场工作。比赛是千变万化的，胜负的影响因素是复杂的，弱队胜强队的例子也是屡见不鲜的，裁判员如果有先入为主的思想，就不可能根据比赛的实际情况进行公正执法。

十二戒主观臆断。主观臆断的含义是不依据实际情况，单凭自己的偏见和臆测来断定。裁判员临场的判罚，贵在求实。裁判员准确的判罚，来源于比赛的实际情况，必须与比赛的客观实际相吻合。裁判员决不能主观臆断，因为它是错判、漏判的根源。

十三戒一孔之见。一孔之见是指裁判员在临场中观察视野太小，并且顾此失彼。比赛中要求裁判员必须眼观六路、耳听八方，才能看清、判准和罚对。

十四戒尺度过宽。尺度过宽是指裁判员判罚的尺度太宽，犯规的人没有得到应有的判罚。在比赛中，当运动员的不良行为不能及时受到应有处罚时，便会助长暗动作的不断发生，甚至发展成打架斗殴。因此裁判员判罚尺度不能过宽，否则会失去对比赛的控制。

十五戒尺度过严。裁判员判罚尺度太严，对运动员在比赛中一些正常的、合理的行为，给予不应有的判罚，导致运动员在比赛中处处谨慎、事事小心、缩手缩脚、技战术不能发挥，造成比赛平淡无味。

十六戒尺度不稳。裁判员的判罚尺度要做到一视同仁，要上半时与下半时一样、开始与结束一样、强队与弱队一样、明星队员与一般队员一样，不得见风使舵，不得厚此薄彼。

第八章　运动员礼仪

运动员是国家的人才资源和宝贵财富,运动员素质的高低将直接关系到我国竞技体育运动水平的优劣。高素质、高修养的运动员,无疑会对体育运动的发展起到良好的推动作用,而礼仪正是这种素质和修养的重要体现。运动员礼仪,就是运动员这个特定的群体与教练员、裁判员、观众、媒体以及运动员之间在社会交往中形成的行为准则和规范。运动员知礼、懂礼、重礼,不仅能够体现个人修养,增加个人魅力,更能赢得观众和竞争对手的认同和尊重,同时也有利于体育精神的弘扬和传播。

第一节　运动员的礼仪修养

运动员属于公众人物,无论是在赛场上,还是在赛场外,都应该特别注意自己的礼仪修养。当运动员代表国家出现在国际体坛上时,运动员的个人礼仪修养不仅仅体现着运动员本人的人文素养和综合素质,同时也代表着国家的形象,其行为举止将影响国家的声誉和地位。

一、个人形象

(一) 服饰

对于运动员来说,除了比赛和训练,他们也会出现在其他的场合,这就要求他们的服饰和言行要与所处的环境相适应。服装的选择,因场合的不同而各异。出席宴会或被接见时,应着西装;训练时,可着运动服;比赛时,着专门的比赛服;外出游览、参观、购物时,比较灵活,可以着便装,也可着西服。无论选择什么类型的服装,都要整洁、合体。胸针、领带等饰物要端正,纽扣要扣齐。

（二）礼节

无论是赛场上还是日常生活中，要熟练地掌握握手礼、点头礼、举手礼、脱帽礼、注目礼、拱手礼、鞠躬礼、合十礼、拥抱礼和吻礼等各种礼仪。中外文化有着很大的差异，运动员在与外国选手进行交流的时候，要了解并尊重对方的风俗习惯，本着求同存异、入乡随俗的原则与他人进行交往。运动员要合理地将礼仪运用到不同的场合中，体现运动员良好的个人修养。

（三）举止

运动员的一言一行代表的是一个国家、一个集体的形象，因此，应处处体现出运动员所特有的胆识、气量和风度。运动员要尊重当地的风俗习惯，遵守公共秩序，不要让自己的行为与周围环境不协调，应做到端庄而不呆板，活泼而不轻浮。运动员出现在公共场合时，不乱扔垃圾、不随地吐痰、不大声喧哗、不放声大笑、不在远距离大声呼喊。

二、道德情操

（一）爱国主义和集体荣誉感

热爱祖国、集体荣誉感强是每一个运动员首先应具备的道德情操。运动员在运动场内外的表现，不仅是他个人风采的展现，也是国家和民族精神的写照。因此，每个中国运动员应拥有祖国至上的坚定信念，时刻牢记祖国的培育之恩，以在国际赛场上升国旗、奏国歌为人生的最高目标，以为祖国、为人民多做贡献为自我追求的最高境界。

20 世纪 50 年代从海外归来的著名乒乓球运动员容国团热情投身于祖国的体育事业，响亮地提出"人生能有几次搏"的口号。通过他的刻苦训练、不断进取，他于 1959 年在第 25 届世锦赛上获得单打冠军，为祖国获得了第一个乒乓球世界冠军。他说，优秀运动员要时刻以国家利益为重，服从祖国需要，听从祖国召唤，为国争光，为民效力，为竞技体育事业做出自己的贡献。

（二）价值观

在比赛中，运动员应该自觉地把个人的胜负与祖国的荣誉结合起来，明确自己的目标，摆正自己的位置。运动员还要树立正确的价值观，正确处理好个人利益与集体利益的关系，不能利用祖国人民赋予的荣誉谋取私利。

国内有一位著名的运动员，在成名后，热衷于各种商业活动，私自与其他公司签约，违反了体育总局的相关规定，更严重的是耽误了训练并影响了运动成绩。在屡教不改的情况下，体育总局被迫对他做了除名决定。这件事不但在社会上产生了极坏的影响，同时，也葬送了他辉煌的运动生涯。

（三）职业道德

运动员的职业道德决定运动水平的高低，并直接关系到我国体育事业的发展，因此，培养运动员良好的职业道德至关重要。运动员的职业道德规范主要包括爱岗敬业，为国争光，尊重科学，勤学苦练，团结拼搏，勇攀高峰，遵纪守法，诚实守信，公平竞赛，正确对待比赛输赢，遵守比赛规则，尊重对手、队友、裁判和观众，拒绝腐败，拒绝违禁药品，拒绝暴力等。

2009 年中国足坛掀起的反赌打黑风暴震撼了全中国。操纵比赛结果，球员赌球，裁判黑哨，俱乐部官员"放水"……当一场比赛成了利益支配下各方出演的大戏的时候，公平竞争的原则就灰飞烟灭了。打击非法赌球，政府虽也做过不少努力，但绿茵场上的"假球"、"黑哨"却依旧屡禁不止，甚至有愈演愈烈之势。赌球已成为阻碍足球运动发展的一颗"毒瘤"，危害足球的声誉、违背足球运动员的职业道德。体育运动一旦和商业利益挂钩，沾染了"铜臭"，就偏离了体育运动精神的轨道并埋下了隐患。对赌球视而不见或任其发展，必将毁掉足球事业。

三、刻苦训练

勤学苦练是运动员创造一流成绩的基本前提。人们常说，"梅花香自苦寒来"，金牌的获得是与训练中不怕苦、不怕累的态度分不开的。欲实现崇高的理想，不仅需要热爱自己所从事的职业，更需要刻苦训练、百折不挠。

童年的邓亚萍，受当时做体育教练的父亲的影响，立志做一名优秀的运动员。但是她个子矮，手脚粗短，体校的大门没能向她敞开。于是年幼的邓亚萍跟父亲学起了乒乓球，父亲规定她每天在上完体能课后，必须还要做 100 个发球、接球的动作。邓亚萍虽然只有七八岁，但为了能使自己的基本功更加扎实、球技更加熟练，便在自己的腿上绑上了沙袋，并把木牌换成了铁牌。进入国家队后，邓亚萍总是超额完成自己的训练任务，队里规定上午练到 11 时，她就给自己延长到 11 时 45 分；下午训练到 6 时，她就练到 6 时 45 分或 7 时 45 分，封闭训练规定练到晚上 9 时，她练到 11 点多。勤学苦练终于成就了她炉火纯青的运动技能。

四、文化素质

事实证明，文化水平的提高对体育理论知识的学习和理解有重要意义，同时，也有助于运动水平的提高。在我国现行体制下，体育部门、教练员、运动员背负着沉重的运动成绩压力，这就造成有关部门和单位更多地关注运动员的训练情况和比赛表现，而忽视了运动员的文化学习。另外，由于竞技运动呈现出早期专门化的趋势，从事运动训练的运动员年龄也越来越小。学龄期的运动员无法像同龄人一样接受正常的文化知识教育，文化学习成为一个大问题。要解决这样的问题，各部门、教练员、运动员首先要采取积极主动的态度，重视运动员文化课的学习，增加和保证文化课学习时数，解决好学训矛盾。

比利时人雅克·罗格年轻时，就表现出极高的体育天赋，他曾是一名水上运动员，后来又成为比利时橄榄球队的一员。他曾先后夺得帆船项目的一次世界冠军、两次世界亚军，参加过三届奥运会。更加让人惊叹的是，他还是一个出色的外科整形医生，并获得了医学博士学位，精通荷兰语、法语、英语、德语、西班牙语等多个语种，并且对现代艺术情有独钟。后来他成为了欧洲奥委会主席，现任国际奥委会主席。罗格如此博学多才，除了本身的天赋外，更重要的是他在从事体育运动的同时，一直都没有放弃学习。

五、心理素质

随着训练水平和竞技水平的不断提高，运动员在技术水平和身体素质之间的差距越来越小，比赛的胜负在很大程度上取决于运动员的心理素质。只有拥有良好的心理素质，运动员才能勇敢而正确地面对来自训练的困扰、比赛的压力、失败的挫折、裁判员的错判或误判等。可见运动员的心理素质在运动训练和比赛中起着不可估量的作用。

2002 年世界杯射击赛上海站的比赛，中国选手在男女飞碟 6 个项目的角逐中，有 5 个项目打入了决赛，最后却只获得 5 枚银牌，竟然与金牌无缘，只能眼睁睁地看着外国选手在自己的家门口夺走雅典奥运会的入场券。赛后国家射击队领队孙盛伟表示，中国队在飞碟项目中只拿到了 5 枚银牌，只差那么一点点了，这说明选手们的技术都是一流的，但是心理素质还不够稳定。

第二节　赛场礼仪

运动员在比赛场上展示的不仅仅是技、战术，而且还包括自身的礼仪修养。因此，要时刻告诫自己：尊重对手、尊重自己、尊重裁判、尊重教练、尊重队友、尊重观众。

一、尊重对手

奥运会追求的是"更高、更快、更强"的体育精神，它要求运动员不断地超越对手、超越自我，但是超越对手一定要建立在公平竞争、尊重对手的基础上。比赛中，不戏弄对方，不故意伤害对方，不以粗野的、不合理的乃至故意犯规的动作，去限制和干扰对方技术的发挥。即使对方有意碰撞或无意伤害了自己时，仍要保持清醒冷静的头脑，用宽容谅解的态度泰然处之，决不能感情用事。若我方输了，要大大方方地向对方祝贺；若我方赢了，要诚恳善意地向对方致安慰之意，这是运动员良好的体育道德风尚的体现。

2008 年 8 月 19 日，北京奥运会的拳台上，出现了"咬人"事件。在男子拳击 75 公斤级四分之一决赛中，落后的塔吉克斯坦选手达扎克·库尔班诺夫咬伤对手肩膀，被取消参赛资格。当时比赛正进行到第 3 节还剩下 17 秒，已落后数点的达扎克·库尔班诺夫着急了，他趁搂抱哈萨克斯坦选手耶克布兰·申纳立耶夫之机，在对方肩膀上狠咬了一口。后者向裁判展示了流血的伤口，于是裁判立刻宣布终止比赛，取消库尔班诺夫的参赛资格。这种不尊重对手的失礼行为，不仅损害了对方的健康、破坏了自己的形象，而且还丧失了继续比赛的机会。因此，应杜绝这种行为，提倡尊重对手，文明比赛。

1936 年 8 月 1 日，第 11 届奥运会在德国柏林举行。一个来自美国的黑人运动员杰西·欧文斯和另一个来自德国的白人运动员卢茨·朗在跳远比赛中相遇。黑人运动员欧文斯在预赛中前两跳表现失常，均告失败。这是最后一次机会，欧文斯十分紧张，多次试跑，不敢起跳。就在这时，有着湛蓝眼睛的卢茨·朗走近欧文斯，他的笑容松弛了欧文斯紧绷的神经，他用生硬的英语告诉欧文斯，最重要的是取得决赛资格。他说他去年曾遭遇同样的情景，但他用了一个小诀窍解决了难题。他取下欧文斯的毛巾放在了起跳板后数英寸处，然后告诉欧文斯，从那个地方起跳不会偏失太多。欧文斯照做了，这次他的跳跃距离几乎破了奥运会纪录……这让全世界震惊，成为奥林匹克历史上最让人感动的一幕。因为这是来自有着严重种族歧视的两个国家的跳远选手，却没有偏见，没有怨恨，这正是体育精神最好的诠释。

2004 年 8 月雅典奥运会，悉尼奥运会女子重剑个人冠军匈牙利老将纳吉以 15∶10 的优异成绩，击败亚特兰大奥运会个人冠军法国的弗莱赛尔，成功卫冕。而在这场比赛中，有这样一段插曲，让人感动不已：弗莱赛尔的比赛装置在赛前临时出现了问题，纳吉主动走上前去帮她整理好服装，然后双方才正式进入比赛。纳吉的这一细微举动赢得了全场观众雷鸣般的掌声，可以说她拿到的决不仅仅是一枚金牌，征服的也不仅仅是裁判，而是赢得了对手和所有观众的尊重与赞美，彻底地征服了在场的所有人。

2004 年雅典奥运会，一路领先的埃蒙斯在决赛最后一枪脱靶了，将眼看到手的金牌"让"给了中国运动员贾占波。2008 年北京奥运会，一幕几乎相同的"悲剧"再次上演。8 月 17 日在男子 50 米步枪三姿决赛中，最后一枪之前还位居第一的埃蒙斯，满怀信心地打完最后一发子弹，但结果这一枪只打出了 4.4 环，他因此又一次将冠军丢掉。巧合的是，这次在埃蒙斯失误中受益的还是中国人，只不过由贾占波换成了邱键。说实话，看到这一幕，内心的同情超过了喜悦。特别是看到埃蒙斯赛后伏在妻子怀里痛哭的镜头，没有人不为他扼腕痛惜。但是，让人敬佩的是埃蒙斯的风度。他擦干眼泪走向其他选手，微笑着向获胜者祝贺。赛后在接受记者采访时，埃蒙斯说了一句话："这就是体育。"简单的一句话，诠释了体育的全部内涵。

二、尊重自己

运动员尊重自己，首先就要通过自己的实力来取得比赛的胜利。"不以不正当的手段取胜"是奥林匹克运动的神圣誓言,凡是弄虚作假、冒名顶替、故意伤害、行贿受贿、有意偏袒、使用违禁药物等非法手段谋取优胜的做法,都是不道德的、不公正的。

1960年罗马奥运会上,丹麦运动员克努德·詹森在参加100公里自行车计时赛时,突然倒地,死在他的赛车旁。瞬间的灾难,让所有的人都始料未及。要知道,他骑车出发时还是精神抖擞、斗志昂扬,怎么会突然死去呢?起初,有人认为可能是天气炎热中暑所致。事实证明,这种想法过于天真。经过尸体解剖,詹森的死因终于找到了,原来他服用了过量的苯丙胺和酒精的混合剂。"詹森事件"作为奥运史上因服用兴奋剂而猝死在赛场上的第一例,震惊了全世界。詹森以他的死换取了人们对兴奋剂的清醒认识,改变了许多人对兴奋剂的看法。我们要引以为戒,不步其后尘。尊重自己,尊重生命,拒绝兴奋剂,拒绝以不正当手段赢得比赛。

1988年汉城奥运会,加拿大短跑名将本·约翰逊以令世界震惊的9秒79的成绩打破尘封多年的100米世界纪录,一举成为20世纪体育史上"最伟大的运动员"和加拿大民族英雄。但是,约翰逊的辉煌只持续了3天。3天后,萨马兰奇主席阴沉着脸宣布,约翰逊药检为阳性,被证实使用违禁药物,世界纪录取消,金牌易主。这位一度使世界振奋、被誉为"代表人类运动极限的人",成为"当代最大的兴奋剂丑闻"的主角。在经历了两年禁赛处罚后,约翰逊又重返赛场,雄风犹存,100米成绩仍处于加拿大的前列水平。然而,1993年,在蒙特利尔的一次国际田径赛上,约翰逊又一次被查出使用违禁药物。国际田联根据有关规定,两罪并罚,宣布对约翰逊终身禁赛,随后加拿大田协也作出了终身禁止约翰逊参加比赛的决定。约翰逊就这样身败名裂,彻底结束了自己的田径生涯。他这种不尊重自己、不尊重比赛、不尊重体育的卑劣行径,是令人不齿的。

三、尊重裁判员

裁判的职责是保证赛事纪律的执行和竞赛的公平,营造良好的比赛气氛。作为比赛的主体,运动员要无条件地尊重裁判的工作,确保赛事的顺利进行。有时由于比赛场地大、事情发生得突然、双方竞争激烈、裁判站位不佳等原因,可能会出现有争议的裁决,这时运动员要听从裁判的号令,无条件服从裁判的裁决。当出现误判、错判时,要冷静地按照程序向裁判简要说明事实。如果裁判坚持原判，运动员应立即继续进行比赛，而不能威逼裁判改判，甚至谩骂、侮辱、追逐、殴打裁判。运动员作为比赛的一员，他们对待裁判的态度会给观众带来直接的影响，很大程度上会左右观众对裁判判罚的态度。因此，一名优秀的运动员首先要树立尊重裁判的榜样，协助化解观众的不良情绪，使比赛顺利进行。

2004 年 8 月 24 日，在雅典奥运会进行的男子体操单杠比赛中，第 3 个出场的俄罗斯老将涅莫夫在杠上完成了非常精彩的连续 6 个空翻和腾跃，征服了全体现场观众。但是裁判只给了他 9.725 分！此刻，体操史上少有的情况出现了：全场观众都站立起来，报以持久而响亮的嘘声。比赛不得不中断，本来应该上场的美国运动员保罗·哈姆虽然已经准备就绪，却只能双手沾满镁粉站在原地。裁判席上的裁判们交头接耳，开始对这一意外情况进行协商。这时俄罗斯体操代表团的代表开始走向裁判席与裁判长进行交涉。在如此巨大的压力下，裁判终于被迫重新打分 9.762 分。但是观众的嘘声不但没有停止，反而显得更为理直气壮。这时让人感动的一幕出现了，涅莫夫先举起右臂表示感谢观众的支持，接着伸出右手食指放在嘴边，做出嘘声的手势，然后双手下压，要求观众们保持冷静。涅莫夫的这一举动，是尊重裁判的最佳诠释，同时也赢得了全场观众的掌声。

2009 年美网公开赛迎来女单半决赛，争夺在小威廉姆斯与克里斯特尔斯之间进行。当时第二盘 5:6，小威非保不可的发球局。15:30，小威落后，比赛到了非常关键的时刻。小威发球，一发出界，二发司线喊脚误。慢镜头重放，小威的左脚确实是踩在了线上。三届冠军得主小威在非保不可的发球局中，被司线判定二发脚误导致丢分送上赛点。情绪失控的小威走到判她脚误的司线面前，对着她狂吼了数 10 秒。随后司线向主裁投诉遭受小威的辱骂。小威因此被判罚直接失分输球，最终以总比分 4:6、5:7 告败。小威廉姆斯情绪失控、不尊重裁判的行为使她提前输掉了比赛。

2009 年 7 月 26 日全运会男足甲组小组赛最后一轮比赛中，北京队 3:1 战胜天津队。失败的天津队员将怒火撒向当值主裁判何志彪。数名天津球员狂奔追打主裁判的激烈场面，令在场观众哗然。事后，全运会纪委会取消天津全运会男子足球甲组代表队全运会决赛阶段比赛和足球项目全运会体育道德风尚奖的评选资格。最终追打裁判的球员被处以近似

"终身禁赛"的处罚，其他参与此事的 8 名球员以及天津泰达队某官员被禁赛 5 场到 36 个月不等。如此重的判罚，创下了中国足坛的历史记录。可悲的是天津队员追打主裁判的行为并不能改变最终的比赛结果，同时也收到了沉重的罚单。

四、尊重教练员

无论在训练场上还是在竞赛中，运动员都应该接受教练员的指导和教诲，虚心听取教练员的意见，自觉服从教练员的指挥，遵守教练员的技战术安排，认真领会教练员的意图。有不同的意见，要及时与教练员进行沟通和交流。

2005 年英超普茨茅斯对阵桑德兰的比赛中，普茨茅斯队的法国教练佩林没有让边锋劳伦特·罗伯特首发上场。盛气凌人的罗伯特竟然不顾正在进行的比赛扬长而去，让教练佩林在比赛中几乎无人可换。尽管普茨茅斯队最后以 4:1 大胜桑德兰队，但是罗伯特不尊重教练员的行为让所有在场的观众感到震惊和愤怒。赛后罗伯特因拒绝教练的合理安排而受到俱乐部的严厉处罚。

2006 年世界杯西班牙队首场对阵乌克兰队的比赛中，西班牙队长劳尔没有首发，甘愿服从教练员的安排当了一名替补。在新闻发布会上劳尔说："我们队中的 23 名球员都渴望首发，但是只能选择 11 名球员首发。作为一名球员，我相信每一个人都有机会上阵。我是否能成为首发不重要，重要的是我们能够取得胜利。"作为队长的劳尔能从大局出发，尊重教练的安排，甘当替补，体现了优秀运动员博大的胸襟。

五、尊重队友

集体运动项目必须要全队上下相互配合、相互信任、团结协作、努力拼搏，方能取得优异的成绩。在比赛中，当遇到队友失误或配合不默契的时候，要以正确的方式对待，如采用抚摩、点头等来安慰和鼓励队友，不要因为队友的失利而产生怨恨的情绪，甚至出言不逊，或大打出手。当队友有漂亮的进球、传球时，要对队友的表现给予充分地肯定；当队友的成绩超过自己时，应当表示由衷地祝贺；当队友失败时要给予诚恳地安慰。

2004 年雅典奥运会的男子双人三米板跳水项目中，中国选手王克楠在最后一跳时出现了致命失误，获得 0 分。本该到手的金牌飞了，全场观众哗然。在接受记者采访时，他的搭档彭勃并没有责怪王克楠，而是说："我和王克楠平时就是好朋友，我平时训练算是很刻苦的了，但是王克楠比我更刻苦，付出更多。我们没有收获双人金牌，只是一个意外。"在媒体舆论几乎一边倒的情况下，彭勃如此坦荡的心胸和理解，让王克楠不安的心得到了些许安慰。

2008 年北京奥运会体操女子团体资格赛在国家体育馆打响，何可欣在比赛进行时，不小心从杠上掉了下来，引起全场一片叹息。下场后，何可欣哭了起来。队长程菲第一个走上前去安慰，李姗姗也过去附在何可欣耳边说着悄悄话，杨伊琳则不停地拍着何可欣的背说："别哭，可欣，你表现得很出色。"尽管失败令人痛彻心扉，但队友的的理解和鼓励让何可欣转悲为喜，愉快地投入了下一场比赛。可见，队友之间的宽容和尊重是多么地重要。

六、尊重观众

体育比赛是建立在观众的基础上，如果没有观众的支持和喝彩，体育竞赛就变得毫无意义。观众是来观赏比赛并享受比赛的。但是很多观众在观看比赛时都带有倾向性，只会为自己喜欢的运动员或运动队加油呐喊。此时，作为场上的运动员，一定要排除干扰，坚持比赛，通过精彩的表现来获得观众的掌声和拥护。比赛结束时，运动员无论输赢都应该有礼貌地向观众致谢。

2004 年 9 月 16 日，在中超第 10 轮沈阳金德主场与四川冠城的比赛中，某队员对裁判员的判罚表示不满，并辱骂裁判员，当即被红牌罚下。主场球迷也对他的行为大喝倒彩，这名队员立刻还以颜色，不可思议地对观众伸出双手的中指，令现场观众惊愕。最终这位队员被禁止参加 2004 年中国足协举办的其他所有赛事，同时罚款 2 万元，并勒令其作出书面检查，向社会做出公开道歉。

第三节 颁奖礼仪

颁奖仪式是在比赛结束后，对比赛中取得优异成绩的运动员进行的嘉奖活动。大型颁奖仪式上还会伴随庄严的升国旗和奏国歌仪式。颁奖仪式的主要步骤有登领奖台、授牌仪式、升旗仪式、向观众致意。

一、登领奖台

参加颁奖仪式时，获得前 3 名的运动员应身着颁奖服装，擦净脸上的汗水，简单整饰自己的仪容仪表，并尽快到大会指定地点等候。在走向领奖台时，应表现从容自然，精神饱满，队伍整齐。面对观众的掌声，要报以微笑，并招手致谢。仪式开始后，大会主席会依次按照季军、亚军和冠军的顺序宣布获奖运动员的名单，运动员听到自己的名字后，要与其他获奖的运动员握手，并表示感谢，同时向观众致意，最后姿态端正地走上领奖台。集体项目运动员上台领奖时，一定要保持全队整齐划一，最好事先进行排练，或按队长的指令行事。在万众瞩目的领奖台上，切忌说笑或左顾右盼。

在 2008 年 9 月 9 号北京残奥会男子 100 米蛙泳 SB11 级的颁奖仪式上，由于杨博尊双目失明，一位引导员用右手搀扶着他的左手，陪着他入场了。作为亚军，杨博尊走在最前面，中间是冠军，后面是季军。走到领奖台后方，先是季军上台，到杨博尊的时候，他让引导员带领他走到季军选手面前握手，然后再登上自己的领奖台。站在亚军领奖台上，杨博尊振臂，向观众挥手，全场报以热烈的掌声。颁奖仪式结束，在引导员的指引下，他走到观众最多的地方，将鲜花扔向看台，观众再次对他的风度报以热烈的掌声。虽然，他身患眼疾，但他完美的礼仪表现，令全场的观众折服。

二、授牌仪式

在授牌仪式中，运动员一定要面带微笑、彬彬有礼。授牌时，颁奖者会把奖牌戴到运动员的脖子上，运动员一定要欠身以方便颁奖者给自已戴奖牌，同时握手致谢。接受奖牌后，运动员要举起奖牌向观众致意，并留给记者一定的照相时间。

在 2008 年北京奥运会男子 84 公斤级古典式摔跤的颁奖仪式上，阿布拉哈米安突然从脖子上摘下铜牌，接着把奖牌扔在地上，并扬长而去，这令在场的所有人都感到震惊。事后，他声称在半决赛中，受到了裁判的不公正对待，从而未能夺得金牌。对这种不尊重奖牌的做法，国际奥委会最终的判决是取消其获奖资格，将他逐出奥运村，并禁赛两年。

三、升旗仪式

在国际比赛的颁奖仪式上，当运动员接受奖牌后，现场将升起获得前 3 名的运动员所在国的国旗，同时奏响冠军所在国的国歌。冠军代表团的旗帜应从中央旗杆升起，第二名和第三名代表团的旗帜分别从紧邻中央旗杆右侧和左侧的旗杆升起。当五星红旗升起时，我国运动员要将身体转向国旗的方向，庄严肃立，随着国歌的奏响，目视国旗徐徐升起，如果运动员手中有花，应该左手持花，右手自然垂放，直至国歌奏毕。国外运动员有时采取右手抚胸等特别的姿势，我国运动员不宜盲目模仿。即使升起的是他国国旗，奏响的是他国国歌，我国运动员也要给予同样的尊重。升旗仪式庄严、隆重、激动人心，许多运动员望着国旗冉冉升起会情不自禁地流下眼泪。

在 2008 年 8 月 12 日晚上的北京奥运会上，中国击剑运动员仲满在男子个人佩剑决赛中以 15:9 击败法国选手，斩获金牌。这是中国击剑队时隔 24 年后再次收获击剑的奥运会金牌，同时也是中国男子击剑运动员首次获得奥运会金牌。这枚金牌是中国击剑队几代运动员为之奋斗的目标，如今它终于梦想成真，意义非同一般。在颁奖仪式上，当宣布冠军获得者是仲满时，他深深吸了一口气，并高兴地登上了冠军领奖台。现场奏响了中华人民共和国国歌，仲满与现场观众一起高唱国歌，眼中闪烁着幸福的泪花。

四、向观众致意

颁奖仪式结束后，获奖运动员在礼仪小姐的带领下绕场一周，这个时候运动员对观众一定要彬彬有礼。当观众要求与运动员握手时，运动员要热情地伸手相握；当观众要求照相时，运动员要积极配合；当观众索要签名时，运动员要认真地留下自己的签名。运动员拒绝与观众握手、拍照或签名，是非常失礼的行为。

2008 年 8 月 10 日下午，奥运会女子双人 3 米跳板决赛在国家游泳中心水立方打响。中国组合郭晶晶和吴敏霞轻装上阵，凭借 5 次近乎完美的发挥，郭晶晶和吴敏霞为中国代表团赢得了本届奥运会中的第 4 枚金牌，同时也是中国跳水梦之队在本届奥运会中的首枚金牌。在颁奖典礼上，郭晶晶和吴敏霞获得了全场观众热烈而持久的掌声和欢呼声。颁奖后，获奖运动员绕场一周，观众们再度为中国组合响起了欢呼声和掌声，郭晶晶和吴敏霞尽情地与观众握手、拍照，并感谢观众的支持。运动员礼貌而有序地向观众致意，不仅是颁奖仪式的重要组成部分，同时也是运动员内在修养的体现。

第四节　面对媒体的礼仪

媒体是不可缺少的资源集聚者和舆论影响者，是至关重要的营销传播者和平台搭建者，是无可替代的形象塑造者和最终裁决者。体育总局宣传司司长张海峰曾在一次奥运研讨会上讲到："运动员要正确处理与媒体的关系，提高应对媒体的能力，以树立我国体育代表团和运动员的良好形象。"而个体、组织乃至一个国家的形象主要取决于个人礼仪，因此，运动员应对媒体的礼仪是面对媒体时的重中之重。运动员面对媒体时要做到优雅得体，应从以下几方面着手：

第一，举止端庄。无论是训练还是比赛，运动员都是媒体关注的焦点。尤其在比赛期间，运动员会经常出席新闻发布会、接受记者的采访等，运动员应该衣冠整齐、举止端庄、行为得体、自然放松、有张有弛、有礼有节，以保持自己良好的形象和风度，要让照相机、摄像机留下中国运动员的良好形象。在这种场合，不可自顾自地打手机、发短信或做与采访无关的事，或心不在焉，对记者提出的问题敷衍了事。

第二，态度谦虚。在记者的照相机、摄像机面前，应始终保持乐观、谦虚、严谨的态度，不要故意躲躲闪闪，不要因胜利的喜悦或失败的烦恼而变得失态。在时间的允许下，对于媒体的要求一定要尽量满足。如因为没有时间，不能接待来访记者，应坦率告诉他"我有事，暂不能接待"。说话时，态度不能生硬，应做到有礼貌。如果记者想另约时间，可根据具体情况另作安排，并征得队领导或有关部门的同意。

第三，注意保密。机密主要指赛前准备、比赛计划、上场阵容，以及运动员、教练员之间的各种关系。作为国家队队员，有责任保守机密。大赛前，一般不向记者发表有关内部情况的议论。有些问题不宜让记者公开报道时，应告诉记者"请不要将这些写进你的文章"、"我希望这些事不要公开"等，也有权要求记者将写好的稿子送来审阅。

第九章　体育观众礼仪

　　正是有了全世界亿万热爱体育的观众，才有了体育事业的蓬勃发展。观众是任何竞赛都不可或缺的催化剂，是赛场文化的重要组成部分。在赛场上，他们对运动员的精彩表现给予热烈的掌声，对运动员的失误表示惋惜，对运动员所表现出来的体育精神给予赞赏，并与比赛中的假球、黑哨等不公平现象进行斗争。可以说，没有观众的关注和支持，体育比赛就不能称之为比赛。但是，观众不文明的行为举止，也会严重影响比赛的过程。本章主要阐述观众在观看比赛时应该遵守的基本礼仪及各个体育运动项目的观赛礼仪。

第一节　体育观众的基本礼仪

一、观众入场礼仪

（一）着装得体

　　观众观看体育比赛的服装，一般没有硬性的规定。通常情况下，观看体育比赛不像欣赏音乐会、出席宴会那样西装革履，但应该遵循自然、舒适、整洁、得体的原则。如果是室内比赛，要选择运动鞋或软底的休闲鞋，不要穿皮鞋或高跟鞋以免发出响声，也不要戴帽子以免影响后排观众的视线，更不能光着膀子或穿着拖鞋观看比赛。此外，体育比赛项目繁多，不同的项目对观众的着装有不同的要求，所以观众应该事先了解比赛项目，根据项目的特点来着装。如在观看网球、台球、高尔夫球等人们公认的"绅士"运动项目时，着装应该讲究一些。

（二）准时入场

无论观看何种比赛，观众都应该尽量提前或准时入场，这是出于对运动员和比赛的尊重。为了准时到达比赛场馆，观众应该在出发前研究交通路线并选择合适的交通工具。如果体育场馆在比较繁华的城市地段，就应该提前出发，以免交通拥堵延误了时间。如果在比赛开始后才进场，不但会对正在比赛的运动员形成干扰，也会影响其他观众观看比赛，同时自己也错过了精彩的比赛。

第24届大学生冬运会在哈尔滨如火如荼地进行着，但是在一些重要的且上座率较高的比赛中，观众迟到现象较为普遍。在开赛之后十分钟左右时间内，仍有很多人陆续进场，他们找座位、互相打招呼、搬弄座椅的声音不绝于耳。先到场的观众，对混乱的秩序大为不满，吵闹声一片。每当观众席出现骚动和声响，运动员都会不由自主地向观众席张望，严重地影响了比赛的正常进行。

（三）有序入场

拥挤、插队不仅是不文明的行为，还可能导致安全事故。观众到达比赛场馆后，不要因急于入场而不顾公共秩序，应该在工作人员的指挥下，遵循有关规定，持票有序地排队入场。在凭票入场时，为了方便工作人员验票，节省时间，应提前把票拿在手里，不要到了检票人员面前再取票。

2010年科特迪瓦世界杯预选赛非洲赛区发生了一起严重的安全事故。由于观众入场拥挤而导致22人被踩死。本次惨案的发生，其中很重要的一个原因是很多观众没有提前购买球票，而是选择在比赛当天买票，才导致大量观众在比赛开始后匆忙入场，酿成多名观众因人多拥挤而被踩踏致死的悲剧。

（四）配合安检

在大型比赛期间，为了保证运动员和观众的人身安全，以及良好的赛场秩序，每一个进入赛场的人都要接受安全检查。作为观众，应该自觉地配合工作人员的安检工作。不携带易拉罐饮料和易燃易爆危险物品等赛会规定的违禁物品进入比赛场馆。除了自身严格遵守规定外，观众有义务也有责任对他人的不法行为进行监督和举报。

在2008年跆拳道世锦赛的安检工作中，有一位女士在入场时携带的瓶装饮料被安检人员拦下来。按照有关规定，不准携带瓶装或罐装饮料进入场内，但是她坚持要带入。最后工作人员不得不找来一只纸杯，把饮料倒入纸杯后，才允许其带进场内。

（五）对号入座

进入比赛场地后，应迅速按照自己门票上对应的位置，对号入座。不要因为自己的座位不好，而占用他人的座位。如果需要调换座位，应该在比赛前进行，并征得他人的同意。如果比赛已经开始，应该就近找无人的座位入座，待休息的时候再寻找自己的座位，以免影响其他观众观看比赛。

（六）设置手机

观众在进入到比赛场地后，首先应关闭随身携带的手机。如果确实有很重要的事情，至少要把手机调成振动或静音状态，这样既不耽误自己的事情，也不会影响赛场的秩序。在比赛过程中、开闭幕式、颁奖仪式等重要场合，观众尤其要注意这一问题。

二、观众赛中礼仪

（一）注重升旗仪式

在颁奖仪式上，经常会有隆重的升国旗、奏国歌的仪式。国旗代表着一个国家的主权和尊严，每个人都应该敬仰。升国旗、奏国歌，不只是对获胜运动员的表彰，也给予了所在国巨大的荣誉，每到这个时候，运动员心中会涌现出强烈的民族自豪感和爱国主义情感。如果升起的是本国国旗，观众应当起立，面向国旗肃立致敬，决不能嬉笑打闹或随意走动。如果升起的是其他国家的国旗，观众也应像尊重本国国旗、国歌一样肃立，行注目礼。升旗仪式进行过程中，所有的人都应在原地肃立，不应在赛场内外来回走动，更不能东张西望、嬉闹谈笑，也不能嘴里吃东西。在场内各处忙碌的工作人员也不能无视升旗仪式，而应立即停下手中的工作，在原地站立，等待升旗。在升旗仪式的整个过程中，只有每一个人都做到不讲话、不笑、不弄出声响，才能保证升旗仪式的严肃性。这种庄严肃穆的场景，会使在场的每一个人内心受到震撼。

（二）禁止使用闪光灯

运动员入场时、比赛结束运动员向观众致意时、举行颁奖仪式时，观众可以尽情地拍照留念。赛场上，能够拍摄到运动员优美的动作，确实是一件令人兴奋的事情，但是必须在不影响运动员正常发挥的前提下进行。在大多数比赛项目中，即便允许观众照相，也禁止使用闪光灯，因为闪光灯会对运动员产生一定的影响。比如，花样滑冰比赛中，闪光灯反射冰面会干扰选手的视线；兵乓球、羽毛球、网球等球类比赛中，不能随意使用闪光灯，因为会影响运动员接球时的判断；击剑比赛中，闪光灯会对选手出剑和接招造成干扰等。

2005年世界斯诺克台球职业排名赛在中国如期进行，丁俊晖对亨德利的决赛，在关键的第13局中，此前以5∶7落后的亨德利，在瞄准击球的一瞬间，因为观众席上的闪光灯猛然一闪，球打偏了。亨德利回到休息室后一句话不说，脸气得通红。无独有偶，丁俊晖在决赛中也受到了闪光灯的"光顾"，他只好站起身来，休息一下被晃花的眼睛，再重新瞄准。

（三）文明助威

啦啦队是比赛中的重要角色，也是观众中的主力军。观众自发组成的啦啦队，为运动员呐喊助威，这样既可以活跃赛场气氛、激发运动员的斗志，同时也能拉近运动员与观众的距离，从而促使比赛更加精彩激烈。啦啦队作为观众中的一部分，也必须讲究观赛礼仪。啦啦队加油时，一定要有组织、有纪律、有指挥地进行，要求口号、行动整齐一致，使用健康的口号和标语，不污言秽语，不恶语伤人，不瞎起哄，不做变相广告。

2002年11月9日，在汉城上岩体育场内举行世界杯足球赛，韩国队迎战克罗地亚队。在韩国的主场，观众真正感受到了红魔啦啦队的魔力。6000人组成的红色方阵，染红了整整一方看台。他们虽处在体育场球门的一侧，人数也仅占现场观众的1/10，但他们的能量辐射到了上岩体育场的每个角落。90分钟的比赛，他们站着敲鼓、呼喊、歌唱、舞动。他们整齐划一，像军队一样，听着鼓点"进攻"，伴着呼喊"拼杀"，唱着歌曲"加油"。现场观众的情绪，也不由自主地任凭他们调动。最终，韩国足球队在这场比赛中以2∶0力克实力强大的克罗地亚队。比赛结束后，狂喜的韩国队队员没有忘了他们的功臣，手拉手集体跑到红魔啦啦队的看台前，深深地鞠上了一躬。

2005年，当新西兰马纳瓦图橄榄球队以6∶109的悬殊比分落后于英格兰爱尔兰雄狮的时候，他们的球迷决定为场上的低沉气氛注入活力。一名赤身裸体的男球迷突然冲进场内，以"迅雷不及掩耳之势"横穿球场。这可忙坏了维持秩序的球场保安，在追逐了大半个球场之后，一名保安人员才奋不顾身地扑倒了这名裸奔者。虽然这名男球迷的本意是调侃气氛，但是这种行为是极不可取的，既显示其低劣的素质，也严重影响了比赛的秩序。

（四）鼓掌喝彩

观众在观看比赛时，最常用的致意方式就是鼓掌喝彩。每当运动员作出精彩的表现、创造出优异的成绩或运动员失利、失误时，观众都应该致以热烈掌声，但是切记不能有大声喧哗、吹口哨、怪声尖叫、喝倒彩、扔东西等不文明的行为。观众要掌握时机，适时助威喝彩，如在运动员出场，介绍运动员，赛场上运动员有精彩表现，运动员完成某一项表演后，运动员受伤跌倒，运动员克服伤病坚持比赛等时刻，我们都应给予鼓励和喝彩。但是在运动员需要集中注意完成高难度动作之前、某些项目（田径比赛和游泳比赛）正在发令时以及篮球、足球罚球时，都要保持相对安静的环境，以免干扰比赛的正常进行。

在 2003 年 8 月 27 日结束的美网男单首轮比赛中，美籍华裔选手张德培以 1:3 不敌智利选手冈萨雷斯而被淘汰出局。本场比赛的失利等于在向全世界宣告张德培的职业生涯就此结束。由于是最后一次参加大赛，所以张德培很重视。对手的每一次击球，他都会尽力将球回过去，即使他的年龄已经不允许他这么做，但是张德培仍旧很卖力。在场边的美国观众也一直为张德培加油，每当张德培在比赛中得分，亚瑟－阿什中心球场两万名观众就会爆发出热烈的掌声和尖叫声。不过最后张德培以 1:3 负于冈萨雷斯提前出局，但失利后的张德培并没有马上离去，而是站在赛场中央向观众挥手道别。美国观众也站起来为张德培鼓掌，掌声持续了数分钟。虽然张德培没有取得最后的胜利，但是观众的掌声给了这位久经沙场的老将最后的鼓励和安慰。

在 2004 年雅典奥运会上，美国男、女 4×100 米接力赛纷纷失误，将原本被视为美国人囊中之物的金牌拱手相让，美国观众心情非常失落、沮丧，观众席上一片沉默。在后来的颁奖仪式上，当冠军牙买加国歌响起的时候，美国观众不但没有喝倒彩，没有发出嘘声，反而热烈挥舞国旗并齐声鼓掌。这既是对牙买加运动员的衷心祝贺，也是对美国运动员的安慰和鼓励，同时显示了美国观众的道德修养和大家风范。

2009 年 5 月 13 日，在我国广州举办的苏迪曼杯羽毛球比赛中，现场的中国观众中动辄而起的"杀、杀、杀"的呼喊声严重地影响了比赛。本想给主队加油打气，没想到却帮了倒忙。因为从观众席上发出的"杀、杀、杀"的助威声、口哨声、尖叫声越来越大，越来越快，严重地干扰了赛场上的运动员，打乱了比赛的节奏，比赛多次被迫中断，令双方运动员和教练员颇为反感。

（五）尊重裁判

在赛场上，裁判员有时比运动员还要辛苦，如足球、篮球裁判，他们要不停地奔跑，所以观众在为运动员送上掌声的同时，也应当尊重裁判。在裁判员打出的分数不能达到观众的预期时，要以平和的心态面对，不可随意发泄不满，不可辱骂或攻击裁判，不能用不文明的方式抗议。其实裁判员对观众的反应是比较敏感的，对观众的不满也是清楚的，但是最终的裁决还是要以比赛规则为准绳，而不是顺应观众的压力。

2005年1月，在"国王杯"四分之一决赛巴伦西亚队主场与拉科鲁尼亚队的比赛中，一名边裁被观众扔来的一枚硬币划伤了脸部。类似的一幕还发生在2006年10月22日，当巴伦西亚队主场与奥萨苏纳队的比赛进行到第86分钟时，一名边裁被观众席上飞来的杂物击中，所幸只是左耳后部轻微擦伤。

（六）尊重运动员

比赛的胜利者，总会受到观众热烈而友好的祝贺。对于胜利者，观众应该报以热烈的掌声和喝彩声，感谢他们为我们奉献了精彩的比赛，同时也要记得对失败的一方或者没有取胜的其他运动员表示鼓励。

2008年北京奥运会男子举重62公斤级比赛在北京航空航天大学体育馆举行。哥伦比亚运动员奥斯卡·菲格罗亚走上赛场，握住杠铃。但此时惊人的一幕出现了，他发力后右手竟然没有抓住杠铃，巨大的力量几乎使他的身体腾空。在限定的时间内，菲格罗亚7次尝试都出现同样的结果，导致他没有抓举成绩。这意味着他的奥运征战也就此结束，他黯然下场。但是值得一提的是，面对菲格罗亚的屡屡失误，北京的观众为他报以热烈而持久的掌声，其热烈程度不亚于献给一位世界冠军。所有的人都清楚，此时的掌声与奖牌没有任何关系。

（七）正确看待输赢

竞技体育追求的是更高、更快、更强的精神，其意义远不止于输赢本身。赛场上，输赢都很正常，没有只输不赢或只赢不输的比赛。对于运动员的成功和失败，观众应该理性对待。

在第 11 届全运会男子古典式摔跤 96 公斤级决赛中，江苏小将邵欢以 1:4 不敌东道主选手姜华琛，获得银牌。当现场主持人通过广播宣布最后的冠军是山东队的姜华琛时，现场响起了一阵巨大的嘘声。江苏的观众非常不满裁判对东道主选手的偏袒，当裁判和运动员准备退场时，一个矿泉水瓶突然从看台上"嗖"的一下飞进了内场，紧接着第二个、第三个、第四个……以同样的轨迹飞向裁判。显然观众以这样的方式宣泄不满，是极不妥当的行为。

在厄普敦公园球场举行的英甲联赛杯，西汉姆队和米尔沃尔队的比赛演变成了一场球迷骚乱。比赛本身颇具悬念，两队在 90 分钟里踢成 1:1 的平局。加时赛中，西汉姆队的斯坦尼斯拉斯再度入球，拯救了球队，也让米尔沃尔队的希望落空。终场哨响，西汉姆队 2:1 赢球，闯入第三轮。但比赛还未落幕，一场骚乱就拉开了序幕。比赛的过程中，两队球迷就互相辱骂。第 26 分钟时，哈里斯为米尔沃尔队进球领先后，客队球迷更加放肆，不断向对方做出侮辱性手势。终场前，斯坦尼斯拉斯为西汉姆队的进球，成了这场骚乱的导火索。

（八）举止文明

观众在体育场馆观看比赛时，应当遵守公共场所的礼仪。不抽烟，不吃带响声的食品，爱护公共设施，不蹬踏座椅，乱涂乱画，不在赛场内进餐。在比赛进行时，不大声喧哗，不随意走动，不向场内投掷杂物等。

1994 年广岛亚运会闭幕式结束后，6 万人的体育场竟然没有发现一片废纸、果皮和垃圾。次日，世界上好几家报纸惊呼："可怕的日本民族！"就是因为这样一件小事，使全世界对日本民族的道德礼仪修养顿生敬意。

2005 年 1 月 13 日，在罗马队客场同锡耶纳队的杯赛较量中，聚集在南看台上的罗马球迷点燃大量焰火，并将其投入场内，致使赛场能见度过低，比赛被迫中断了 70 分钟。在另外一场同样是罗马队客场对锡耶纳队的比赛中，罗马球迷再度在锡耶纳的圣多米尼哥球场惹是生非，他们扔下的烟火和瓶子，误伤了罗马队的队长托蒂，比赛也多次被迫中断。虽然罗马队先后领先对手，但是本国球迷的表现却使他们颜面尽失。

2007 年 CBA 陕西队与云南队的比赛中，尽管陕西队在主场以

130：100 大胜云南队，但陕西球迷对客队外援琼斯的挑衅行为，表示了强烈的不满。琼斯从比赛开始，就因为与陕西队员刘久龙发生争执而险些动手。之后的比赛，只要琼斯一拿球，球迷们都会报以嘘声。最后一节，琼斯在与陕西球员胡光的身体对抗中将后者撞倒在地，裁判没有吹罚犯规，致使球迷的不满再次升温，垃圾碎屑纷纷扔向场内。在比赛快要结束的时候，琼斯又和场边球迷发生冲突，球迷纷纷将矿泉水瓶、打火机等杂物掷向琼斯。尽管琼斯的举动让人愤怒和不满，但是球迷的行为也严重地影响了比赛的正常秩序。

（九）遇事冷静

体育赛事遭遇突发事件时，观众应该保持镇静。如果比赛中突然停电，观众应坐在自己的座位上，不要随便走动，同时要保持赛场安静。手中持有小手电或是荧光棒的观众，可以打开照亮，但不要使用打火机、火柴等明火照明。如果比赛延期，要听从工作人员的指挥，借助应急灯的灯光，按照安全出口指示灯的指示有序退场。在观看足球、篮球、排球等大型比赛时，若发生球迷骚乱，周围人群处于混乱时，应选择安全地点停留，以保证自己不被挤伤；不要在看台上来回跑动，要迅速、有序地向自己所在看台的安全出口疏散；远离栏杆，以免栏杆被挤断而掉下看台；不要在看台上拥挤或翻越栏杆，以免造成人员伤亡；疏散时，应注意礼让，保护老人、儿童、妇女等弱势群体，使其迅速地离开场馆。

1982 年 10 月 20 日，在莫斯科列宁体育场举行了欧洲冠军杯赛，由莫斯科斯巴达克队迎战荷兰哈勒姆队。比赛接近尾声时，在主队攻入一球、胜局已定的情况下，现场球迷估计比赛将就此结束，于是纷纷起身准备提前退场，朝唯一开放的出口走去。但在终场前 1 分钟，比赛突然又起高潮，主队乘胜追击，攻入一球，看台上立刻爆发出一阵欢呼声。很多已经走下看台和走到出口的观众被欢呼声吸引，立刻返身回转往回拥去，想看看到底是怎么回事。而正在这时，终场哨声响了，看台上兴奋的观众也开始离场往外拥。两股人流就像两股汹涌的潮水在唯一的出口处交汇，就这样，出口被堵住了。随着退场的人越来越多，一些人无法控制自己的身体，顶不住巨大压力而窒息晕倒，一些被推倒的人，就再也无法站立起来。千百只脚从他们身上踏过，哭喊声、叫骂声、呻吟声交织在一起，场面之悲惨令人目不忍睹。事后经查实发现，由于当时天气寒冷，来现场观看比赛的球迷异乎寻常的少，可容纳 10 万人的体育场只售出 1 万张票。体育场管理部门为了省事，将所有的观众都集中到 C 区看台，并只打开 C 区看台的一个出入口，导致观众在退场时出现拥挤踩踏，最终导致 340 多人蒙难。

2001 年 4 月 16 日，在南非首都约翰内斯堡的埃利斯球场正在上演南非甲级联赛冠军争夺战的比赛。比赛组织者在能够容纳 7 万名观众的球场中出售了 12 万张球票。距离比赛尚有一个半小时，球场已经座无虚席。但球迷仍然像潮水般地涌向体育场，执勤警察随即将入口处高高的铁门锁住，致使大量球迷滞留在入口的铁门处，情绪激动。比赛开始后，主队进球的消息通过扩音喇叭传到场外，场外的主队球迷立刻沸腾了。他们像疯了一样向各个入口挤去。西看台入口处的球迷最多，有几万人，他们立即汇成一股巨大的力量，冲击球场的铁门，有的球迷甚至爬上了铁门，准备跳进场内。警察为了驱散球迷，控制局势，便施放了催泪弹。在球迷的推挤下，球场铁门被挤倒，冲在最前面的球迷猝不及防地倒在铁门上，被后面大量涌入的球迷踩在脚下。而人们明明知道有人倒在地上，却根本无法停住脚步，只能踏着前面的人继续往体育场里涌入。这起事故总共造成了 47 人丧生、160 多人受伤。4 月 16 日也成为南非足球史上最黑暗的一天。

2007 年克罗地亚世乒赛的第二天，发生了戏剧性的一幕，主赛场突然停电，全场笼罩在一片黑暗当中。大概两分钟过后，赛场的灯光逐渐亮了起来，但随即又全部暗下来了。观众非常冷静，没人起哄。又是两分钟过去了，赛场灯光逐渐亮了起来，比赛继续进行。此时，如果没有全场观众和运动员的支持和理解，恐怕现场早就乱成一锅粥了。

三、观众退场礼仪

(一) 避免提前退场

观看比赛的观众，应该等待比赛完全结束后再退场。有时由于比赛双方实力悬殊过大，会出现"一边倒"的局面，导致比赛没结束，结果就已确定。在这种情况下，会有一些观众觉得比赛缺少悬念而中途离席。比赛临近结束，正赶上吃饭或者末班车的时间，也会有一些观众着急退场。这样的行为虽然可以理解，但其实是对比赛双方运动员的不尊重。观众既然来看比赛，如果没有特殊情况，最好从始至终把比赛看完。若有要紧事，可以在不打扰他人的情况下，悄悄离开。

1979 年英国足球总杯决赛阿森纳对曼联，这场比赛已被打上"三分钟决赛"的烙印。前 85 分钟，阿森纳轻松地以 2∶0 领先对手，大批曼联球迷已经开始退场。但在比赛最后阶段，曼联凭借麦奎恩和麦克罗伊的两粒进球，居然将比分扳平。虽然最后时刻，阿森纳队桑德兰的进球穿过了曼联队的球门，帮助阿森纳队获得了最后的冠军，但是那些提前离场的球迷却错过了这场比赛中最精彩的画面。

（二）有秩序地退场

比赛结束时，观众应该起立，向双方运动员鼓掌致意，这既是对运动员的尊重，也是对运动员场上表现的一种肯定。退场时，按座位顺序退场，向最近的出口缓行或顺着人流行进，最后还应主动将饮料杯、矿泉水瓶、果皮、纸屑等杂物带出场外，保证场地的干净、整洁。

第二节　田径项目与观众礼仪

田径是其他运动项目的基础，有"运动之母"的美称。田径运动由走、跑、跳、投等动作组成，是比速度、比高度、比远度、比耐力的体能项目，最能体现奥林匹克"更高、更快、更强"的精神。田径包括田赛和径赛。

一、田赛

（一）项目简介

田赛是在田径场规定的区域内进行的跳跃及投掷项目竞赛的统称。其中跳的项目有：跳高、跳远、三级跳远、撑杆跳高；掷的项目有：铅球、铁饼、标枪、链球等。以高度或远度来评估成绩。在田赛的各项比赛中，如果参赛人数过多，可先举行及格赛，达到及格标准的才能参加正式比赛。远度项目（投掷类和跳远类）的正式比赛人数超过 8 人时，每人先试掷或试跳 3 次，择优选 8 人，每人再试掷（跳）3 次，以 6 次中的最好成绩为比赛成绩并以此排名次。高度项目（跳高类）的正式比赛，裁判员先宣布起跳高度和横杆升高的幅度，每个高度都可试跳 3 次，运动员可以选择起跳高度（不低于规定的高度），可对任何一次高度提出

"免跳"。试跳时，如连续失败 3 次，就不能再继续比赛。试跳的最高成绩为本人的比赛成绩，并以此排名次。所有田赛项目，运动员必须在规定的时间内完成试掷或试跳，违者作为　次失败，如再无故拖延，不得继续参加比赛（以前的成绩有效）。丈量远度或高度，除铁饼、标枪、链球以 2 厘米为最小计量单位（如 60. 23 米记为 60. 22 米）外，其他项目的最小计量单位均为 1 厘米。

（二）观众礼仪

当运动员开始跳跃或进行投掷项目助跑时，观众可以根据运动员的助跑节奏鼓掌。在高度项目比赛中，即使运动员水平再高，最终都要以自己所不能逾越的高度而告终。所以，当运动员成功越过某一高度时，我们应该向运动员表示祝贺。但是，当运动员最终未能越过更高高度的横杆而结束比赛时，观众也应该向运动员报以热烈的掌声。观看田径比赛和球类比赛不一样，田径选手都希望观众喝彩助威，他们会在上场时挥手示意观众鼓掌。因此，观众可根据运动员的助跑节奏，进行有序的鼓掌。

2008 年北京奥运会撑杆跳高的决赛上，"撑杆跳女王"伊辛巴耶娃准备刷新世界纪录的最后一跳。伊辛巴耶娃高举双手，拍打着撑杆，号召全场观众一起有节奏地为她鼓掌。"啪！""啪！"……在现场观众有节奏的掌声鼓励中，伊辛巴耶娃开始了她的最后一次试跳，她成功了。现场的 9 万观众见证了伊辛巴耶娃第 24 次刷新世界纪录！

二、径赛

（一）项目简介

径赛是在田径场的跑道或规定道路上进行的跑和走的竞赛项目的统称。奥运会设有 100 米、200 米、400 米、800 米、1500 米、3000 米（女子）（第 25 届奥运会起取消女子 3000 米，增设女子 5000 米）、5000 米、10000 米、马拉松、3000 米障碍赛（男子）、100 米栏（女子）、110 米栏（男子）、400 米栏、10 公里竞走（女子）、20 公里竞走、50 公里竞走（男子）、4×100 米接力、4×400 米接力。其中马拉松跑因各地竞赛环境差异较大，所以只有最好成绩，不设奥运会纪录。

在径赛的各项比赛中，如果参加人数较多，可先举行预赛，最后择优选 8 人参加决赛，以决赛的成绩作为最后判定名次的依据。径赛必须沿逆时针方向（即左手靠近里圈）跑进，道次（或起跑位置）由抽签决定。分道跑项目和接力跑的第一棒起跑时，必须使用起跑器（其他各项径赛不得使用），采用"各就位"、"预备"和鸣枪3个发令信号，部分分道跑和不分道跑项目只用"各就位"一个口令，然后鸣枪。起跑时犯规2次或在跑进中挤撞或阻挡别人跑进，以及应在分道内跑进的运动员，不是直接受他人所迫而跑出分道者和比赛过程中接受他人援助（伴跑、接受指导），受警告后再犯者，取消其比赛资格。各项竞赛到达终点的名次顺序，以运动员躯干（不包括头、颈、臂、手、腿、脚）的任何部分触及终点线内沿垂直面的先后为准，以时间计成绩。

（二）观众礼仪

在进行短距离径赛项目时，当运动员站在起跑线后，广播开始介绍各位运动员时，观众应该报以热烈的掌声。在中、短跑项目比赛中，当裁判员发出各就位的口令时，观众应立刻保持安静，不要鼓掌呐喊，以免影响运动员的起跑；在长距离项目比赛中，一些实力不济的运动员有可能被前面的选手远远地抛在后面，甚至被套圈，观众也应把热烈的掌声送给他们；观看马拉松和竞走比赛时，要服从现场工作人员的指挥，自觉在安全线外观看比赛，严禁横穿比赛路线，严禁擅自给运动员递送物品，严禁翻越护栏等道路安全设施。比赛结束时，获胜运动员为答谢观众一般会绕场一周，此时应鼓掌欢呼，对其精彩表现表示欣赏和鼓励。

2004年8月29日雅典奥运会马拉松赛场上发生了意外。巴西选手利马下半程一直领先，在准备冲刺时，他仍然领先第二名约42秒。这时一名爱尔兰醉汉突然冲上来将他推到路边的人群中，利马被这一突发事件惊呆了。尽管他很快返回赛道继续比赛，但遭到打击的他不久就被意大利选手巴尔迪尼和美国的凯夫莱齐吉超过。巴西选手利马本来应该获得奥运会男子马拉松赛的金牌，但因为受到观众的意外干扰，他最后只能无奈地接受铜牌。

2008年8月16日上午10点20分北京奥运会田径男子100米预赛，中国选手胡凯所在的第6小组比赛如期举行。从广播宣布参赛运动员名单，到选手站上起跑线，观众的欢呼声、加油声就一直响彻全场。发令枪响了，可站在第6道的胡凯似乎没有反应（赛后胡凯抱怨说，是因为当时现场观众欢呼声太大了，他没听见发令枪响）。但是，不幸中的万幸，大多数选手都没动。原来，多数运动员都没有听到发令员的指令，以至根本就没有做好出发的准备。组委会官员可能意识到了什么，于是只好马上"求救"广播，示意观众安静，比赛才得以顺利进行。

2008 年北京奥运会，19 秒 30！当"飞人"博尔特在鸟巢打破了 200 米世界纪录时，全场 9 万观众为他的 22 岁生日齐声高唱"祝你生日快乐"，那一刻，这位大男孩感动得泪流满面。我们相信全世界都会在那一刻深刻体会到中国观众的友好、诚挚与热情。

第三节　球类项目与观众礼仪

球赛项目是最普及也是人们最喜爱的体育项目。由于球类项目在比赛中的激烈对抗性和极高的欣赏性，造就了一种独特的赛场文化。而观众和球员在赛场上的礼仪，则是整个赛场文化的主要内容。球类项目各具特点，对观众礼仪要求也较高。

一、足球

（一）项目简介

足球运动是以脚支配球为主，两个队在同一场地内进行攻守的体育运动项目。足球运动是一项古老的体育活动，最早起源于中国古代的一种球类游戏"蹴鞠"，后来经由阿拉伯人传到英国，发展成现代足球。足球运动是世界上最受欢迎的体育运动之一，也是当今世界上开展最广、影响最大的体育项目之一，被称为"世界第一运动"。

足球运动对抗性强，运动员在比赛中采用规则所允许的各种动作包括奔跑、急停、转身、倒地、跳跃、冲撞等，同对手进行激烈的争夺。传统足球是由 20 块六边形和 12 块五边形，一共 32 块草皮组成。足球比赛分为 11 人制、7 人制和 5 人制。足球比赛时间长、观众多、竞赛场地大，是其他任何运动项目所不及的。一场精彩的足球比赛，吸引着成千上万的观众，并已成为体育电视节目和各种宣传媒体的重要内容。据不完全统计，现在世界上经常参加比赛的球队约 80 万支，登记注册的运动员约 4000 万人，其中职业运动员约 10 万人。

（二）观众礼仪

作为"世界第一运动"的足球，是世界上最火暴的体育运动之一，也拥有人数庞大的"激情"球迷。足球比赛是对抗性、冲撞性很强的球类运动，观看比赛，情绪起伏会很大，因此，观众应特别注意控制自己的情绪。观看比赛前，要心态平和，提前到自己的位置上就座，减少因迟到而产生的焦躁感。球队入场时，要为双方球员鼓掌，营造赛场氛围。球迷可以穿着与自己喜爱球队相同颜色的球衣，可以采取敲锣打鼓、有节奏鼓掌、摇摆旗帜等方式喝彩助威。加油助威时，不要使用带有侵犯和羞辱对方球队的语言和行为，不要冲着对方啦啦队队员指手画脚，也不要使用带有挑衅意味的肢体语言。看球时不要站起来，如前排有人站起来，影响到自己的视线，可以平和而礼貌地提示对方，这样不但能有意识地控制自己的情绪，而且还能降低周围的紧张气氛。不喝倒彩，不辱骂，不用语言攻击场上队员、教练员、裁判员。不携带赛场明令禁止的各种物品入场，不往场地内投掷杂物，以免造成场内秩序混乱。足球比赛场面千变万化，结果难以预料，因此，不要过早地退场。应避免在出入口处或人群密集处看球，以免发生意外。退场时，要注意时机的选择，应尽量避免人流的拥挤。研究发现，足球赛后出现拥挤踩踏，造成伤亡事故，多数是在退场时发生的。比赛结束后要把垃圾带走，并进行妥善处理。

1985 年 5 月 29 日，利物浦队与尤文图斯队在布鲁塞尔海瑟尔体育场的欧洲冠军杯决赛中相遇。欧足联在赛前把一个球门后的看台分配给利物浦队球迷，但是却有不少尤文图斯的球迷从比利时人手中买到该看台的球票。看台上，也没有足够的警察和工作人员将两队球迷分开。在比赛中，双方球迷不断发生辱骂和投掷行为。后来，混在利物浦队球迷里的足球流氓与尤文图斯队的球迷大打出手，导致看台倒塌，当场压死 39 名尤文图斯队球迷，并致使 300 多人受伤。这就是著名的"海瑟尔惨案"。

2000 年在津巴布韦首都哈拉雷举行的世界杯预选赛南非对津巴布韦的比赛中，球迷发生骚乱，致使 12 人死于非命。当比赛进行到 84 分钟时，南非球队射进了第二个球，以 2∶0 领先于津巴布韦。就在此时，球迷们开始将瓶子等废弃物扔向足球场，而在场内维持秩序的警察，看形势不对，就把催泪瓦斯发射到了观众看台。近 6 万名观众惊恐万状，乱成一团，立刻涌向出口，在疯狂拥挤中，导致 12 人被挤死。

意大利当地时间 2007 年 2 月 2 日星期五下午 6 点，意甲第 22 轮，卡塔尼亚队主场迎战巴勒莫队。在这场火暴的西西里德比大战中，双方球迷爆发了一场大规模骚乱。38 岁的意大利警察拉奇蒂，在维持秩序的过程中，被球迷扔过来的一枚自制炸弹夺去了宝贵的生命。他的一位同事当时也生命垂危，更有不下百人在这场骚乱中受伤。

2009 年 7 月 26 日迎来一场重要的同城德比大战，卫冕冠军奥林匹亚队和同为首都劲旅的莫塔瓜队在绿茵场上 0∶0 握手言和。比赛结束之后，双方球迷均对比分不满，空气中弥漫着浓烈的火药味。突然有一个球迷持枪射击，导致了双方球迷发生混战。最终造成 2 人死亡，至少 15 人受伤。事后，80 多人被警方逮捕。

二、篮球

(一) 项目简介

1891 年 12 月初，在美国马萨诸塞州斯普林菲尔德市基督教青年会国际训练学校（后为"春田学院"），由该校的体育教师詹姆斯·奈史密斯博士发明了篮球。起初，奈史密斯将两只篮筐分别钉在健身房内看台的栏杆上，篮筐上沿距离地面 3.04 米，用足球作为比赛工具，向篮筐投掷。投球入篮得 1 分，按得分的多少决定胜负。每次投球进篮后，要爬梯子将球取出再重新开始比赛。以后逐步将竹篮改为活底的铁篮，再改为铁圈下面挂网。1892 年，奈史密斯制定了 13 条比赛规则，主要规定是不准持球跑，不准有粗野动作，不准用拳击球，否则即判犯规，连续 3 次犯规判负 1 分；比赛时间规定为上、下半时，各 15 分钟；上场比赛人数由 10 人逐步缩减为每队 7 人，1893 年定为每队上场 5 人。

1904 年，在第 3 届奥林匹克运动会上首次进行了篮球表演赛。1908 年美国制定了全国统一的篮球规则，篮球成为一项世界性的运动项目。1936 年第 11 届奥运会将男子篮球列为正式比赛项目，并统一了篮球竞赛规则。至 1948 年的 10 多年间，规则曾多次修改。与现行规则有关的重大变化是：将得分后的中圈跳球，改为失分队在后场端线外掷界外球继续比赛；进攻队必须在 10 秒钟内把球推进到前场；球进前场后不得再回后场；进攻队员不得在"限制区"内停留 3 秒钟；投篮队员被侵犯时，投中罚球 1 次，投不中罚球 2 次等。1952 年和 1956 年第 15、16 两届奥运会的篮球比赛中，出现了多名身高两米以上的运动员，国际业余篮球联合会曾两次扩大篮球场地的"限制区"（也称"3 秒区"）；还规定一个队控制球后，必须在 30 秒内投篮出手。20 世纪 60 年代初有关 10 秒、球回后场的规定，一度因 1960 年第 17 届奥运会后取消了中场线改画边线的中点而中止。1964 年第 18 届奥运会后，又恢复了中场线，这些规定又继续执行。1977 年增加了每队满 10 次犯规后，在防守犯规时罚球两次，防投篮时犯规两罚有 1 次不中再加罚 1 次的规定。1981 年又将 10 次犯规后罚球的规定缩减到 8 次。很明显，人员的变化，技术、战术的发展引起了规则的改变，而规则的改变又促进了人员和技术、战术的进一步发展。特别是 20 世纪 50 年代后期以来，规则的改变对篮球比赛的攻守速度，对运动员的身体、技术、战术以及意志、作风等各方面都不断提出新的、更高的要求，促进了篮球技术水平的迅速提高。在 1976 年第 21 届奥运会上，女子篮球被列为正式比赛项目。

（二）观众礼仪

篮球比赛，既简单，又多变；既有对抗性，又有娱乐性；既给予了运动员个人发挥的空间，又强调集体协同配合，深受世界各国人民的喜爱。在充满激情和变幻的球场上，双方运动员以健美的体态、娴熟的技术和技巧、巧妙的配合，斗智斗勇，展现出运动员个人及其所在球队的技术素养、战术风格、心理状态和团队精神。但这一切都离不开观众，如果没有观众的参与，就不可能是一场完美的比赛，因为观众是一场篮球比赛的重要组成部分。

观众进出场地要有序，一般要提前到达场地，这是对运动员、教练员和裁判员最起码的尊重。玻璃瓶、易拉罐饮料不允许带进赛场，只能带软包装饮料进入球场，但垃圾要用方便袋或者纸袋自行带出。进入体育馆后，不准吸烟。观看比赛时不要坐在通道的台阶上，以免影响其他观众，不要随意走动，观众最好在比赛的节与节之间或者上、下半时结束后如厕或者购买饮料。手机要关机或设置为振动、静音状态，不能随意使用闪光灯，尤其在队员执行罚球时。在比赛入场仪式上，当现场主持人在逐一介绍双方比赛队员时，观众要为每一位球员鼓掌。在升参赛国国旗、奏参赛国国歌时，观众应该起立行注目礼。比赛中，要注意在为己方球队加油助威时，不要使用带有侵犯对方球队的语言，要为双方的精彩表演鼓掌，不要利用嘘声打压对手、影响比赛，不要冲着啦啦队队员指手画脚，也不要使用带有挑衅性的肢体语言。当场内比赛双方发生类似打架等突然情况时，观众应保持理智的情绪，不要向场地内扔杂物，以免砸伤运动员。比赛结束后，还可能会进行颁奖仪式，观众应等场内所有仪式全部结束后再离场。通常，这时会有很多球迷围在运动员出口处等待球员退场，向自己喜爱的篮球明星索要签名或合影留念。这时，观众要服从工作人员的管理，保持现场秩序，不要强行留下运动员。

1988 年的汉城奥运会男篮半决赛是一场引人注目的比赛。由于美国和苏联分别抵制了 1980 年与 1984 年两届奥运会，因此这是美苏双方男篮自 1976 年蒙特利尔奥运会后第一次在奥运赛场上交手。而此前的 1972 年奥运会，苏联男篮在争议中战胜了美国男篮。因此这场时隔 12 年之久的雪耻大战吸引了很多美国观众的眼球，现场两万多名观众中有一半是美国人。然而，最终苏联球星萨博尼斯带领的苏联男篮将大卫·罗宾逊领衔的美国男篮击败，在奥运会历史上第一次将美国人挡在金牌决战大门之外。这种难堪是美国篮球界从未经历过的，现场美国观众面对这意想不到的失利也惊呆了。在一片寂静中，一名美国小伙子突然站了起来，对着电视镜头大喊："We are still NO.1！"（我们依然是第一！）在他的带动下，全场美国观众齐声重复这句话，"We are still NO.1！"的口号响彻全场。他们的著名黑人教练汤普森一把扯过白毛巾，蒙头痛哭。美国球迷无条件的信任和支持，让汤普森发自内心地感动。

2008 年 CBA 联赛刚刚进行完第 13 轮，天津队主场对战北京金隅队。北京队在大比分落后的情况下力挽狂澜，最后老将张云松 2 罚全中，以105：103 终结比赛。整场比赛可谓精彩纷呈，扣人心弦。但是在开赛不久，观众席中就发出一些不太友好的叫骂声。刚开始是少数人大喊脏话，随后慢慢地更多的观众参与进来，齐声高呼着脏话，不堪入耳。比赛结束后，一些观众把杂物扔向场内。北京队员陈磊在离开球场，走向休息室时，被一个观众扔出的矿泉水瓶砸倒，让全场观众哗然。

三、排球

（一）项目简介

排球运动起源于美国，是美国马萨诸塞州（旧称麻省）霍利约克市一位叫威廉斯·盖·摩尔根的体育工作人员于 1895 年发明的。排球运动自创始以来，迄今已有一百多年的历史。最初，排球仅仅是少数人的一种游戏，发展到今天已遍及世界五大洲，成为广大群众喜闻乐见的体育运动项目之一。

排球比赛是比赛双方各站在场地的两侧，中间有横网相隔，每队6人，用手作"发球、垫球、传球、扣球、拦网"等动作组成进攻与防守。比赛时，由其中一队的后排右边（1号位）队员发球开始算起，然后每队可触球3次（拦网触球不计在内），如果球落地、触网或某一队员犯规，则成死球，造成死球的一方判为失球，对方胜球，得1分。如果发球队犯规、失误或接发球队胜1球时，则接发球队取得发球权，其队员须按顺时针方向进行1个位置的轮转。每个队只有赢得至少15分，并同时超过对方2分时，才胜1局。前4局比赛比分最高限为17分。当比分为16∶16时，先得17分的队胜该局。正式比赛采用5局3胜制，决胜局的比赛采用每球得分制，一队先得8分后，两队交换场区，按原位置顺序继续比赛到结束。决胜局没有最高分限，比赛进行至某队领先2分为止。1998年10月28日国际排联决定改为每球得分制，仍为五局三胜，前四局每局先得25分者为胜，第五局先得15分者为胜，若出现24平或14平时，要继续比赛至某队领先2分才能取胜。1964年，排球被列为奥运会比赛项目。

（二）观众礼仪

在运动员集体入场向观众席行礼致意时，或广播单独介绍教练员、运动员及裁判员时，观众要报以热烈的掌声。运动员做准备活动时，如球飞到看台，观众不要直接将球扔回场内。应将球捡起交给捡球员。观看比赛时，观众可以带有倾向性地观赛，但要尽量与全场气氛一致，如全场都在做人浪，你不要坐着不动，要配合互动。在欣赏排球比赛时，观众也应该学会配合运动员们营造高涨的赛场氛围，适时适度地呐喊助威。无论是主队、客队，每当队员有精彩的扣球或救球时，观众都应该为之鼓掌叫好。暂停时，教练员向运动员安排战术时，应避免过大的声音。比赛中，观众不要使用不文明的、侮辱性的言行刺激运动员和裁判员。禁止燃放烟火、向场内抛掷物品、破坏公物、做不文明手势，禁止吸烟。看到精彩画面，可以拍照留念，但不能使用闪光灯，以免影响运动员的正常比赛。总之，观看排球比赛时，观众既要有激情，又要有理智，使比赛得以顺利进行。

2006年全国女排锦标赛半决赛进行的时候，广东省台山市体育馆里笼罩着一层薄烟。这可不是体育馆里刚刚发生了什么火灾，而是由于看球的观众边看球边吸烟造成的。虽然赛场工作人员不时地通过扬声器高声制止观众吸烟，但场内观众席上依然可以看见轻烟一阵阵冒起。一场比赛还没结束，馆内已经是薄烟笼罩了。运动员在进行大运动量比赛时，正是心肺工作最剧烈的时候，观众在体育馆内吸烟，吐出的烟雾被运动员吸入肺内，不但会影响运动员的正常比赛，而且会危害运动员和其他观众的健康。

四、乒乓球

（一）项目简介

乒乓球是球类运动之一。乒乓球运动是在乒乓球桌上进行的，因此有"桌子上的网球"之称。打球的时候，由于球发出"乒乓"声，所以称为"乒乓球"。现时的乒乓球，是用赛璐珞制作而成的，直径为 40.00 毫米，重量 2.6～2.8 克，有白色、黄色或橙色三种颜色。乒乓球台长 274 厘米、宽 152 厘米、高 76 厘米，中间有横网，运动员各站球台一侧，用球拍击球，球须在台上反弹后才能还击过网，以落在对方台面上为有效。比赛以 11 分为一局（曾经长期实行 21 分制，最早甚至出现过 100 分制），分团体比赛和单项比赛（单打、双打、混双），采用五局三胜（团体）或七局四胜制（单项）。

（二）观众礼仪

乒乓球在我国有着"国球"的美誉，是一项普及率很高的平民运动。比赛时，运动员要用眼睛仔细观察对手球拍撞击球时的动作、触球时间、触球部位、拍形和来球的运行路线及对手的表情等，还要用耳朵听对手球拍撞击球的声音，从而判断出来球的旋转、速度、力量、落点、节奏以及对手可能采取的战术等情况，同时还要考虑自己如何迎接球。运动员只有对这些情况作出有效判断后，才可能击出有威胁的回球，而这一过程需要运动员的注意力高度集中，因此安静的赛场环境是运动员制胜的保障。尽管观众为队员加油鼓劲的热烈场面会经常出现，但是不同于足球等室外项目，乒乓球赛场上观众与运动员的互动应该是有节制的。从运动员准备发球开始到这个球成为死球的这一段时间内，整个赛场都要保持安静，不要鼓掌、跺地板、大声讲话、呐喊助威、随意走动、展示旗帜和标语等。不要使用闪光灯拍照，闪光灯对乒乓球比赛的影响非常大，因为乒乓球球拍和球的碰撞是在瞬间完成的，闪光灯会闪花运动员的眼睛，使运动员无法判断来球的运行路线，从而影响回球的质量和命中率。呐喊助威时，不要大声呼叫，不要将锣鼓和喇叭带进体育馆内，因为过大的声音、过激的语言会影响到运动员的注意力。场馆内禁止吸烟，手机应关闭或调为振动/静音状态。

1996 年亚特兰大奥运会时，女双决赛刘伟/乔云萍对阵邓亚萍/乔红。轮到邓亚萍发球，乔云萍正准备接发球，看台上有个乔云萍的山东老乡，突然用家乡话大喊一声"乔云萍！加油！"结果在这"热情"的乡音中，球丢了。赛场上发生的这让人哭笑不得的一幕告诉我们，乒乓球赛场上观众给运动员加油叫好要看准时机，否则可能会适得其反。

2004 年底，在北京举办的一次世界级乒乓球巡回赛上，就因为观众在选手比赛时随意使用照相机，闪光灯正好在运动员挥拍的瞬间闪动，严重影响了运动员的正常比赛。那名受到影响的外国运动员立即表现出对这种行为的不满，把拍子摔在了球案上。

五、网球

（一）项目简介

网球运动最早起源于 12～13 世纪，法国传教士在教堂回廊里用手掌击球的一种游戏。后来，网球成为宫廷里的一种室内消遣娱乐活动。也有人认为，网球运动的起源应追溯到"百年战争"（1337—1453 年英法两国战争）以前，在法国民间流传的一种名叫海欧·德·巴乌麦的球类游戏。据说这种游戏是在两个人之间进行的，每人各执一个球拍，球场的周围筑有围墙，球撞到墙上后被弹回去，而后过网。因此，无论从使用的场地和器具上，还是从进行游戏的方法上，它与现代网球运动都有许多相似之处，所以有人把它看做是网球运动的原初形态。网球的直径在 6.541～6.858 厘米之间。最初的网球，只是两个半球填充草、树叶或头发等制成的，随着网球的不断发展，球的制作也越来越讲究，质量也越来越好。网球场可分为室外场地和室内场地，且有各种不同的球场表面。例如草地网球是最基本的户外场地，但是其建设和保养费用太昂贵，所以现在已由人造球场取代，它较便宜，容易保养。另外有一种在欧洲盛行的红土球场，法国公开赛即为此种球场。

（二）观众礼仪

人们都知道网球在国外是项"贵族运动"，但这种"贵族"不是价格上的贵族，而是贯穿于整个比赛的一种精神层面的贵族。如果你是在法国或者英国看网球，你会发现赛场内的工作人员都身穿礼服，头戴礼帽，手戴白手套，彬彬有礼地向每位入场观众微笑。观看比赛的过程中，观众要严格遵守赛场规则，一定要在比赛开始之前坐到自己的位置上，不要随意停留在过道或坐在栏杆上看球。在没有观众看台的赛场看球时，一定要在球场挡网外围观看，千万不能进入赛场看球，迟到后必须等到单局比赛结束方可入场。比赛开始时，一定要保持绝对安静，不要制造影响运动员或其他观众的声音，避免大声说话。在比赛过程中球迷发出的声响会干扰到球员的比赛，甚至会影响运动员对球的正确判断。如果同时有几片场地在比赛，当你想到其他场地看球时，一定要等这块场地的一分比赛结束后，才能从挡网后面不太显眼的地方走过，不要影响任何一块场地的比赛。观众在捡到球员打飞的球时，应交给场内的工作人员，不得将球直接扔进场内，以免干扰比赛。鼓掌加油时要注意，只有在一分的比赛确实结束时，方可开始加油叫好。比赛过程中，绝对不可使用闪光灯。观众应给双方球员以平等的支持和鼓励，如因心理上对某一方球员有所偏好而做出一些对另一方不利的事情，如喝倒彩等，这就显得有些不文明了。女子网球巨星莎拉波娃说："我知道有很多球迷都非常热情，甚至可以自始至终站立着为自己支持的球员加油。但实际上，在更多的时候，网球比赛是需要安静的，只有在一个球结束后大家才可以鼓掌和欢呼。而且，大家应该为参赛的双方都加油。突然响起的手机铃声是我们最不愿意听到的声音。我也不喜欢自己比赛的时候有闪光灯到处乱闪，那样会分散我的注意力。"

　　中国网球公开赛女单第二轮比赛正在进行时，8 号种子俄罗斯美女选手查克维塔泽状态不是很好，偏偏遇到斯洛伐克天才少女齐布尔科娃。当时现场有风，加之早早被对手破发，查克维塔泽很急躁，嘴里不断嘟嘟囔囔地说着什么。正在查克维塔泽二发的时候，看台上突然铃声大作，是第一排包厢席里一位男观众忘了关手机，干扰了查克维塔泽的发球。最终一个双误让查克维塔泽怒不可遏地冲着这名观众大喊："Shit！"紧接着一大串俄语，从查克维塔泽满脸的怒气来看大概是在抱怨这名观众。查克维塔泽还在最终输掉这一关键局后回过头去特意冲这位观众又大喊了一句粗话。赛后的新闻发布会上，记者问及当事人在比赛中究竟发生了什么，她表示现场观众太过吵闹，仍余怒未消地说："那个手机铃声响了有 5 分钟，而且一直没有关掉，他的座席离场地很近，影响到了我。

这可不是马戏团表演，是网球比赛！"

2008 年澳网女单首轮，李娜遭遇法国悍将贝瑞蒙德。当李娜与贝瑞蒙德正胶着的时候，法国老将斜线大角度回球，球砸在线上。现场一位华人球迷出于对李娜胜利的渴望，在球落地瞬间随口喊了一声"Out（出界）"，不过司线却看得很清楚，没有裁定球出界。李娜被球迷不经意的一声干扰，判断失误，丢掉了这一分。最终李娜以 6∶2、4∶6、6∶4 惊险过关。

六、羽毛球

（一）项目简介

据传在 14 世纪末，日本出现了把樱桃插上美丽的羽毛当球，两人用木板来回对打的运动，这便是羽毛球运动的雏形。18 世纪在印度的蒲那城，出现类似今日羽毛球运动的游戏，用绒线编织成球形，插上羽毛，每人手持木拍，隔网将球在空中来回对击。这种游戏流行的时间不长，不久后便消失了。1870 年，英国一位公爵在他的领地开游园会，天公不作美，下起雨来。他为使客人们不扫兴，就改在室内进行羽毛球游戏。此后，这项运动便风靡英国。羽毛球运动于 1920 年传入我国。新中国成立后，羽毛球运动得到迅速发展。如今，我国羽毛球运动已达到世界领先水平。在 1992 年巴塞罗那奥运会上，羽毛球被列为正式比赛项目，并设立男、女单打和男、女双打及混合打 5 项比赛。

羽毛球比赛的主要规则类似曾经的乒乓球记分方法，采用 21 分制，即双方分数先达 21 分者胜，3 局 2 胜。每局双方打到 20 平后，一方领先 2 分即算该局获胜；若双方打成 29 平后，一方领先 1 分，即算该局取胜。新规则中每球得分，并且除特殊情况（比如地板湿了，球打坏了），球员不可再提出中断比赛的要求。得分方才有发球权，如果本方得单数分，从左边发球；得双数分，从右边发球。在第三局或只进行一局的比赛中，当一方分数首先到达 11 分时，双方交换场区。但是，每局一方以 11 分领先时，比赛进行 1 分钟的技术暂停，比赛双方进行擦汗、喝水、接受指导等。

（二）观众礼仪

羽毛球是对声、光、色彩乃至室内空气条件要求最严格的球类项目之一，任何一方面不理想都会对比赛和运动员产生负面影响，因此，对观众的要求极高。首先，观众应在赛前 5 分钟入座。其次，观众在观看羽毛球比赛过程中，要保持相对安静，不要随意发出响声。观众尽量不要从座位上站起来，更不要随意在看台上来回走动，以免影响他人观赛。对精彩的表演，可适时报以热烈的掌声和喝彩，但不应喝倒彩或者起哄，也不能提前退场。比赛结束时，观众应热烈鼓掌，以示对运动员的肯定和尊重。

同时，在比赛中，观众不得使用粗鲁的、不文明的、带有敌意的、攻击性的或侮辱性的语言刺激球员；观众在观看比赛时不得燃放烟火，不得向场内抛掷物品；观众不得破坏公物，不得做不文明手势；同其他很多体育项目相似，观众在观看羽毛球比赛时，拍照不能使用闪光灯，这是因为在球员发球的时候，瞬间的刺激会干扰选手，分散选手的注意力；观众在观看比赛时，不允许吸烟；应将手机关机或设置为振动/静音状态；观众不得将锣鼓、乐器等响器带入比赛场内。此外，为了保证羽毛球赛场没有风，通常赛场是封闭的，因此会比较闷热。看比赛时，观众可带小扇子、纸巾等，不过用完后一定要记得妥当回收，不得随意丢弃。

在 2006 年多哈亚运会，羽毛球男团半决赛中国与印尼队比赛的当晚，羽毛球馆里观众爆棚，热烈的气氛远在赛场之外都能感受到。不过，由于印尼观众占绝大多数，这使得比赛开始之后，印尼观众声势浩大的助威声完全盖过了中国观众的声音。一到中国球员发球或得分时，全场都会响起一片嘘声，而一到印尼球员得分时，则满堂喝彩。这种气氛不仅令场上的中国球员感到紧张，也让现场观战的中国球迷感到愤怒。当比赛进行到第三场时，裁判出现了几个明显误判。几名中国球迷领头，鼓动中国观众高喊"裁判傻×"。印尼观众听到中国观众的"京骂"后，纷纷对中国观众做出拇指朝下的手势，并以嘘声回应。整场比赛笼罩着喊叫和骂声，对双方运动员的比赛都造成了不小的影响。

第四节　重竞技项目与观众礼仪

重竞技项目多属于比较激烈的搏击型比赛项目，包括摔跤、举重、柔道、拳击、跆拳道。

一、摔跤

（一）项目简介

摔跤是重竞技运动项目之一，是一项古老的竞技项目。公元前708年，摔跤就已经是比赛项目。目前国际式摔跤比赛形式有古典式和自由式两种，比赛时按体重分级，但摔跤初次成为奥运项目时，并没有体重分级和限制。古典式摔跤在1896年首届奥运会就被列为比赛项目，自由式摔跤则是在1904年正式被列为奥运会比赛项目。2004年的雅典奥运会，新增了女子摔跤项目。

摔跤比赛的前一天，各级别运动员称量体重。然后抽签，根据运动员所抽的签号进行分组配对，如1对2、3对4、5对6。比赛按参赛的人数分两大组进行淘汰赛，直到各组产生最后一名获胜者，他们将进行冠亚军的决赛。

（二）观众礼仪

摔跤比赛是一种精彩激烈的搏击项目。观看摔跤比赛的限制不是很严格，很多时候观众和场上的运动员会有互动，这是摔跤运动特殊的魅力。摔跤比赛都在室内进行，所以场馆内不允许吸烟。观看比赛，要清楚地意识到运动员是在展现一种体育精神和体育文化，不要对参赛队员的表现指指点点，喋喋不休，影响他人观赛；不要因为对运动员和裁判员的表现不满意便乱喊谩骂。加油助威时，使用文明语言，注意控制自己的情绪。作为一名内行的观众，当场上出现选手使用高级技术，把对手大幅度腾空翻转摔到垫上，或者类似的高难度动作得高分时，都应当给予热烈的掌声，因为这在高水平比赛中并不多见，选手只有具备高超的技艺并得到难得的战机时才可能拿到这样的高分。跪撑角斗"滚桥"时，如果运动员连续翻滚成功应得到喝彩；如果处在下面的运动员滚了半天滚不过来，还一直在坚持努力，这时候观众也应当给予掌声，为他加油。要了解比赛规则，学会通过裁判的手势观看比赛。

二、举重

（一）项目简介

现代举重运动始于18世纪的欧洲，那时，英国伦敦的马戏班常有举重表演。19世纪初，英国成立举重俱乐部。最初，杠铃两端是金属球，重量不能调整，比赛以次数决胜负。后来，意大利的阿蒂拉将金属球掏空，通过往球内添加铁或铅块调整重量。1910年伯格将金属球改成重量不同、大小不一的金属片。1891年在伦敦皮卡迪里广场，举行首届世界举重锦标赛。1896年在雅典举行的第1届奥运会上，举重被列为正式比赛项目。当时只有单手挺举和双手挺举，且不按运动员的体重分级别，不管运动员体重如何，谁举起的重量最大便获得胜利。在1920年的第7届奥运会上，开始按运动员的体重分成5个级别，并改为单手抓举、挺举和双手挺举，这为近代举重比赛奠定了基础。1924年改为单手抓、挺举和双手推、抓、挺举5种。1928年取消单手举，保留了双手举的3种形式。由于推举易使运动员的腰椎受伤，裁判的尺度也难以掌握，因此，在1972年奥运会举重比赛后，正式公布取消推举。在2000年悉尼奥运会上，男子举重已发展到8个级别。从那之后，举重的种类和级别基本没有变化。但在悉尼奥运会上有一个重大的突破，那就是举重在奥运会上不再是男性的专利，女子举重首次登上了奥运会的舞台。女选手们进行7个级别的角逐，并完成抓举和挺举。男女选手在抓举比赛中，要求伸直双臂，用一次连续动作将杠铃举过头顶。而在挺举比赛里，选手需要先将杠铃置于双肩之上，身体直立，然后再把杠铃举过头顶。运动员要等到裁判判定站稳之后，才能算成绩有效。

比赛使用的杠铃由横杠、套筒、卡箍、杠铃片组成，横杠长2.20米，直径2.8厘米，重20公斤。比赛按抓举、挺举的顺序进行，每场比赛运动员共有6次试举机会，抓举3次，挺举3次。试举重量由运动员自己选定，增加重量必须是1公斤的倍数。奥运会比赛只计算抓举和挺举总成绩，如总成绩相同则按赛前所称的体重排名，轻者列前，如再相同，则按以赛后的体重排名，轻者列前。

（二）观众礼仪

举重比赛中，从选手走上赛台到用爆发力完成整个动作，全程不过1分钟。观众应提前入场，并尽快坐到观众席上等待比赛的开始。观赛时，首先要注意举重台侧面的电子显示屏，以了解参赛运动员的国籍、姓名、体重以及奥运会记录和世界记录等情况。当裁判员点到运动员的姓名时，可以鼓掌加油并呼喊运动员的名字，以提高运动员的兴奋度。在运动员走上举重台握住杠铃后要保持全场安静，不要大声呼喊和鼓掌加油，因为，这时是运动员注意力最集中，并准备试举的时候。

2008 年 8 月 12 日北京奥运会第 4 天，男子举重 69 公斤级比赛在北京航空航天大学体育场举行。韩国选手李培永挺举开把为 184 公斤，在翻转后的上送瞬间由于左腿没有站稳而摔倒在地，被送至后台急救。随后不久，负伤的李培永选择了重新登场，虽然挺举 3 次没有成功，但是他顽强拼搏的体育精神和坚韧的意志，赢得了全场观众的掌声。也正是观众的掌声，给了他心灵上的莫大慰藉。

三、柔道

（一）项目简介

柔道在日语中是"柔之道"的意思。柔道部分起源于一种古代日本的武士空手搏斗的技术——柔术。柔道是一种对抗性很强的竞技运动，它强调选手对技巧掌握的娴熟程度，而非力量的对比。柔道比赛要求选手对对手的四肢、脖子作出"锁臂"、"扼颈"等动作，将对手扔倒或压制在地，直到对手认输方可取得胜利。柔道通过把对手摔倒在地而赢得比赛，它是奥运会比赛中唯一允许使用窒息或扭脱关节等手段来制服对手的项目。

男、女柔道分别在 1964 年第 18 届奥运会和 1992 年第 25 届奥运会上被列为比赛项目。柔道比赛场地用榻榻米或类似榻榻米的材料铺设，颜色通常为绿色，分为比赛区和安全区。运动员一方穿蓝色的柔道服，另一方穿白色的柔道服。柔道服上衣的长度须能盖住大腿，上衣左襟压右襟应足够宽大。腰部系一条宽 4 到 5 厘米的腰带，其颜色代表运动员的段位。每个重量级别的项目都设有一块金牌，一块银牌和两块铜牌。每个级别的选手将首先分到两个组进行单淘汰赛，然后小组前两名进入半决赛，胜者争夺冠军。在奥运会上，男选手得分并赢得比赛的时间是 5 分钟，女子为 4 分钟。如果双方都没有得分，则由 3 名裁判按照多数票的原则确定胜者。

（二）观众礼仪

柔道是一种极为讲求礼仪的体育项目，饱含着东方人的礼仪与秩序精神。作为一名观众，在观看柔道比赛的时候，应当对这项运动有一个基本的了解，才能看出精彩之处，增强观赛的乐趣。尤其是在柔道比赛开始时，参赛双方要用手或脚在比赛用的垫子上击打两下相互示意。观众在这个时候是不需要叫好助威的，因为这种击打不是示威而是行礼。当看到这种情况时，千万别以为对方是在做出示威举动，而盲目地开始为自己支持的选手助威。如果出现了选手做出一些精彩的动作而裁判却没有直接给他加分的情况，观众也不要诧异，更别起哄对判决表示质疑，因为柔道比赛对得分的有效部位和有效时间都有明确的规定。另外，比赛场馆内不能吸烟，观众应将手机关闭或调至振动/静音状态。

四、拳击

（一）项目简介

现代拳击运动于 18 世纪起源于英国，当时比赛不戴拳套，亦无规则和时间限制，直至一方丧失继续比赛的能力为止。英国著名拳击家 J. 布劳顿于 1743 年针对拳击比赛的混乱局面，制定出了最早的拳击规则，并在 1747 年设计了拳击手套，对近代拳击运动的开展做出了巨大的贡献。1839 年，英国颁布了新的伦敦拳击锦标赛规则，1853 年进行修改，禁止用足踢、头撞、牙咬等动作，并规定拳击台四周用绳围起。1867 年英国记者钱伯斯编写了新的拳击规则，强调拳击中的战术和技巧。1880 年伦敦成立了英国业余拳击协会，1881 年举行了第 1 届拳击锦标赛。1924 年第 8 届奥运会前夕成立了国际业余拳击联合会。当今世界上同时存在着两种拳击运动，即职业拳击和业余拳击，职业拳击和业余拳击在比赛规则和方法上都有很大的差别，奥运会和亚运会的拳击比赛都是属于业余拳击。在圣路易举行的第 3 届奥运会上，拳击第 1 次被列为正式比赛项目。参加比赛的只有美国 1 个国家的 44 名运动员，美国自然获得了所设 7 个级别的所有冠军。到了 1964 年在日本东京举行的第 18 届奥运会上，就有 56 个国家的 269 名运动员参加了比赛。女子拳击也将于 2012 年成为伦敦奥运会的正式比赛项目。

（二）观众礼仪

拳击比赛是一种对抗性十分强烈的搏击项目。选手的招式变化多端，给人以刺激和愉悦感。再加上拳击比赛本身所具有的紧张和刺激，使观看拳击比赛的观众也容易变得热血沸腾，因此，观众们就要学会克制自己的情绪。在观看拳击比赛的现场，观众拍照时不能用闪光灯。坐在前排的观众，不能向运动员挥舞和抛掷物品。与其他体育比赛一样，在拳手击中对手的时候，我们应该给以掌声和欢呼声，但是不能怂恿运动员击打已经倒地的对手，更不能起哄、吹口哨或者向失利的一方发出嘘声。由于比赛由裁判员判分，存在一定的主观性，所以观众要尊重和理解裁判，理智地看待输赢，不可粗言恶语，更不能向场地掷物。

雅典当地时间2004年8月24日晚上10点30分，奥运会拳击四分之一决赛出现意外事件。本场比赛对阵双方是埃及选手和希腊本土选手帕夫里迪斯。后者一直在比赛中占据领先地位，但当比赛进行至第3回合时，埃及选手一记重拳击破了帕夫里迪斯的左眼角，裁判察看伤情后判定比赛无法继续进行，埃及选手获胜。此时全场座无虚席的希腊观众发出了震耳欲聋的嘘声与怒吼，无数矿泉水瓶飞向拳台，拳台周围的摄影记者和裁判则四散躲避。虽然比赛宣告结束，但赛场观众的行为却让全世界刻骨铭心。

五、跆拳道

（一）项目简介

跆拳道由中国武术流传演化而来，是朝鲜和韩国民间较普遍流行的一项技击术，是运用手脚技术进行格斗的民族传统体育项目。跆拳道由品势（特尔）、搏击、功力检验3部分内容组成，是创新与发展起来的一门独特武术，具有较高的防身自卫及强壮体魄的实用价值。它通过品势、搏击和功力检验等运动形式，使练习者增强体质，掌握技术，并培养坚韧不拔的意志品质。现时跆拳道在全世界的组织主要分为两个体系，分别为：国际跆拳道联盟（International Taekwondo Federation，简称"ITF"）体系及世界跆拳道联盟（World Taekwondo Federation，简称"WTF"）体系。ITF体系成立的时间比较早，而WTF体系成立时间则比较晚。现时，奥运会采用的是WTF体系。

（二）观众礼仪

跆拳道的创立宗旨是"事君以忠，事亲以孝，事友以信，临阵无退，杀身有择"，以此磨炼人的意志，锻炼人的体魄，培养、造就一批又一批忠君事孝、英勇顽强、无所畏惧的战士。由于在跆拳道比赛中，主要以腿法为主，击打动作强调准确、有力度。双方攻防转换速度非常快，具有非常强的观赏性。观众在观看的过程中，极易融入到现场的比赛气氛当中去。因此，比赛时场上场下喊声不断，看到漂亮的击打，无论是否得分，观众都可以大声地喝彩。但有些观众在观看比赛时，情绪容易失控，难免会有一些不文明的"暴力"用语脱口而出，比如"踢他"、"打他"等，这些词语显然与跆拳道比赛的精彩氛围背道而驰。观众有倾向性是很自然的，但是这种对运动员和运动队的支持一定要有节制，要讲究礼仪。为选手助威应该热情有度，不能感情用事，不可出言不逊或发出嘘声、吹口哨等。比赛中对阵双方处于对峙状态时，会通过看对方的眼神做出预判，也有选手习惯看对手的脚尖或者步伐来做判断，以寻找战机。此时，观众应保持安静，一定不要使用闪光灯拍照，以免干扰运动员的注意力。由于比赛由裁判员判分，存在一定的主观性，所以要求观众尊重、理解裁判。

第五节　体操类项目与观众礼仪

体操包括竞技体操（一般简称"体操"）、艺术体操和蹦床，它们都具有很强的技巧性、艺术性和观赏性。因为体操项目的这些特点，喜欢体操的观众颇多。下面分别从竞技体操、艺术体操、蹦床 3 个项目阐述其项目特点和观众礼仪。

一、竞技体操

（一）项目简介

竞技体操是体操项目之一，分为男子竞技项目和女子竞技项目。男子竞技项目有单杠、双杠、自由体操、跳马、鞍马、吊环，女子竞技项目有高低杠、平衡木、自由体操、跳马。竞技体操要求运动员准确、优美、熟练地完成具有一定数量和难度的自选动作，包括团体、个人全能、单项比赛，以得分多少评定成绩。

（二）观众礼仪

体操比赛在很大程度上是心理素质的较量，因此需要良好的比赛环境。运动员在一套动作结束后，观众可以鼓掌，但运动员正在做动作时，则应保持场上安静。运动员做动作前宁神静气，精力集中在所要完成的动作上，观众此时应全神贯注地观看，不要鼓掌加油，不要欢呼，更不要喊运动员的名字。在观看体操比赛中，鼓掌加油通常有两种情况：一种是运动员技惊四座的漂亮动作完成后，如两个动作间的精彩连接、男子单杠中的飞行动作、艺术体操中开始和结束的两串动作以及吊环中一些坚挺的支撑动作等，都可以鼓掌喝彩；另一种是运动员掉下器械，但又重上器械继续比赛，或者完成整套动作后落地不稳，但仍然站起来完成最后的亮相，这时都应为运动员的坚强意志和顽强作风报以热烈的掌声。体操是由裁判员打分的项目，主观性较强，如果观众认为裁判不公，通常是由于观众对打分规则了解不够或者观众与裁判观察角度不同所致，所以要冷静克制，不可起哄。体操属于高难度、比较危险的比赛项目，一些外界因素的干扰，会引起运动员动作失误，甚至受伤。

2008 年"好运北京"体操国际邀请赛，来自德国的一位实力强劲的选手，在出色地完成了一系列高难度的跳跃、翻腾后，在最后下杠的关键时刻，意外地出现了重大失误，重重地摔在了垫子上。这突如其来的一幕，让现场的观众惊呆了。但短暂的沉默后，他们马上给予了这位运动员热烈而善意的掌声，鼓励他重新站了起来。

二、艺术体操

（一）项目简介

艺术体操，19 世纪开始出现于欧洲，20 世纪 70 年代中国引进这一运动项目。在中国和俄罗斯称做"艺术体操"，在日本称做"新体操"，而在香港和台湾称做"韵律体操"。

艺术体操是由运动员手持轻器械（绳、圈、球、棒、带），配合音乐及身体动作的一项女子运动（至今只在日本有男子艺术体操）。艺术体操运用各种走步、舞步、跳跃、转体、平衡、波浪、弹性、松弛以及技巧中的翻滚跌扑，在音乐伴奏下进行有韵律的身体活动，以身体姿态展示出女性优美的动态和风姿。艺术体操融入了芭蕾舞、民族舞、竞技体操、技巧、武术、杂技、戏剧等技术精髓，还创造了一整套有思想、有表情、有层次、有结构、有难度的立体练习程式，从而构成艺术体操的美感。艺术体操以其高超的难度技巧、独特新颖的编排、妩媚多姿的舞蹈及协调一致的音乐，来展示出优美而和谐的姿态美。它要求每一个动作不仅具有线条美和节奏美，而且还要有大小、高低、强弱、快慢、缓急、正侧、主宾、虚实、方圆、奇偶、断续、顿挫、张弛、离合等变化，表现出艺术体操的高雅和谐、刚柔相济、动静结合的美姿，从而使人们赏心悦目。艺术体操运动有利于发展人的协调、柔韧、灵巧等身体素质，也是进行美育的一种手段。

艺术体操于 1984 年第 23 届奥运会被列为比赛项目，而且只有女子比赛项目。艺术体操个人比赛要求音乐时间为 1 分 15 秒至 1 分 30 秒，每套动作的技术价值由 10 个最高价值的难度来决定，在运动员所完成的 10 个最高价值难度中，至少有 5 个难度动作是属于各项器械所要求的规定身体动作组，并且要与器械特有的技术动作紧密结合。艺术体操集体比赛要求每套动作必须由 5 名运动员来完成。

（二）观众礼仪

艺术体操是动作与音乐相配合的竞技项目。观众既要欣赏优美动听的音乐，也要观赏运动员的技术和风格。比赛过程中，应保持安静，将手机关机或设置为振动/静音状态，不应喝彩或发出敲击声。在运动员完成动作后，应鼓掌喝彩，但时间不宜持续过长，做到热烈而不狂躁，有激情而不失分寸。比赛时，不要随意走动，最好在比赛暂停或休息时再走动。在场地内不要高声说话，不随地乱扔杂物，举止应文明。

三、蹦床

（一）项目简介

蹦床的历史可以追溯到 19 世纪中叶北美的科曼契印第安人，而在中国马戏团的杂技演员使用类似的蹦床至少也有 200 年的历史。现代弹性蹦床的开创者是法国杂技演员特朗波兰，他用麻绳编制成保护网，以加强"空中秋千飞人"的安全，并利用网的弹性将演员抛入空中，完成各种动作。20 世纪 30 年代，美国跳水冠军尼森制作出类似于当今使用的蹦床，用来帮助自己做跳水与翻转训练，后来创办了"尼森蹦床公司"。第二次世界大战期间，美国利用蹦床训练飞行员和领航员的定位技能，取得良好的效果。以后逐渐成为一项运动，在美国的中学、大学广泛开展。1947 年美国在德克萨斯州举行首届全国蹦床表演赛，1948 年起被列入正式比赛。后传入欧洲，1958 年在英国举行全英蹦床锦标赛，1964 年在英国举行首届世界蹦床锦标赛，1969 年在法国巴黎举行首届欧洲蹦床锦标赛。1999 年国际蹦床联合会成为国际体操联合会的一个协会。在 2000 年第 27 届奥运会上，蹦床成为正式比赛项目。

蹦床有"空中芭蕾"之称，它是运动员利用蹦床反弹，将身体上抛，进行各种翻转动作的竞技运动，属于体操运动的一种。蹦床分为网上项目和单跳项目，网上项目：是指借助弹力床的弹力将人体弹向空中，在空中做各种体操动作和翻转运动，分单人、双人和团体等项目，有规定和自选各 10 个动作，根据动作的编排、难度和完成动作的质量评分。单跳项目：是指在一条铺上厚毯的木质窄长专用跑道上完成的一整套高难度技术动作，包括前空翻、后空翻、侧空翻、前空翻接侧空翻、后空翻接侧空翻等，最后落在跑道尽头的垫子上。按照规定，整套动作应由 8 个以内的单个动作构成，最后必须以空翻动作结束。个人比赛中运动员要完成 3 套动作，每套由 10 个动作组成。运动员全套动作应表现出优美的身体姿势、正确的动作技术、理想的高度和良好的身体控制能力。

（二）观众礼仪

蹦床属于高难度、比较危险的比赛项目，一些外界因素的干扰可能引起运动员动作失误，甚至导致受伤。因此，场内应保持安静，观众不能喊叫，就连场内运动员也不允许说话，一旦说话就会扣分。这是因为鼓掌或叫好声都会分散运动员在空中做动作时的注意力。所以，运动员上场之前，观众可以鼓掌，等到他们向裁判员举手示意后，就要保持安静。而在运动员落地后，观众就不要吝惜自己的掌声了。按照国际规定，为保障运动员安全，蹦床比赛过程中不能使用照相机的闪光灯，因为闪烁的灯光会分散运动员的注意力，影响对空间高度和方位的判断，甚至可能造成比赛失误或者受伤。

第六节 游泳类项目与观众礼仪

游泳运动是男女老幼都喜欢的体育项目之一。现代游泳运动起源于英国，17 世纪 60 年代，英国不少地区的游泳活动就已经开展得相当活跃。18 世纪初传到法国，继而风靡欧洲。游泳运动是一个集竞技游泳、跳水、花样游泳和水球为一体的大型项目，比赛共设 46 个小项，其中竞技游泳 34 项、跳水 8 项、水球 2 项、花样游泳 2 项，金牌之多仅次于田径比赛。

一、竞技游泳

（一）项目简介

竞技游泳（俗称游泳）根据游泳的地点可以分为在游泳池比赛和在

公开水域比赛两大类。根据游泳的姿势，可以分为自由泳、蛙泳、仰泳、蝶泳（又称海豚泳）。竞技游泳所含34个小项是：自由泳：男女50米、男女100米、男女200米、男女400米、女子800米、男子1500米；仰泳：男女100米、男女200米；蛙泳：男女100米、男女200米；蝶泳：男女100米、男女200米；个人混合游泳：男女200米、男女400米；自由泳接力：男女4×100米、男女4×200米；混合泳接力：男女4×100米；男女10公里马拉松游泳，以时间计成绩。竞技游泳在1896年的第1届奥运会上就被列为奥运会正式比赛项目。

（二）观众礼仪

观众进出场地要有序，要在比赛前到达赛场，这是对运动员、教练员和裁判员最起码的尊重。玻璃瓶、易拉罐饮料不允许带进场地，比赛时只允许带软包装饮料进入赛场，垃圾要用方便袋或者纸袋自行带出。游泳馆的观众席和其他场馆差不多，都是阶梯式的，但座椅通常都是固定的而且椅背较矮，于是有些观众在入场找座位或比赛结束退场时，抄近道直接在座椅上踩踏而过。由于有的游泳馆内比较潮湿，有的脚印还带着水渍，这样做让别的观众难以就座。有的观众观看比赛时，还喜欢把脚搭在前排的椅背上，既损坏个人的形象，又影响他人观看比赛。游泳馆内严禁吸烟，以防烟气融入水中被运动员吸入体内；不可使用闪光灯，以免刺激运动员特别是仰泳运动员的眼睛。裁判员发令时，一定要保持安静，不可鼓掌欢呼或发出噪音。

2004年3月27日，澳大利亚奥运游泳选拔赛第一天的男子400米比赛中，世界纪录保持者索普由于出现抢跳被当场取消参赛资格，视雅典奥运会该项目金牌为囊中之物的索普只能黯然离场。赛后索普表示，当时选手们在起跳台上待的时间太长，以至于他把观众席上的噪音错听成发令声，使之出现抢跳失误。看来在游泳比赛的出发时刻，一点小小的噪音就可能给选手带来大麻烦。

二、花样游泳

（一）项目简介

花样游泳起源于德国、英国等国家，最初称为"艺术游泳"。之后传到加拿大，加上了装饰，又叫做"装饰游泳"。当时，这种游泳并没有按照音乐的节奏排练，只进行各种游泳方法的队形变化，之后才得到进一步地改进和发展，配以音乐，按韵律的节拍进行，又名为"水上芭蕾"。1934年，"水上芭蕾"在美国芝加哥的万国博览会上举行公开的表演，并第一次使用"花样游泳"这一名词。从此，花样游泳在世界各地盛行起来，以后逐步发展成为竞技项目，并制定了相应的竞赛规则。美国于1946年举行了全美花样游泳锦标赛。1956年国际泳联在墨尔本举行的会议上，确定花样游泳为正式竞技项目。1973年在南斯拉夫贝尔格莱德举行的世界游泳锦标赛上第一次进行了花样游泳比赛。在1984年的洛杉矶奥运会上，花样游泳被列为正式比赛项目，设双人项目和集体项目两枚金牌。

花样游泳是一项集优雅、艺术、力量、技巧于一体的体育运动项目，需要运动员通过多年不断的训练来掌握。选手的许多动作是在不呼吸的情况下在水中完成的，如倒立。选手必须在水中做出许多托举、旋转、弯曲动作，而所有这些动作都不能借助池底的地面。整个比赛过程中，无论多么紧张，运动员们都要努力保持轻松的样子。裁判员会根据动作的难度、质量以及艺术表现力来打分。

（二）观众礼仪

花样游泳运动员通过肢体语言的表达，将自己对音乐内涵的理解恰如其分地展现出来。在整套动作中，动作的力量与速度都是与配乐相互呼应的，因此运动员在现场对音乐的把握十分重要。严格来说，从运动员在池边摆好准备动作，到运动员完成比赛，最后在水池中向裁判和观众致意期间，观众都不应该发出声响。因为其间的鼓掌、叫好都会使运动员对节奏的判断产生影响。如果观众要鼓掌叫好，也应该是在运动员完成全套动作、现场音乐结束之后。

2008年4月18日"好运北京"花样游泳比赛中，委内瑞拉选手埃斯皮诺萨姐妹突然遇到音乐中断的尴尬。埃斯皮诺萨姐妹并没有因此停止自己的动作，她们仍然像平时训练一样，坚持在水池中继续表演。现场的观众忽然明白了什么，开始自发地为她们有节奏地鼓掌，帮助和鼓励着姐妹俩继续完成比赛。对于中国观众给予的帮助，委内瑞拉选手埃斯皮诺萨姐妹赛后说："中国观众高素质的表现，鼓励我们完成了最后的比赛。"

三、跳水

（一）项目简介

在伦敦大不列颠的博物馆里，陈列着公元前500年的一只陶质酒杯，杯上绘有一个人正勇敢地从船舷上跳入海中，这是至今所见跳水运动最古老的物证之一。中国早在宋代（公元960—1275年）就有了跳水活动，并且有一定的技术水平。斯堪的纳维亚半岛、地中海、红海一带的码头工人、船工、渔民在17世纪就盛行从悬崖峭壁或固定的建筑物上跳水，并逐渐发展到现代的跳台和跳板跳水。现代的竞技性跳水运动，在19世纪末20世纪初出现于欧洲。跳水是在跳水台板上起跳，完成空中动作，以入水为结束的一项水上运动，包括跳板跳水和跳台跳水两个项目。1904年第3届奥运会将跳水列为比赛项目，1908年第4届奥运会确定了正式比赛规则，1912年第5届奥运会又增加了女子跳水项目，从此跳水运动在世界各国开展起来。目前，世界性的大型跳水比赛，除奥运会之外，还有世界锦标赛和世界杯赛。跳水分男女个人3米跳板、10米跳台，男女双人3米跳板、10米跳台共8个项目。

跳板跳水有1米板和3米板两种。自20世纪60年代铝合金板问世后，已出现了向前翻腾4周半和其他多周翻腾转体动作。随着跳板弹性的优化，对运动员掌握身体平衡能力的要求越来越高。跳板跳水的关键是合理利用跳板的反弹力，获得最佳起跳角度和高度，所以走板和起跳是跳板跳水的基础。

跳台跳水是在坚硬而没有弹性的5米或10米高台上进行，世界高手都选用10米跳台。与跳板跳水技术截然不同，跳台跳水起跳稳定，一般采用快助跑低跨跳，腾空后迅速拢紧身体，缩短纵轴旋转的半径距离。纵轴翻腾力和横轴转体力处理得是否协调、连贯、适当，是做好翻腾转体的关键。

世界跳水运动正向着动作难度大、空中造型优美、翻腾转体迅速、动作准确平稳、入水水花小及运动员破纪录年纪小的方向发展。从事跳水运动，能使人的体态矫健，且有助于全身肌肉的协调发展和神经系统、心血管系统功能的增强。跳水运动既惊险优美，又能陶冶情操、熔铸意志，是极受青睐的竞赛项目。

（二）观众礼仪

观看跳水比赛与观看游泳比赛的礼仪基本相同。在跳水比赛当中，对于运动员来说，观众的掌声能给他们增加信心。但是在运动员走上跳板或跳台时，应保持安静，以免干扰运动员的起跳和比赛节奏。当运动员漂亮地完成动作后，可以大声地喝彩、热烈地鼓掌；运动员不慎动作失误，也应给予掌声。

2004 年雅典奥运会男子双人 3 米跳板比赛中，出现了滑稽一幕：当比赛正在紧张进行的时候，一位不速之客打断了比赛。当时比赛正进行第三轮，中国选手王克楠/彭勃刚刚跳完，随后出场的德国选手正准备做跳水动作，有位身穿白色天鹅芭蕾舞裙的肥佬，突然跑上平时用做练习的 3 米板，在众目睽睽下搔首弄姿跳入水中。观众被突然出现的这一幕惊呆，但随即全场爆笑。这突如其来的干扰，影响了正常的比赛。

2008 年全国跳水奥运选拔赛在山东济南举行，座无虚席的看台显现出当地观众对跳水比赛的热情。令人遗憾的是比赛时观众肆意喧哗、接听电话的声音不绝于耳。1 月 10 日下午跳台比赛正在进行，当时一名女选手正准备从高台跳下，依照规定，此时应全场保持安静。但随后，一阵刺耳的手机声打破了赛场的沉静，一名女子旁若无人地高声接听电话。现场的工作人员在远处示意该女子噤声，但该女子仍大大咧咧地一直说到电话挂断。比赛因此中断了将近 5 分钟。

四、水球

（一）项目简介

水球是新兴的体育项目，是一种在水中进行的球类运动。它起源于 19 世纪中叶的英国，最初是人们游泳时在水中传掷足球的一种娱乐活动，故有"水上足球"之称，后逐渐形成两队之间的竞技水球运动。1869 年，在英国出现用小旗标定边线和球门的水球比赛。1877 年英格兰伯顿俱乐部聘请威尔森制定了世界上第一部水球竞赛规则。1879 年出现了有球门的水球比赛。1885 年英国游泳协会将水球列为单独比赛项目。1890 年首先传入美国，后又逐渐在德国、奥地利、匈牙利等国家广泛开展。在 1900 年第 5 届奥运会上，水球被列为正式比赛项目。水球运动从 1973 年开始举办世界水球锦标赛。1979 年国际业余游泳联合会举办了第 1 届女子水球世界杯赛。1986 年举行了第 5 届世界游泳锦标赛，并将女子水球列为正式比赛项目。

由于水球是在水中进行的集体性项目，且比赛相当激烈，所以它要求运动员具有较强的力量、速度、耐力和灵活性。拿球、抢球、摔抱等动作全部在水中进行，大大增加了这项运动的难度。运动员除具备一般游泳技术外，还必须具备良好的专项技术，如踩水、起跳、转体、抬头爬泳、快速起动、急停、变向游等，可以称得上是体育运动中最累人的项目之一。水球比赛分为4节，每节8分钟，在这8分钟内，运动员不得接触游泳池底和池壁边。这就意味着一场比赛下来，每名运动员平均要游5公里以上。所以水球运动员不仅要具备游泳运动员的耐力和速度，还要具备足球运动员的传接球、射门功夫，甚至还要有橄榄球运动员的力量。

（二）观众礼仪

虽然水球比赛不要求观众保持安静，但也要做到理智观赛。因为在水球比赛中，裁判只能用哨声来表示犯规等指令，而水球比赛场馆是封闭的，看台上观众的声音会严重干扰运动员的听觉，有时甚至会让运动员误认为犯规而在比赛中莫名其妙地停下来，这就会严重影响比赛的进程。

2007年水球世界锦标赛，中国队与希腊队进行了一场世锦赛男子水球小组赛，最终中国队在与欧洲劲旅的交锋中以5:11负于对手。比赛中，几名希腊球迷赤裸上身站在看台上，不停地冲着场内大喊，声音甚至盖过了裁判的哨声，严重干扰了比赛的正常进行，最终被警方驱逐出场。中国队队员在赛后说："我们都听不到哨声了，被他们吵得无法集中注意力。"

第七节　水上运动项目与观众礼仪

一、赛艇

（一）项目简介

赛艇起源于英国，17世纪泰晤士河的船工经常举行划船比赛。1715年为庆祝英王加冕，首次举行赛艇比赛。1775年英国制定赛艇竞赛规则，同年建立赛艇俱乐部。1811年伊顿公学首次举行八人赛艇比赛。1829年牛津大学、剑桥大学首次举行校际赛艇比赛。1839年举办赛艇杯赛。1846年英国人在艇舷上安装了桨架，加长了桨的长度，提高了划桨效果；1847年又将重叠板的外龙骨艇改装成平滑的内龙骨艇，提高了赛艇的速度。1857 年美国的巴布科克发明滑座，运动员划桨时能前后移动，增加了腿部力量。1882 年俄国人将封闭式桨栓改为活动式浆环，提高了划桨幅度。男子赛艇于 1896 年被列为首届奥运会比赛项目。女子赛艇于 1976 年被列入奥运会比赛项目。

赛艇比赛男子有 8 个项目，女子有 6 个项目。男子项目有：单人双桨、双人双桨、双人单桨无舵手、双人单桨有舵手、四人双桨无舵手、四人单桨无舵手、四人单桨有舵手、八人单桨有舵手；女子项目有：单人双桨、双人双桨、双人单桨无舵手、四人双桨有舵手、四人单桨有舵手、八人单桨有舵手。男子项目比赛距离为 2000 米，女子项目比赛距离为 1000 米。比赛一般有 6 条航道，最多为 8 条航道，每条航道长 2200 米，宽 12.5 ~ 15.0 米。运动员必须在自己的航道内完成赛程，以艇首到达终点的先后顺序判定名次。赛艇是在天然水域进行比赛，天气情况对比赛成绩会产生影响，甚至前后两组比赛时的天气也会发生变化，因此比赛成绩也不具有绝对的可比性，故赛艇比赛成绩没有世界纪录。

（二）观众礼仪

观看赛艇比赛主要看运动员的动作是否整齐划一、协调自然，桨叶出水是否轻盈、入水是否快捷，船行走时的起伏是否流畅，桨叶在水下的做功距离与运动员的身材是否相称，桨频与船速的关系等。观看赛艇比赛的限制较少，观众可以摇旗呐喊、擂鼓助威，但是比赛水域不允许观众下水嬉戏或游泳。赛艇比赛是在露天场合进行，因此，观看赛事前要做好防晒和防雨的准备。

北京奥运会女子八人单桨预赛于 2008 年 8 月 10 日下午 5 点 40 分在位于北京顺义的奥林匹克水上公园进行。比赛即将开始，突然下起了暴雨，看台上没有遮雨棚，观众都穿上了简易雨衣。因为比赛暂停了一个多小时，四五千名观众冒着大雨在座位上等候组委会的通知，其中有不少是老人和孩子。在大雨中，很少有人离开，没有人抱怨，大家都在那里等着，等着为自己的队伍加油。比赛时，观众们一起挥动着国旗，整个看台上是一片红色的海洋。正因为有了观众的耐心等待和支持，才有了后来的精彩赛况。

二、皮划艇

（一）项目简介

皮划艇分皮艇和划艇两个项目。皮艇起源于格陵兰岛上的爱斯基摩人所制作的一种小船，这种船用鲸鱼皮、水獭皮包在骨头架子上，用两端有桨叶的桨划动。划艇则起源于加拿大，因此又称"加拿大划艇"。实际上，皮艇和划艇都是从独木舟演变而来的，因此亚洲的一些国家和地区，如日本、韩国、朝鲜、中国香港、中国澳门等地都把皮划艇称为"独木舟"。

现代皮艇、划艇比赛分两大类：速度赛和急流回转赛。速度赛在静水域进行，而急流回转赛在动水域进行。速度赛包括：男子 500 米单人皮艇、男子 500 米双人皮艇、男子 1000 米单人皮艇、男子 1000 米双人皮艇、男子 1000 米四人皮艇、男子 500 米单人划艇、男子 500 米双人划艇、男子 1000 米单人划艇、男子 1000 米双人划艇和女子 500 米单人皮艇、女子 500 米双人皮艇、女子 500 米四人皮艇。急流回转赛包括：男子单人皮艇、男子单人划艇、男子双人划艇以及女子单人皮艇。选手在动水域要越过设有 25 个障碍门的水道，选手每接触障碍门一次，就要被罚时 2 秒，漏穿障碍门是最糟糕的犯规，每次漏穿要被罚时 50 秒。获得包括罚时在内的积累时间最短的选手，即为获胜者。

（二）观众礼仪

皮划艇比赛是一项能够给人以美感和愉悦享受的运动，它既有激烈的对抗和竞争，也有运动员完美发挥技术时展现的运动之美和韵律之美。所以观众在观看比赛时，应当动静结合。因为比赛场地都选在室外，观众可以在水面的两岸借助彩旗、锣鼓、乐器、喇叭等为运动员尽情呐喊助威。但在静水比赛项目中，无论是单人项目还是多人项目，比赛的关键在于节奏的掌控。因此，观众最好能找准运动员的划桨节奏为他们加油，这样有助于运动员取得好成绩。

三、帆船和帆板

（一）项目简介

帆船比赛是运动员驾驶帆船在规定的水域内，依靠自然风力作用于船帆上比赛速度的一项运动。帆船运动最早起源于居住在海河区域的古代水上交通运输工具，而现代帆船始于荷兰。帆船分为稳向板帆艇和龙骨帆艇两类，稳向板帆艇轻快灵活，可在浅水中行驶，奥运会项目中的飞行荷兰人型、荷兰人型、470 型、星型、托纳多型等均属此类，是世界上最普及的帆船；龙骨帆艇也称稳向舵艇，体积大不灵活，稳定性好，帆力强,只能在深水中行驶。奥运会项目中的暴风雨型、索林型等均属此类。帆船比赛主要有两种形式,一种为集体出发的团队比赛,另一种为两只船同时比赛的一对一比赛。只有索林级比赛采用一对一的比赛形式,其他比赛都采用集体出发的形式。1896年,第1届奥运会就把帆船列为正式竞赛项目。帆船比赛的计分是按照每一场比赛船只的排名给予相应的计分,排名越靠前,得分越低,最后得分最低的选手获得冠军。

帆板运动起源于美国,1967年美国加利福尼亚州马里纳德海港出现一种加长冲浪板,上面装有能转动的桅杆,受到青少年的青睐。后逐渐形成一种体育运动,在欧美国家广泛开展。帆板是介于帆船和冲浪之间的新兴水上运动项目。帆板由带有稳向板的板体、有万向节的桅杆、帆和帆杆组成。运动员站在板上,利用自然风力,靠改变帆的受风中心和板体的重心位置转向,通过帆杆操纵帆使帆板产生运动速度在水面上行驶。1970年1月,马里布帆船俱乐部举行了帆板冬季邀请赛,这是世界上的第一个帆板比赛。1974年举行首届世界帆板锦标赛。1984年洛杉矶奥运会第一次把帆板列为正式比赛项目。

(二)观众礼仪

帆船、帆板是风、水、人、船四者完美结合,充满活力的运动。蓝天、白云、碧海、彩色的风帆,构成了一幅绚丽的画卷,令人赏心悦目。帆船、帆板比赛受项目特点所限,比赛场地一般离岸较远,所以观众在岸上很难看到比赛中的细节,即使自己有船也只能在规定的比赛区域之外观看,因此,当自己喜爱的队靠近时,可以放声呐喊为其助威。

2008年8月11日,在北京奥运会帆船的比赛现场。当各国帆船运动员从港湾驶向比赛海域时,来自世界各地的、各种肤色的观众都奋力举起双手,朝着驾驶帆船的运动员大力地挥动着。"加油,加油!""你们辛苦了,我们为你们骄傲!"……英语、意大利语、西班牙语、法语、汉语、韩语等不下十几种语言,都汇成句句"加油"。驾驶帆船的运动员们被欢呼的人群所感染,挥手与岸上的观众们遥相呼应。在这一刻,运动员和观众俨然成了一家人。

第八节　冰雪运动项目与观众礼仪

一、滑雪

（一）项目简介

滑雪是一项既危险又刺激的体育运动。滑雪运动是人们呈站立姿态，手持滑雪杖，足踏滑雪板在雪面上进行速度、跳跃和滑降的竞赛运动，"立"、"板"、"雪"、"滑"是滑雪运动的关键要素。滑雪运动从历史沿革角度，可划分为古代滑雪、近代滑雪、现代滑雪；从滑行的条件和参与的目的，可分为实用类滑雪、竞技类滑雪和旅游类（娱乐、健身）滑雪。实用滑雪用于林业、边防、狩猎、交通等领域，现多已被机械设备所替代，逐渐失去昔日的应用价值。竞技滑雪是在特定的环境条件下，运用比赛的形式达到竞赛目的的滑雪活动。旅游滑雪是适应现代人们生活、文化需求而发展起来的大众性滑雪，包括单板滑雪、超短板滑雪、越野滑雪等。其中越野滑雪是在低山丘岭地带（平地、下坡、上坡各约占1/3）进行长距离滑行，虽然远没有高山滑雪的乐趣和魅力，但从安全和健身角度而言，更具有广泛的参与性。超短板滑雪、单板滑雪（双脚同踏一只宽大的雪板）比高山滑雪更具有刺激性，技术更灵活，在中国尚未普遍开展。

目前竞技滑雪正规的大项目分为：高山滑雪、北欧滑雪（越野滑雪、跳台滑雪）、自由式滑雪、冬季两项滑雪、雪上滑板滑雪等。奥运会高山滑雪设10小项，男女各5项。男子项目设有：滑降、回转、大回转、超级大回转、全能（滑降/回转），女子项目设有：滑降、回转、大回转、超级大回转、全能（滑降/回转）。该项运动将速度与技巧完美地结合在一起，运动员在滑行过程中左右盘旋，将健美与优雅融为一体。由于高山滑雪具有惊险、优美、自如、动感强、魅力大的特点，故高山滑雪被人们视为滑雪运动的精华和象征。

（二）观众礼仪

滑雪是一项很刺激的运动项目，观众要充分享受整个比赛过程，为运动员的出众技巧喝彩。观众在观看比赛时，千万不能冲出围栏和警戒线，以免出现意外或干扰比赛；观众在观看比赛中、比赛后都不能乱扔垃圾，应该保持赛场环境的清洁。

20世纪60年代在美国普莱西顿湖进行的一次滑雪比赛中，观战的观众向赛道中扔了装食品的包装袋，正在高速滑行的德国运动员为躲避这些"飞来物"，结果冲出赛道，撞到了护栏，不仅干扰了正常比赛，还险些酿成事故。

二、滑冰

（一）项目简介

在人类的上古时代，北欧的游牧民族就已经利用动物骨胳从事滑冰活动，后来经芬兰游牧民族传入瑞典、丹麦、荷兰等地。13世纪左右，滑冰运动在英国就已经非常盛行。19世纪末，滑冰运动传入中国。滑冰运动分为速度滑冰、短道速滑、花样滑冰三种。

速度滑冰简称速滑，是历史最为悠久、开展最为广泛的运动项目。1763年2月4日在英国首次举行15公里速度滑冰赛，1889年在荷兰的阿姆斯特丹首次举办世界冠军赛。男、女速滑分别于1924年、1960年被列为冬奥会比赛项目。奥运会上速滑比赛项目有10项，分别为：男子500米（1924年列入奥运会）、男子1000米（1976年列入奥运会）、男子1500米、男子5000米、男子10000米（均为1924年列入奥运会）、女子500米、女子1000米、女子1500米、女子3000米（均为1960年列入奥运会）、女子5000米（1988年列入奥运会）。都灵冬奥会首次引入团体资格赛，打破速滑个人为战的局面。

花样滑冰是一项艺术与运动结合的体育项目，除了要掌握冰上技术外，对运动员的艺术表现力也有极高的要求。花样滑冰偏重舞步，强调用动作表达音乐。1924年第1届冬季奥运会，花样滑冰就被列为正式比赛项目。奥运会花样滑冰有男子单人滑、女子单人滑、双人滑和冰舞4个项目，比赛均在室内进行。它要求在60×30米的冰场上进行，运动员在约以40公里/时的速度完成各种高难度动作的同时，还要用自己的艺术表演诠释背景音乐，感染观众，征服裁判。

短道速滑19世纪80年代起源于加拿大，当时加拿大的一些速度滑冰爱好者常到室内冰球场上练习，随之产生了室内速度滑冰的比赛。1905

年加拿大首次举行全国短道速滑锦标赛，后逐渐在欧、美国家广泛开展。1969 年在加拿大举行的第 33 届国际滑冰联盟代表大会上，颁布了《短跑道速度滑冰规则》。1975 年国际滑冰联盟成立短跑道速度滑冰技术委员会。1976 年首次在美国伊利诺伊州的尚佩思举行国际短道速滑赛。1981 年举办了首届世界短道速滑锦标赛。短道速滑有男子 500 米（1994 年列入冬奥会）、男子 1000 米（1992 年列入冬奥会）、男子 5000 米接力（1992 年列入冬奥会），女子 500 米（1994 年列入冬奥会）、女子 1000 米（1994 年列入冬奥会）、女子 1500 米以及女子 3000 米接力（1992 年列入冬奥会）。1992 年，短道速滑被列为冬奥会比赛项目。

（二）观众礼仪

在运动员起跑时，观众必须保持安静。在比赛中拍照时，必须关掉闪光灯。花样滑冰比赛中，运动员经常会做一些高难度的动作，比如双人滑中的抛接等动作，如果选手在做这些难度动作的时候被看台上的闪光灯晃了眼，就很有可能发生危险。抛掷毛绒玩具等礼物或鲜花是花滑运动的一个惯例和习俗，但礼物和鲜花一定要用透明的包装纸包装严密，如果花瓣和细小的毛绒散落在冰面上，没有得到及时的清理，选手的冰刀滑到上面就很容易发生危险。观众鼓掌和喝彩要选择合适的时机，当选手摆好开场姿势准备开始表演时，观众应该安静下来；当选手完成了高难度的动作之后，观众可以给予掌声和喝彩。

2007 年亚冬会，双人滑花样滑冰选手中国名将申雪/赵宏博发挥出色，毫无悬念地夺得了金牌。赛后赵宏博直言："观众太热情了，这多多少少也会有一些影响。双人滑需要的是一种控制的力量，在思考动作的时候，容易受到外界的影响。"运动员在花样滑冰比赛中，需要在相对安静的环境下，集中注意力去体会和演绎音乐中的意境。所以，观众在观赛时，务必保持赛场的安静。

三、冰球

（一）项目简介

冰球又称冰上曲棍球，于 19 世纪中叶起源加拿大。冰球运动是指运动员穿着特制的冰刀、护具和服装，手持球杆在冰场上击球的一种冰上球类运动。冰球是融足球、曲棍球和速度滑冰技术与战术为一体的体育运动，以击入对方球门内的球数多者为胜，是世界上最高速的球类运动。

在一场冰球比赛中有两支球队参加，每支球队场上队员为 6 名，每名队员都配备一支带杆刃的冰球杆来控制场上唯一的一个小而坚硬的扁平黑色圆盘形球，即冰球，在给定的时间内进行比赛。冰球比赛的意图是尽量多地把球射入对方球门，同时积极有力地防守本方球门。每队都有一名守门员，两名后卫以及分为中锋、右边锋和左边锋的 3 名前锋。当有队员因犯规受罚下场时，每队将不再是 6 名队员了。除了两队的队员外，允许在场上出现的其他人员只有 3 名裁判人员：一名主裁判和两名边线裁判。每场比赛分 3 局进行，每局为 20 分钟，两局之间有 15 分钟休息。除非是平分决胜（或出现平局），否则没有加时赛。

（二）观众礼仪

冰球比赛是一项快速、激烈、对技术要求非常高的运动，所以球员高超的技术应当是比赛的主要看点。看到球员精彩的技术表现，一定不要吝惜你的喝彩，即使是对方球员打出精彩的球，也应当给予掌声。此外，在看比赛的时候，观众还应当注意一些基本的观赛礼仪，例如不要向场地内扔杂物；拍照不能使用闪光灯，尤其在冰球场地上，闪光灯会使冰面产生强烈的反光刺激运动员的眼睛，而影响正常的比赛。

2009 年 2 月 24 日，在第 24 届世界大学生冬季运动会女子冰球预赛中国对阵英国的比赛中，英国队门将在比赛中意外受伤，进行了短暂的处理之后又继续比赛。中国观众集体起立鼓掌，对这位坚强的门将表示鼓励和支持，这位英国门将不断向中国观众挥手致意，表达由衷的感激之情。

第九节 其他运动项目与观众礼仪

一、马术

（一）项目简介

马术起源于原始人类的生产劳动过程。在古代，为了使战车所用的马匹在战场上准确地移动，常对马匹进行各种技巧和协调性的训练，后来就发展成为马术比赛。近代马术运动起源于英国。1734 年美国弗吉尼亚成立查尔列斯顿马术俱乐部，这是世界上最早的马术俱乐部。1953 年首次举办世界场地障碍马术锦标赛。马术比赛于 1900 年首次进入奥运会，当时只设立障碍赛。1912 年，马术比赛扩大为盛装舞步赛、障碍赛和三日赛 3 项。从 1952 年起，女骑师被允许参加奥运会的马术比赛，马术也成为奥运会中唯一一个男女同场竞技的比赛项目。作为一个团队，马匹和选手将共同获得奖牌和名次。

（二）观众礼仪

马是一种胆小的动物，即使是久经赛场的马匹也会对人头攒动、声势浩大的比赛场面有所畏惧。因此在观看马术比赛时，对观众有一些特殊的要求。例如，不要轻易使用闪光灯进行拍照；禁止吸烟；手机要关机或设置为振动/静音状态；禁止在马术比赛现场发出刺耳的尖叫声，以免使马匹受到惊吓，影响比赛的正常进行；不要在观看马术比赛时向场地内乱扔各种物品，包括食物，以免伤害马匹和骑手。有的比赛场地距离看台很近，看台上发出太大的响声，可能会导致马匹不愿意到看台旁边的区域进行动作展示，这将极大地影响骑手和马匹的最后得分。特别是马匹在完成动作的过程中，观众不能摇摆任何旗帜和饰品。比赛中，观众对骑手和马匹的表演感到满意，也不能在比赛的过程中鼓掌，而是要等到比赛结束后再鼓掌。

在一次国内的马术比赛中，赛马场的观众席没有遮挡物，户外阳光照射又格外强烈。志愿者们陆续向观众分发矿泉水降温，但就是这"人性化"的服务，引起了看台上观众不小的喧哗声。有一匹赛马受到了惊吓，坚决不肯经过那个发出喧哗声的看台。结果，骑手不得不绕道进入比赛区域，使比赛推迟长达数分钟。

2007 年年底的多哈亚运会盛装舞步比赛中，看台上的卡塔尔观众十分热情地为主队鼓掌，其中一匹马因为受到了惊吓而在进场口原地徘徊，迟迟不敢进场。在比赛中，只要观众的掌声一响起，马匹就不敢动了。最后卡塔尔队的领队和官员不得不站起来对看台席上喊道："停止鼓掌！请大家安静！"这才顺利地完成了比赛。

二、击剑

（一）项目简介

始于古代决斗的击剑运动，在 1896 年首届奥运会就被列为比赛项目，是奥运会初期 4 个比赛项目之一，也是奥运会初期唯一允许职业选手参赛的项目。在击剑比赛中，一方用剑尖刺击对方，使剑尖准确无误地刺在对方的有效部位并具有刺入的性质，击剑运动员在规则许可的范围内运用各种战术取胜，最后，有效刺击次数多的一方为胜。比赛项目分男、女花剑、重剑、佩剑，而且均有个人赛和团体赛。团体赛为每队 3 人的队际相遇赛；个人赛先采用分组循环赛，然后根据组内成绩指数排位，进行单败淘汰赛。分组循环赛中，4 分钟内先击中 5 剑者为胜。单败淘汰赛为每局 3 分钟，击中剑数累计，先击中 15 剑者获胜，最多打 3 局，每局之间休息 1 分钟。

（二）观众礼仪

击剑比赛和任何体育竞赛一样，都是需要运动员与观众进行互动的竞赛项目。观众良好的行为举止，不但有利于顺畅地观看比赛，而且有助于运动员在场上保持良好的比赛状态。在比赛开始时，一定要保持安静，手机要关机或设置为振动/静音状态，不要吃东西或互相聊天、大声喧哗，禁止吸烟，且不能在击剑场馆内使用照相机闪光灯。当双方运动员交锋结束，裁判员下达"停"的口令时，观众应保持安静，在倾听裁判员的判罚之后，观众才可为双方运动员鼓掌喝彩。当裁判员下达实战开始口令时观众应保持安静，使运动员能听清裁判员下达的每一个口令，以免影响比赛的正常进行。

"军霞健身器"杯 2009 年女子重剑世界杯大奖赛在南京市江宁区体育中心体育馆进行。在观赛过程中，很多观众没有将手机铃音音量调小或是设成振动，因此手机来电铃音可谓此起彼伏，在场馆内显得异常刺耳。令人啼笑皆非的是，这些人接听电话不是相约在哪里吃晚饭，就是提醒家人收看电视直播，瞧瞧自己有没有在摄像机镜头中出现。这些观众的行为让后排一位观赛的外国击剑队教练非常不满，并提出了抗议。

三、射击

（一）项目简介

最初射击被用于狩猎和军事活动。射击首次列入现代奥运会是在 1896 年的雅典奥运会。1897 年举行了首届世界射击锦标赛。1907 年世界射击联盟成立。射击是用枪支对准目标打靶的竞技项目，国际比赛分为男、女个人项目以及团体项目。射击比赛主要分成 4 个大项：手枪、气枪、飞碟和移动靶比赛。具体项目分布如下：男子气手枪（10米）、男子手枪速射（25米）、男子手枪慢射（50米）、男子气步枪（10米）、男子小口径自选步枪3×40（50米）、男子小口径步枪60发卧射（50米）、男子10米移动靶、男子飞碟双多向、男子飞碟多向、男子飞碟双向，女子气手枪（10米）、女子运动手枪（25米）、女子气步枪（10米）、女子小口径自选步枪3×20（50米）、女子飞碟双多向、女子飞碟多向、女子飞碟双向。步枪和手枪的标准靶由10个靶环构成，排列是从1环到10环。最外面的靶环为1分，靶心为10分，以射中分数总和计成绩，得分高者获胜。

（二）观众礼仪

射击比赛对观众的要求不同于其他的比赛。首先，观众应该到指定的地点就座。射击比赛存在着很大的危险性，所以一定要按照赛场的要求到指定的地点就座，不要到禁区，以免发生危险。其次，在运动员发射时，观众一定要保持赛场安静，以免影响运动员的注意力。严禁在比赛场地内大声喧哗、打闹、争斗、来回走动、晃动宣传条幅、接听电话、交头接耳等，务必保持赛场的安静。最后，不要吝啬鼓掌。没有观众掌声的比赛显得过于冷清，体现不出比赛的魅力，但是，一定要在一组内所有的运动员全部射击完毕后，观众方可鼓掌，否则，掌声会对后面的运动员产生不利影响。

2004年雅典奥运会上，奥运会卧射冠军、美国选手埃蒙斯在决赛最后一发以0.1环之差惜败朱启南。对于观众席上过早响起的掌声，埃蒙斯赛后委婉并幽默地说：“我开始一直是最后一个击发，但最后一发决胜负时，我不得不让自己赶在掌声响起前尽快击发。因为我知道朱（启南）击发之后，观众立刻会有热烈的反应。”埃蒙斯的失败固然很让人惋惜，但观众的掌声对他产生的不利影响，也让人们感到歉疚。

2008年8月12日北京奥运会上，中国选手胡斌渊凭借决赛中的出色发挥，在男子飞碟双多向比赛中抢得一枚铜牌，这是中国飞碟射击队在本届奥运会上收获的首枚奖牌。在资格赛中胡斌渊的表现不好，这反而让胡斌渊在决赛中放下包袱，放手一搏。前11对碟靶，他弹无虚发。每次全中，看台上便会响起一阵一阵热烈的掌声。赛后胡斌渊说：“现场的环境和气氛很好，观众席上热情洋溢的加油声激励了我，我并没有感受到主场作战的压力。能够在家门口登上奥运会的领奖台，他要特别感谢一直为自己加油助威的热情观众。"

四、射箭

（一）项目简介

射箭是指通过助弓的弹力将箭射出，在一定的距离内比赛准确性的体育运动项目。远在 1 万年前的中石器时代，人类就发明了弓箭来狩猎捕鱼。以后很长时间内，弓箭又作为武器用于战争，现今弓箭已成为人们喜欢的体育运动项目之一。射箭比赛分为个人项目和团体项目，设有男、女个人和男、女团体共 4 个项目。1896 年首届奥运会上，射箭就被列入比赛项目。但由于种种原因，1920 年以后的奥运会都没有设立这一项目，直到 1972 年慕尼黑奥运会，射箭才重新被列为奥运会比赛项目。国际射箭联合会于 1931 年成立，并在同年举行了第一届世界锦标赛。1955 年国际箭联在赫尔辛基会议上确定，自 1957 年第 18 届世界锦标赛起，男子射程为 90 米、70 米、50 米、30 米，女子射程为 70 米、60 米、50 米、30 米。分前、后两个单轮，4 天赛完。每个距离射 12 × 3 支箭，每 3 支箭要在 2 分 30 秒内完成由站立、搭箭、开弓、固势、瞄准、加力、撒放、结束等动作的全部过程。靶为 10 环，以射中分数总和计成绩，得分高者获胜。1985 年国际箭联决定，自 1986 年开始，实行淘汰制的比赛办法。世界锦标赛和奥运会必须采用淘汰赛制，但原有的单、双轮射准射箭比赛办法仍可使用。

（二）观众礼仪

由于射箭比赛存在着一定的危险性，所以一定要按照赛场的要求到指定的地点就座，不要到禁区，以免发生危险。在运动员发箭时一定要保持赛场安静，严禁在比赛场地内大声喧哗、打闹、争斗和吸烟，手机要关机或设置为振动/静音状态。在运动员射出一支精准的好箭后，观众应报以热烈的掌声；即使射出的不是好箭，也应鼓掌予以鼓励，而不要嘘声四起或鼓倒掌。当运动员正在瞄准、将要发射时，千万不要突然爆发出声响，这是观赏射箭比赛时特别要注意的。

2009 年 10 月 22 日进行的十一运会射箭女子团体半决赛中，对阵双方是卫冕冠军、东道主山东队与实力同样很强的上海队。射箭是一项需要注意力高度集中的项目，播音员在赛前就一再提醒在场观众保持安静。但是，每逢上海队员张弓搭箭、凝神屏息、蓄势待发之际，身后就会传来不合时宜的大声咳嗽。当两队比分胶着，几位嗓子眼经常发痒的"咳将"变本加厉，除了惯用的咳嗽外，更不时喊出"六环"、"四环"。很明显，这些个别观众是在对上海队故意实行"场外干扰"。很多观众似乎也看懂了这一点，谴责声四起。结果，本应安静的射箭赛场乱哄哄一片，许久才平息下来。少数观众如此低劣的素质，使东道主的形象大打折扣。

五、自行车

(一) 项目简介

20 世纪 50 年代，山地车越野运动出现于法国，并逐渐在欧洲流行。最早的自行车比赛是在 1868 年法国圣克劳德公园内举行的。1996 年自行车被列为奥运会比赛项目。20 世纪 60 年代，美国又兴起小轮车运动。2003 年 12 月国际奥委会正式批准小轮车为 2008 年北京奥运会比赛项目。奥运会自行车比赛分为公路赛、场地赛、越野赛、小轮车比赛，公路赛设个人赛和团体赛，个人赛以运动员到达终点的顺序排列名次，团体赛以每队的第三名运动员到达终点的成绩判定名次；场地赛包括计时赛、计分赛、争先赛和追逐赛；越野赛在崎岖不平、有天然障碍的路面进行，以到达终点的时间判定名次；小轮车比赛有计时排位赛、淘汰赛（1/4 决赛、半决赛）和决赛。

(二) 观众礼仪

自行车项目是一项富于挑战性的运动，比赛的激烈程度、现场的刺激画面足以使观众欢呼、沸腾。观众恰当地加油助威可以更好地激发运动员的挑战精神与顽强意志。在观看自行车比赛前，观众应了解自行车比赛的特点和相关知识，做到注意赛场秩序和适时保持安静。在自行车比赛开始（集体出发项目例外）时，运动员需要根据倒计时电子提示音发令出发。运动员出发时会全神贯注地聆听起跑信号，这时现场的观众应保持安静，以免干扰或影响运动员起跑。对于沿途观赛的观众来说，首先要选择一个安全的位置观看比赛。在赛道中经常有一些危险地段，或是急转弯地形，或是运动员竞争比较激烈的地段。运动员在激烈的竞争中也存在着一定的危险性，如果运动员在高速状态下发生侧滑、摔倒等事故，势必威胁到周边观众的安全。所以，观众在沿途观赛时一定不要超越隔离区，以保证自身的安全。其次，观看自行车比赛过程中一定要听从赛场人员的指挥，不要随意冲入场内或赛道。因为公路自行车赛道上不仅有高速行驶的自行车，还有保障比赛进行的各种机动车车辆，如裁判车、器材车、新闻采访车、警车等，这些车辆行驶速度非常快。特别是在公路个人计时赛中，运动员是间隔时间出发的，这就意味着整个赛道都会有投入比赛的运动员。所以，观众突然冲进或穿越赛道的做法是十分危险的。一旦发生阻挡运动员或车队的事故，轻则影响运动员的比赛成绩，重则造成严重的人身伤害事故。在观看山地车比赛时，观众不能接触或帮助运动员，更不能向运动员的身上和车上喷水。因为规则规定参赛运动员在比赛中，不得接受外界帮助。

在 2002 年的环法自行车赛第十赛段，一名 7 岁的男孩麦尔文在比赛 26 公里处，挣脱了祖父母的看护，穿过公路，被一辆快速驶来的宣传广告车撞倒。尽管救护车以最快速度赶来救护，但这名男孩还是在半小时后不治身亡。

2009 年 7 月 18 日进行的环法自行车赛第 14 赛段起点 38 公里处的比赛中，一位女观众在穿越赛道时，与警方的摩托车相撞，当场死亡。另外还有一位 60 岁男子和一位 37 岁女性被撞伤，所幸没有生命危险，他们都是在事故发生时，被这辆失控的摩托车所撞倒。

六、高尔夫球

（一）项目简介

高尔夫球是一种以棒击球入穴的球类运动。苏格兰是高尔夫球的发源地，当时牧羊人经常用驱羊棍击石子，比赛谁击打得又远又准，这就是早期的高尔夫球运动，而后传入英格兰。高尔夫球最早在宫廷贵族中盛行，加之高尔夫球场地设备昂贵，故有"贵族运动"之称。当时英国皇室对高尔夫球的喜爱几乎达到了痴迷的程度，无论是国王还是众多的伯爵、侯爵都把高尔夫球当成娱乐消遣的第一运动。也正是有了皇家的喜好和庇护，高尔夫球才会有极其迅速的普及和发展。19 世纪末高尔夫球运动传入美洲、澳洲及南非，20 世纪传入亚洲。1922 年，世界上第一次国际性比赛是美国对英国的"沃克杯"高尔夫球对抗赛。高尔夫球运动是在室外广阔的草地上进行的，设 9 或 18 个穴，运动员逐一击球入穴，以击球次数少者为胜。1860 年英格兰举行了最早的高尔夫球公开赛。在这一年中，印度、加拿大、新西兰、美国等国家也相继举办比赛，继而进行国际、洲际及至世界性的比赛。现在的世界杯赛、英格兰公开赛和美国公开赛，可以说是高尔夫球最高水平的竞赛。高尔夫球运动首次进入奥运会是在 1900 年的巴黎奥运会。1904 年奥运会后，由于受场地和水平限制，高尔夫球运动告别了奥运会。北京时间 2009 年 10 月 9 日，在哥本哈根进行的国际奥委会（IOC）第 121 次全会上，高尔夫球在国际奥委会委员投票中获得高票通过，成为 2016 年奥运会的比赛项目。

（二）观众礼仪

高尔夫球比赛对观众的着装要求很高，上衣要有领子，禁止穿牛仔服、高跟鞋、奇装异服，要穿高尔夫鞋或其他软质平底鞋。走指定路线，不能在非指定的区域走动。大型的高尔夫球比赛，会用人或线绳等标识规定出观众应走的路线。观众要爱护场地，走在草地上不要用脚碾地、踩地，不要移动各种木桩，不要进入水障碍和沙坑；应保持肃静，关掉手机或把手机调成静音/振动，在有人打球时不要接听电话，因为即使很小声地讲话，也会影响到运动员的比赛；不要捡拾或触碰运动员的球，要保持球和球场的现有状态；照相时注意不能让快门的响声和闪光灯的亮光影响运动员的比赛，在取景时最好用远距离的长镜头；进入会所要清理鞋底并脱帽。

2007 年中国奖金额最高、参赛阵容最强的 JWC 高尔夫球赛中，由于观众不懂观赛礼仪而惹怒了球员。事情的经过是这样的，在 10 号洞的果岭，状态欠佳的蒙哥马利第二杆勉强将球攻上果岭，但是落点很差，在经过一记调整的推杆后好不容易让球跟球洞的距离更靠近一些了。此时，几乎所有的观众都以为他能够以标准杆结束第 10 洞的比赛。但蒙哥马利让大家失望了，他的第 4 杆依然没有将小球送入洞中。因为就在这个时候，人群中响起了刺耳的掌声。本来就很懊恼的蒙哥马利愤怒地转过头去，狠狠地盯着几位鼓掌的观众，然后仰天怒吼了一声。在随后的比赛中，被吓到的观众再也不敢鼓掌，本来轻松和谐的气氛也不复存在，而蒙哥马利也因情绪不好导致表现越来越差。

七、保龄球

（一）项目简介

保龄球起源于公元 3 至 4 世纪的德国。最初，天主教徒在教堂走廊里安放木柱，用石头滚地击之。他们认为击倒木柱可以为自己赎罪、消灾，击不中就应该更加虔诚地信仰"天主"。直到 14 世纪初，才逐渐演变成为德国民间普遍喜爱的体育运动项目。后来，德国人的后裔移居美国，便把保龄球带到了美国。在 16 世纪，保龄球由 9 个木瓶演变成 10 个木瓶，瓶的摆设形状也从钻石形变成三角形。1895 年，美国保龄球总会正式成立。1951 年，国际保龄球联合会成立。1954 年，第一次保龄球国际比赛在芬兰的赫尔辛基举行。保龄球比赛分为个人赛和多人赛。赛前，以抽签决定道次和投球顺序。比赛时，在球道终端呈三角形放置 10 个木瓶，参加比赛者在犯规线后轮流投球撞击木瓶；每人均连续投击两球为 1 轮，10 轮为一局；击倒一个木瓶得 1 分，以此类推，得分多者为胜。规则规定，运动员投球时必须站在犯规线后面，不得超越或触及犯规线，违者判该次投球得分无效。投球动作规定用下手前送方式，采用其他方式为违例。1988 年，第 24 届汉城奥运会上，保龄球被列为表演项目。1992 年第 25 届巴塞罗那奥运会首次将保龄球列为正式比赛项目。1996 年亚特兰大奥运会，保龄球再次成为示范表演项目。

（二）观众礼仪

保龄球进入我们的生活已有些年头了。如今，城市中多数的休闲娱乐场所中都有保龄球场地，人们在茶余饭后、朋友聚会时也经常到保龄球球道上一决高低，在较量球技的同时沟通彼此的感情。喜欢打保龄球的人多了，像全国保龄球锦标赛、全国保龄球精英赛以及各种各样的民间保龄球赛事自然就会吸引很多的热心观众到现场来近距离欣赏高手们过招。观众在观看保龄球比赛的过程中，也是要讲规矩的。保龄球是一项绅士运动，观众要注意着装。比赛开始后，不能随意走动，以免影响运动员的注意力。观众一定要注意加油和鼓掌的时机，在运动员比赛中要保持绝对的安静，以免影响场上运动员对出手方向的判断。而运动员全中或补中以后，观众应喝彩欢呼，表示对他们的鼓励。

八、台球

（一）项目简介

台球也叫桌球，是一种用球杆在台上击球、依靠计算得分确定比赛胜负的室内娱乐体育项目。台球源于英国，它是一项在国际上广泛流行的高雅室内体育运动。大约在 14 世纪，伦敦一家名叫 Billsyard 的当铺老板，为娱乐消遣而发明了台球运动，台球的英文名称也源于此。至 18 世纪末，台球作为一种游戏，在英国民间很是盛行。19 世纪初，世界上第一个公共台球室在伦敦开设。最早的台球，桌面上只有两个白球，之后法国人觉得缺少挑战性，就增添了一个红球并改进打法。再往后，英国人又将其改良，发展成为今天十分流行的落袋式台球。现在的台球有很多类型，如俄式落袋台球、英式落袋台球、开仑台球、美式落袋台球和斯诺克台球，其中斯诺克最为普遍，已成为一项国际比赛项目。

（二）观众礼仪

早在 18 世纪的英国，对参与台球运动的人和观众就有了详细的礼仪规定。观看台球比赛的礼仪和大多数室内运动相差无几。在比赛结束前，观众不得随意走动。在选手击球的过程中，要保持安静，禁止大声喧哗；在球手思考或正在击球时不要喝彩、鼓掌，掌声应在选手结束击球之后送出，在参赛选手有精彩表现、连续进攻或台面上剩下的分值让对手已经回天乏术时，都应送出掌声。在比赛中严禁使用照相机闪光灯，禁止在比赛场地吸烟，且应关闭移动电话。

2009 年世界斯诺克中国公开赛在大学生体育馆开赛，众多观众前往现场观战。现场的脚步声、移动座椅声、手机铃声此起彼伏。在赛场内，工作人员不停地将手放在嘴边，示意观众安静。每次看台上有声响，参赛球员就抬头往观众席上看。虽然该赛事进驻北京已 6 年，但一些观众对观赛礼仪仍缺少意识，不时响起的声音和混乱的场面给球员比赛造成了不小的麻烦。

斯诺克赛场上，当某位选手的单杆达到百分或者出现精彩的击打时，观众都会报以热烈掌声。但是在比赛中，不合适宜的掌声会让球员不胜烦恼。2009 世界斯诺克中国公开赛，首日外卡战中输给中国选手唐俊，有着“斯诺克小贝”之称的特鲁姆普在发布会上大倒苦水，并一针见血地指出，他根本无法适应现场杂乱的掌声以及吵闹的环境。

2009 世界斯诺克中国公开赛希金斯和汉密尔顿的比赛正在进行，旁边场地上马奎尔与哈罗德比赛率先结束了。于是，不少观众“呼啦”一下全都转移到了希金斯这个场地，场面一下子变得混乱，说话声、脚步声、座椅的撞击声乱作一团。此时，已经大比分 4∶0 领先的汉密尔顿突然间阵脚大乱，被希金斯连扳 5 局实现大逆转。应该说，汉密尔顿的输球与观众的吵闹不无关系。

第十章　体育项目与服务礼仪

　　科学的健身运动是人们增强体质、预防疾病和保持健康的最好方式之一。随着人们对健康的追求和消费观念的改变，各种健身场所已经在一些城市如雨后春笋般地涌现。人们已经不能满足于小区里走走路、马路上跑跑步、公园里散散步的健身方式，各种健身房、保龄球馆、台球馆、游泳馆、高尔夫俱乐部都成了人们锻炼和休闲的好去处，甚至一些户外比较刺激的运动项目，如蹦极运动、攀岩运动也吸引不少体育爱好者。为了更好地为人们提供服务，这些健身场馆就需要大量既通晓体育知识，又具备良好礼仪修养的服务人员。本章主要介绍健身运动、保龄球、台球、高尔夫球、游泳运动、轮滑运动、蹦极运动、攀岩运动等体育运动项目的场地、器材，及相应的服务礼仪。

第一节　健身运动与服务礼仪

一、健身的场地、器材

　　健身运动，是以强身健体、美化体型和体态、平衡身心为目的而进行的一切体力活动。现代化的大都市里，选择在健身房内进行体育锻炼较为常见。健身房内的健身运动是指人们借助一定的健身器材、设施和环境，在专职健身指导员的示教、指导、监督与保护下，达到锻炼身体、增强体质的目的。它是现代物质文明和精神文明高度发展的产物，也是人们精神文化生活水平提高的必然需求。

　　一般而言，健身房分隔成不同区域，主要包括：伸展区、心肺功能练习室（有氧训练）、体能秩序训练室（无氧训练）、哑铃练习区、健康舞室与精神放松练习室、体能测试中心。

伸展区。在健身中心入口处设伸展区，给顾客作健身前的体能热身舒展之用，墙身嵌有约1米高的镜子。

心肺功能练习室（有氧训练）。主要用于放置自行车及台阶练习等心肺功能训练器材。这些心肺功能仪器要尽可能朝向房外有景观的地方。室内应装置空调设备、音乐系统及室内电视系统，并铺上软地毯。同时，设计时要在适当位置设置电源插头。

体能秩序训练室（无氧训练）。主要用于放置各种独立式或综合式、单功能或多功能的力量训练器材。同时要求放置力量器械装置的地方必须宽敞，符合潮流的设计。

哑铃练习区。一系列标准及奥运指定的哑铃必须放置于健身房一角，但欧美最新的哑铃练习区设有观赏座席，方便会员及来宾参观。

健康舞室与精神放松练习室。最新设计的健康舞室要求地面用枫木制造，内置音箱和广播喇叭箱及弹簧设备。同时要求配备标准的空调设备、墙身镜子、柔和灯光、高频音响设备、室内电视系统及饮水机等。

体能测试中心。一个完善的健身中心，必须有体能测试设备，以便客人在健身前测试身体，编排适合的运动程序及难度。体能测试中心的仪器应包括身体成分测试仪、肺功能测试仪、心脏功能测试仪、身体柔软度测试仪、肌肉力量测试仪、血压测量仪、身高仪、体重仪等，并应设小型电脑记录客人的活动并编印报告表。

二、健身房从业人员的仪表、行为和服务礼仪

（一）健身房从业人员的仪容、仪表

1. 工作时间应穿着统一制定的工作服，佩戴好服务标志。如果没有统一服装，也应该穿着整洁、干净，一般在健身房的服务人员都应该身着运动装或休闲装，系戴端正、扣齐纽扣，鞋袜干净且无破损。

2. 面容要保持清洁，男士的胡子应刮干净，女士应化淡妆。男士的头发应前不及眉，后不盖领，侧不盖耳；女士头发应后不过肩，前不遮眼，并梳理整齐。

3. 手部保持清洁，指甲内没有污渍，不留长指甲，女士不染指甲。

（二）健身房从业人员的举止行为

1. 站立时，身体站立的重心落在两脚的中间，挺胸收腹，腰直肩平，

目光平视，面带笑容，双臂自然下垂或两手在胸前、体后自然相握。双手不得叉腰、抱胸或插入衣袋。两脚跟并拢，其夹角约在45°~60°之间，也可两足并立，相距一拳间隔，两脚尖略向外。

2. 行走时，要求步伐轻盈而稳健，上体正直，身体重心落在脚掌前部，头正微抬，目光平视，面带微笑。

3. 手势是一种最有表现力的"体态语言"，它是服务人员向宾客作介绍、谈话、引路、指示方向等常用的一种形体语言。做手势时，要求手指自然并拢，手掌向上，以肘关节为轴指向目标。同时，眼睛也要转向目标，并注意对方是否已看清目标。在介绍或指路时，均不得用一个手指比画。谈话时，手势不宜过多，幅度不宜太大。

4. 举止端庄，行为文明。迎客时走在前，送客时走在后，客过让路，同行不抢道。在客户面前应禁止各种不文明的举动，如吸烟、吃东西、掏鼻孔、剔牙齿、掏耳朵、打饱嗝、打喷嚏、打哈欠、抓头、搔痒、修指甲、伸懒腰等，即使是在不得已的情况下，也应尽力采取措施加以掩饰或回避，并主动道歉示意。上班时间应保证室内安静，不大声喧哗、打闹、吹口哨、唱小调，不看报纸、干私活、化妆，不敲桌椅或玩弄其他物品。要做到说话轻、走路轻、操作动作轻，保持工作时的良好气氛。此外，还应保持工作台面的清洁，除标识牌和工作用品外，工作台上不能有任何杂物。烟灰缸应放在服务台下，当有客户抽烟时应及时拿出以备使用。使用手机时，应低声细语，不应大喊大叫或故做神秘。

（三）健身房从业人员的服务礼仪

1. 在为顾客提供服务时，应精神饱满、态度热情、细致周全。尽快为顾客登记姓名或健身俱乐部会员卡号，及时为顾客提供更衣柜钥匙、毛巾等用品。

2. 服务员能够准确使用礼貌服务用语，对顾客来有迎声、走有送语。对常客，服务员能够正确而礼貌地称呼其姓名或职衔。

3. 顾客预订或有咨询电话打进来时，应在铃响3声之内接听。接听预订电话时，应将预订顾客姓名、预订内容、预订时间记录准确。

4. 服务员应该熟练掌握健身房的工作内容、工作程序、熟悉各种健身设备的性能、作用与使用方法，能够正确指导顾客使用健身设备。如在体能测试中心，应有专门的服务人员为客人在健身前测试身体，编排适合的运动程序及难度。服务人员要熟练地使用身体成分测试仪、肺功能测试仪、心脏功能测试仪、身体柔软度测试仪、肌肉力量测试仪、血压测量仪、身高仪、体重仪等，并为客人编印报告表。

5. 顾客在进行健身锻炼时，服务员应随时注意顾客的安全，当顾客卧推杠铃时，注意适当提供保护服务。

6. 健身房应备有急救药箱、小型氧气瓶及急救药品。如果顾客出现身体不适的现象，应及时采取有效措施。顾客在运动过程中如果发生碰伤或其他损伤事故，应及时提供急救药品并周到地照顾。

第二节　保龄球运动与服务礼仪

一、保龄球运动的场地、器材

保龄球运动是一项集娱乐性、趣味性、技巧性和竞技性于一体的运动。由于保龄球是室内活动，不受时间、气候等外界条件的影响，也不受年龄的限制，易学易打，所以成为人人皆宜的运动。

保龄球是一种室内运动，它需要专门的场地和设备，全部设备由以下几个部分组成：

1. 由电脑程序控制的自动化机械系统，它具备扫瓶、送瓶、竖瓶、夹瓶、外球、瓶位信号显示、补中信号显示、犯规信号显示等功能。

2. 助走道、球道、球沟、回球机、回球道。助走道长 4.27 米，宽 1.066 米，是球员投球时助走用的。球道长 19.15 米，宽 1.066 米，球可以在球道上任意滚动并构成各种球路。球不能滚入球沟，一旦滚入就成了失误球。回球道（在两条球道之间的底部）和回球机顾名思义是把运动员掷出的球送回来，是保证球员再次投球的必备装置。

3. 球和木瓶。球的直径为 8.59 英寸，圆周不得大于 27 英寸。球是用塑料、胶木、树脂等高分子材料合成，球的质地有软性、中性、硬性 3 类，球上有 3 个指孔用以握球。正规的比赛用球必须符合以下 3 个条件：第一，在 23℃时，球表面硬度不低于 72°（72°~96°）。第二，它的重量从 8 磅开始，最大不超过 16 磅。第三，垂直与水平的偏心量不超过 3 盎司。木瓶高度为 15 英寸，最大直径 4.76 英寸，重量为 46~58 盎司。10

个木瓶以等边三角形排列构成"魔三角",是球员的投掷目标。

4. 记分台、球员座位、投影装置及电脑记分系统等组成了完整的保龄球专用设备。

保龄球比赛时,球道终端成三角形放置 10 个木瓶,每轮允许投两个球,如果第一球将木瓶全部击倒为"全中",就不再投第二球,但第 10 轮第 1 球为全中时,应在同一条球道上投完最后两个球。每击倒 1 个木瓶为 1 分,第一球"全中"时奖励下两个球的所得分,若是每次投球都是"全中",那么第一轮得分是 30 分。每轮 30 分,10 轮比赛就得满分 300 分。如果第一球犯规,掉入沟内或是将部分木瓶击倒,而第二球即使将木瓶全部击倒也是"补中"。按规定,奖励下一球的得分,如果下一球又犯规或掉入沟内就是零分,下一球击倒几个木瓶就得几分。

二、保龄球馆从业人员的职责和服务礼仪

1. 上岗前准备:穿好工作服,服装整洁、仪表端庄,开窗通风、清洁环境、进行器具消毒、检查破损器具,更新、整理服务用品。

2. 上岗后,要面带微笑、主动问候顾客、帮助顾客衣帽入架,并请客人在"场地使用登记表"上签字。

3. 准备适合顾客脚码的保龄球鞋、袜,并交给顾客换上。

4. 引领顾客到选定的球道,打开电脑显示器。

5. 帮助顾客选球,介绍球的重量。

6. 介绍运动规则、记分规则、正确的运动姿势等。

7. 介绍安全使用保龄球和保龄球道的方法。

8. 顾客打球期间,提供巡视服务,保证自动回球、记分显示、球路显示等设备的正常工作。

9. 顾客打球时,应该对出现违反球馆规定的行为进行善意劝阻,有效地排解顾客之间的纠纷,维护球馆的正常营业秩序。

10. 适时为顾客送水。

11. 结束后,提醒顾客换鞋、袜和取衣帽,向顾客致谢并礼貌道别。

12. 整理、清洁场地,准备迎接下一批顾客的到来。

第三节　台球运动与服务礼仪

一、台球运动的场地、器材

台球也叫桌球，是一种用球杆在台上击球、依靠计算得分确定比赛胜负的室内娱乐体育项目，是融休闲运动与竞技运动于一体的运动项目。

台球从不同的角度，有不同的分类方法。按有无袋口分：落袋台球、开伦台球（carom billiard），按国度分：法式台球、英式台球、美式台球，按规则及打法分：斯诺克台球、8 球、9 球、14.1 球、15 球积分、3 球开伦、4 球开伦。

"斯诺克台球"是台球中最为流行的、并被官方认可的国际比赛项目。斯诺克，又称"英式台球"、"落袋台球"。此项运动使用的球桌长约3569 毫米、宽 1778 毫米，台面四角以及两长边中心位置各有一个球洞，使用的球分为 1 个白球，15 个红球和 6 个彩球（黄、绿、棕、蓝、粉红、黑）共 22 个球。击球顺序为一个红球、一个彩球直到红球全部落袋，然后以黄、绿、棕、蓝、粉红、黑的顺序逐个击球，最后以得分高者为胜。

球台上半圆形区域为开球区，以彩球 2 - 4 - 3 为直径。开球前，双方可以通过抛硬币来决定谁先开球。开球一方，可将白球摆在开球区的任何位置，每次击球后，白球停止的位置，就必须接着由这个位置打起。打球方必须先打入一颗红球后，才能任选一颗有利的彩球打。彩球打进后，需取出重新摆回定位点。接着，再打红球，红球打进后再打彩球，如此反复，红球全部入袋后，必须按照从低分值球到高分值球的顺序打彩球，依次是黄球、绿球、棕球、蓝球、粉红球和黑球。此时打进的彩球，不用再拿出来，直至所有彩球入袋，台面上只剩下白球，比赛宣告结束。

二、台球馆从业人员的职责和服务礼仪

（一）上岗前的准备：

1. 检查仪表、签到上岗：服务员工作前应按规定换好工作服，佩带

工号牌，检查自身仪表仪容，准时到岗。到岗后应及时查看交接班记录，做好接待服务准备。

2. 整理台球房环境：用抹布清洁门窗、高背椅、茶几，在每个茶几上放一盆绿色植物。做好衣架、杆架、计分牌等的清洁卫生与地面的吸尘工作。

3. 检查整理台球设施和设备。使用专用的台面刷清洁台面，在前侧正中台沿摆放巧克粉两袋，确保架杆、球袋、球轨、三角架的完好整洁。备用球杆、架杆摆放到位，其要求是：右侧：108 寸长杆、96 寸架杆各一支；左侧：90 寸长杆、84 寸架杆各一支；前侧：十字架杆一支；后侧：高架杆一支。弹子完好整洁，整齐摆放在球盘上，放于吧台内。球杆两套 12 支配齐并擦好巧克粉，杆头朝上直立于杆架上。灯光照明正常，计分牌使用正常，分数标归零位。

4. 准备客人活动用品。配备足够数量的客用白手套，整洁且无破损。

（二）服务人员的服务礼仪

1. 热情友好，礼貌待客。服务人员应面带微笑，直立站好，双手自然握在腹前。能正确地运用服务礼貌用语，对顾客要热情地打招呼，欢迎客人，并引导其进入台球房。服务人员应根据客人的需要登记、开单。服务时应语言文明、礼貌热情、准确快捷。

2. 协助客人做好活动准备。台球服务人员应根据服务台安排引导客人来到指定的球台，帮客人挑选球杆，并为球杆头上粉。根据客人选定的打法，将球按规定摆好，同时根据客人的需要提供白手套。当客人开始打球后，服务人员应该站在不影响客人打球的位置上，随时注意客人的其他需求。

3. 认真做好比赛服务。客人活动时应配合进行计分，彩球进袋应主动拾球并定位，当客人需要杆架时，能及时、准确地递送。

4. 做好台球房一般服务。询问客人需要的饮料，要问清种类、数量，开好饮料单，用托盘送给客人，并放在茶几上，不能放在球台的台帮上。每局前应递上毛巾（冬温夏凉），及时添加饮料和茶水，并迅速清理好台面。

5. 掌握分寸，做好陪练。当客人需要示范或陪打服务时，球台服务人员应礼貌、认真地服务，并根据客人的心理要求掌握输赢尺度。

第四节 游泳运动与服务礼仪

一、游泳运动的场地、器材

游泳运动是运用头部、躯干、手臂、腿的动作，使身体在水中活动或游进的一种体育运动。游泳运动可分为实用游泳和竞技游泳，实用游泳包括侧泳、潜泳、反蛙泳、踩水、救护、武装泅渡等；竞技游泳包括自由泳、蛙泳、仰泳、蝶泳等。

游泳是在比空气密度大 800 倍的水中进行的，是漂浮于水中的体能性项目，因此游泳项目不同于陆地上的走、跑、跳、投项目，它要求游泳者借用肢体运动在无定态的水中寻求相对的固定支撑，控制身体平衡，并结合呼吸利用水的反作用力游进。游泳是一种全身运动，是最有效的有氧运动之一。游泳能增强心血管系统、呼吸系统、消化系统、神经系统的功能，促进积极休息，塑造优美体型，达到瘦身减肥的效果。

在进行游泳运动时，通常男性穿着游泳短裤，女性穿着泳衣。一般，初学者应准备好以下用具：

合身的游泳衣裤：游泳衣裤必须合身。如果太大，在游泳时容易兜水，以致加大身体负重和阻力，影响游泳动作的发挥。因此，游泳衣裤要以舒适为宜。至于质量，中老年人应选择纯毛或棉毛制品，以深色为宜。年轻人可选择海滩式的尼龙游泳衣裤，颜色以鲜艳的为佳，这样可增添美感。

合适的游泳帽：游泳时应戴游泳帽，特别是女性，因为游泳帽可以保护头发。游泳帽应选带有松紧的尼龙制品或橡胶制品，不能太大，否则容易脱落。

游泳眼镜：如果水质不干净，水中的细菌和病毒很容易进入眼内，以致患上红眼病等。为了预防眼病，需要戴游泳眼镜进行游泳。对于初学者来说，戴游泳眼镜还可以解决在水中睁不开眼睛的问题。

耳塞：在游泳时，水流入耳朵是难以避免的。耳朵进水后，有时会引起疼痛以致影响听力，应及时将水排除。为了防止水进入耳朵，应备有耳塞。

浮体物品：初学游泳者，最好自备一些浮体物品，例如救生圈或救生衣、泡沫塑料打水板等，同时还要经常检查救生衣、救生圈有无漏气。

浴巾和拖鞋：浴巾和拖鞋是游泳者必备的用品。在游泳的间歇或游完后上岸，用毛巾擦干身体，披上浴巾，穿上拖鞋，既可以保暖、防止感冒，又比较卫生。

鼻夹：游泳时，由于水波常会把水冲入鼻孔，导致呛水、咳嗽。尤其是初学游泳者，为了防止水进入鼻孔，最好准备一个鼻夹，它可强制用嘴吸气，避免用鼻吸气，达到防止呛水的目的。

二、游泳馆从业人员的职责和服务礼仪

1. 游泳馆的救生员，要具备良好的水性、救生的专业知识和技能。一旦游泳的顾客出现溺水，应立即实施有效的救助，避免发生意外。

2. 在非开放时间又无救生员值勤的情况下，应禁止顾客擅自下水。

3. 在顾客进行游泳前，应礼貌地询问顾客是否患有不宜游泳的疾病，如心脏病、活动性肺结核、肝病、肾病等，因为患有这些疾病的人，难以承受大运动量，为了避免发生意外，应禁止患者进入场地内。

4. 应提醒顾客，红眼病、传染性皮肤病、活动性肺结核、肝病患者，也不宜下水游泳，以免传染他人。

5. 应提醒顾客，入池前先经浸泡池，再行淋浴，以清洁皮肤，适应水温。

6. 应提醒顾客，入水前，应在岸上热身10到15分钟，活动关节以及各部位肌肉，防止因水过于寒冷而抽筋。

7. 应提醒顾客，为了池水和池周的卫生环境，应禁止携带饮料和食品进入场内。

8. 应提醒顾客，禁止在池内吐痰，便溺等；禁止涂抹防晒油，以免污染池水。

9. 应提醒顾客，身高130厘米以下的儿童，必须由家长负责照顾，55岁以上的老人也应在家人或朋友的陪同下进行游泳。

10. 应提醒顾客，严禁跳水及在游泳池四周跑动、嬉戏等，以免出现意外。

11. 应提醒顾客，游泳后，要用干净水把全身再冲选一遍，以免传染上疾病。

第五节 高尔夫球运动与服务礼仪

一、高尔夫球运动的场地、器材

"高尔夫"是"Golf"一词的译音，是由英文 Green（绿色），Oxygen（氧气），Light（阳光），Foot（步行）的第一个字母缩写而成，其寓意是在明媚的阳光下，踏着绿色的草地，呼吸着新鲜空气，悠然自得地边散步边打球。它形象地表达了高尔夫球这项运动的内涵和本质。

高尔夫球最基本的器材为高尔夫球杆和高尔夫球，球杆包括木杆、铁杆、推杆 3 种。标准高尔夫球场为 18 个球洞（Hole）。1～9 号洞为上半场，10～18 号洞为下半场。一般 18 个洞的高尔夫球场设置有 4 个 3 杆（Par 3）球道，称短洞；10 个 4 杆（Par 4）球道，称中洞；4 个 5 杆（Par 5）球道，称长洞，全场标准杆为 72 杆。标准杆数（Par）是指选手将球从发球台击到球洞内所需的击球次数。球洞的长度是指从发球台中心沿着球道中心线到果领中心的距离。在某一个球洞，球手击球入洞的杆数与标准杆是相同的，称"帕"（Par）；低于标准杆 1 杆的，称"小鸟球"（Birdie）；低于标准杆 2 杆的，称"老鹰"球（Eagle）；比标准杆多 1 杆的，称"波基"球（Bogey）。

高尔夫球场的建造依靠自然的地形，所以世界上的很多球场都不一样。大体上可以分为 5 种：①丘陵型球场：高低起伏比较小，在日本最多；②山岳型球场：有山有谷起伏剧烈，多变化；③海边型球场：是依海边地形而建造的球场，如大连金石滩高尔夫球场；④森林型球场：是依地形较平的森林造的，没什么起伏，可是如果球打歪了，就容易打进林间，属于挑战性的球场；⑤河边型球场：是在完全平坦的地方建造的，适用于初学者。

二、球童的职责和服务礼仪

高尔夫球场内的服务人员称为"球童"，球童和客人接触时间最长、关系最密切。球童主要负责为客人运送球具以及相关的咨询和服务工作，其服务水平代表俱乐部的服务水平，因此，球童的服务礼仪至关重要。对球童的礼仪要求，主要包括以下内容。

1. 出发前，应检查自己的仪容仪表、需携带的物品、电瓶车车况等。

2. 到迎宾处迎宾、向客人问候、引导客人到发球台。

3. 球童在上场前，应该准确掌握球员的出发时间和编组情况。

4. 客人发球前，球童要确认前组已走出安全区后，再让客人发球。客人发球时要肃静，并负责保管球杆和补沙。

5. 击球过程中帮助球员标示球的位置、拿起旗杆、收回推杆、引领球员到下一洞，并通知后一组。

6. 球童应帮助球员看清球的行进方向和落点，并协助球员寻找和辨认球。

7. 球童应帮助球员记分。

8. 球童要对球员的安全负责，应时刻提醒球员在安全距离内击球。

9. 指导球员安全驾驶电瓶车，并在规定路线内行驶。

10. 球童对场地内的情况应非常熟悉，包括球道的布局、走向、各种设施。

11. 球童还必须具备保护球场的意识，携带相关工具，在整个服务中随时对场地进行维护。

12. 临近中场休息时，要确认后半场开球时间、安排球员休息和吃饭。

13. 球员击球时要保持安静，球童之间应避免相互聊天和说笑，避免随意走动或拿杆等。

14. 球童应自始至终为球员保管和清洁球具。

15. 整场结束后，确认球杆、归还寄存物品、清洗整理球杆，向球员致谢并礼貌道别。

第六节　蹦极运动与服务礼仪

一、蹦极运动的场地、器材

蹦极运动是近年来新兴的一项非常刺激的户外运动。跳跃者站在约40 米以上（相当于 10 层楼高）高度的桥梁、塔顶、高楼、吊车甚至热气球上，把一端固定的、一根长长的橡皮条绑在踝关节处，然后两臂伸开，双腿并拢，头朝下，跳下来。绑在跳跃者踝部的橡皮条很长，足以使跳跃者在空中享受几秒钟的自由落体运动。当人体落到离地面一定距离时，橡皮绳被拉开、绷紧，阻止人体继续下落。当到达最低点时，橡皮绳再次弹起，人被拉起，随后又落下，这样反复多次直到橡皮绳的弹性消失为止，这就是蹦极的全过程。蹦极不但可以完全感受自由落体的快感，更可享受反弹失重的乐趣。尽管极富刺激，但却要克服自身的恐惧，是挑战自我和战胜自我的过程。

蹦极运动发展到现在，已有多种形式，大致可分为 3 种：

桥梁蹦极：在桥梁上伸出一个跳台，或在悬崖绝壁上伸出一个跳台。

塔式蹦极：主要是在广场上建造一个斜塔，然后在塔上伸出一个跳台。

火箭蹦极：顾名思义，将人像火箭一样向上弹起，然后上下弹跃。

蹦极运动的器材主要有：弹跳绳、扣环、绑腰设备、绑脚设备、绑背设备、抱枕等，这里主要介绍弹跳绳和扣环。许多蹦极点都针对不同的体重，配备了不同的绳索。这些绳子有不同的颜色和标签，标明适用于哪个体重范围。一般来说，50 公斤以下的用细绳，50~80 公斤的用中绳，80 公斤以上的用重绳。扣环是连接弹跳绳与弹跳者的重要环节，一般采用的扣环为纯钢制品，每个安全钢扣环皆可承受 10500 磅，约 4772公斤的重量。

二、蹦极运动的从业人员的职责和服务礼仪

1. 应具备认真负责、热情周到的服务态度。

2. 应具有高度的安全意识。运动前要认真检查每一位顾客使用的器材，对可能发生的安全事故要有心理准备，具备处理突发事件和紧急救援的能力。

3. 应熟悉和了解该运动项目的特点和运动过程、运动场地和装备、设施的性能和作用、装备的使用和操作过程。

4. 运动前应提醒顾客，蹦极对身体素质要求较高，凡是有心、脑病史者不能参加；凡是高度近视者要慎重，因为蹦极跳下去时头朝下，人的身体以 9.8 米/秒的加速度下坠，很容易脑部充血而造成视网膜脱落。

5. 运动前应提醒顾客，必须充分活动身体各部位，以防扭伤或拉伤。

6. 运动前应提醒顾客，着装要尽量简练、合身，不要穿易飞散或兜风的衣物，防止出现意外事故。

7. 运动前应提醒顾客，跳出后要注意控制身体，不要让脖子或胳膊被弹索卷到。

第七节 攀岩运动与服务礼仪

一、攀岩运动的场地、器材

攀岩是人们利用自身的体能，辅之以保护性的器材（如安全带、绳索等），攀登爬越岩石构成的峭壁或者人工制作的岩壁的一项运动。攀岩运动是登山运动项目之一，是高山探险活动的一种基本技术，也曾作为登山运动员的训练手段。攀岩运动可以锻炼人们坚毅果敢、沉着冷静、勇往直前的精神。攀岩运动是一种富有刺激性的户外活动，深受广大青少年的喜爱。

攀登的对象主要是岩石峭壁或人造岩墙。攀登时不用工具，仅靠手脚和身体的平衡向上运动。手和手臂要根据支点的不同，采用各种方法，如抓、握、挂、抠、撑、推、压等。攀岩时要系上安全带和保护绳，配备绳索等以免发生坠落。

自然岩壁攀登是在野外攀爬天然生成的岩壁，一般是开发和清理过的抱石路线。其优点是可以接近自然，充分体会攀岩的乐趣；岩壁角度、石质的多样性带来攀登路线的千变万化；由于岩壁固定，路线公开且可长期保留，所以自然岩壁的定级可经多人检测对比，成为攀岩定级的主要依据。但野外岩场地处偏僻，交通不便，时间和金钱花费都较大，路线开发也比较费力，路线开发时间长，也易老化。

人工岩壁攀登是在人工制造的攀岩墙上攀登，包括室内攀岩馆和室外人工岩壁。其优点是安全性较高，交通方便，省时省力；不可预见因素少，可以定期训练或进行专项训练；人员密集，便于交流切磋。另外，人工岩壁可以对路线进行保密性设置从而成为攀岩比赛的主要形式。但由于缺少特殊地形，创意性少，所以自由发挥的余地小；支点的可调性使得人工岩壁路线常变，定级主观性更强，准确度偏低，相对自然岩壁线路问题会比较尖锐，人工线路难度越大，对力量要求越高。

攀岩的装备器材是攀岩者的安全保证，尤其是在自然岩壁的攀登中。因此，平时要爱护装备并妥善保管。攀岩装备分为个人装备和攀登装备。

1. 个人装备

安全带：攀岩安全带与登山安全带有所不同，属于攀岩专用，并不适合登山，但登山安全带可用于攀岩。我国大部分攀岩者使用登山安全带攀岩，这是因为国内没有安全带生产厂家，而攀岩爱好者又常是登山人，于是两种安全带也就混用了。

下降器：8字环下降器是最普遍使用的下降器。

安全头盔：一块小小的石块落下来，砸在头上就可能造成极大的生命危险，因此，头盔是攀岩的必备装备。

攀岩鞋：是一种摩擦力很大的专用鞋，穿上可以节省很多体力。

镁粉和粉袋：手出汗时，抹一点粉袋中的镁粉就不会滑手了。

2. 攀登装备

绳子：攀岩一般使用大约9～11毫米的主绳，最好是11毫米的主绳。

铁锁和绳套：连接保护点，下方保护攀登者必备的器械。

岩石锥：固定于岩壁上的各种锥状、钉状、板状等金属材料做成的保护器械，可根据裂缝的不同而使用不同形状的岩石锥。

岩石锤：钉岩石锥时使用的工具。

岩石楔：与岩石锥的作用相同，但可以随时放取的固定保护工具。

悬挂式帐篷：当准备在岩壁上过夜时使用的夜间休息帐篷，须通过固定点，用绳子固定起来悬挂于岩壁上。

其他装备包括背包、睡具、炊具、炉具、小刀、打火机等用具，视活动规模、时间长短和个人需要携带。

二、攀岩运动从业人员的服务礼仪

1. 应具备认真负责、热情周到的服务态度。

2. 应具有高度的安全意识，运动前要认真检查、测试攀岩场地和攀岩装备，是否存在安全隐患。

3. 应具备基本的攀岩知识和攀岩技能。

4. 当攀登者在岩场上攀登时，除了要保护攀登者的安全，还要考虑其他人的安全。

5. 抛下绳索时，必须大喊"抛绳"后再抛下；任何东西掉落时，必须大喊"落石"，尽量避免落石伤人。

6. 提醒攀登者绝对禁止踩踏绳子，这是尊重自己和尊重他人生命的表现。

7. 提醒攀登者离开岩场时，带走包括垃圾在内的所有东西，以保持运动场的清洁。

第八节　轮滑运动与服务礼仪

一、轮滑运动的场地、器材

轮滑又称滚轴溜冰、滑旱冰，是穿着带滚轮的特制鞋在坚硬的场地上滑行的运动。轮滑项目主要有：双排花样轮滑、单排花样轮滑、速度轮滑（直排）、轮滑球（直排为主）、极限轮滑（街区和U池）、轮舞、自由轮滑FSK（休闲与野街）、平地花式（速度过桩、花式过桩、平地刹停）、速降、跳高（平地、抛台）。

轮滑有很强的娱乐性和趣味性，通过这项运动，可使人们从平时紧张、繁重的学习和工作中解脱出来，达到放松身心的目的。轮滑是一项全身性运动，它能促进心脑血管系统和呼吸系统机能的改善，能增强臂、腿、腰、腹等肌肉的力量和身体各个关节的灵活性，特别是对人的平衡能力有很大的促进作用。

轮滑运动的装备主要是轮滑鞋，轮滑鞋主要包括鞋身、底架、轮子。

鞋身：轮滑鞋的外壳可以防止外来的冲击，具有保护脚部的作用。一般有鞋扣的鞋身较方便穿脱；绑鞋带的会比较贴脚，但穿脱较麻烦。一般比较好的单排轮滑鞋都是绑带加一个扣的设计。一般的单排轮滑鞋都有一个内靴，可以缓冲足部和鞋壳之间的摩擦，以保护足部，避免皮肤擦伤和起水泡。好的鞋身应该要够坚固，海绵要够厚，密度也要够大。

底架：底架为连接轮子及鞋身的结构体，底架系统的坚韧性，是决定溜冰鞋寿命的一大因素。通常底架的设计有不同的类型，有的较厚、有的较薄。底架一般装有 4 个轮子，但也有装置 3 个轮子的小底架，以及可以装置 5 个轮子的速度鞋。铝合金的底架比较好，其底架较坚硬，不容易变形，但价钱较贵。

轮子：轮子必须是高弹性轮，绝不能是塑料轮子，最好选聚酯材料制的，比如胶轮，它适应各种场地。胶轮比较软，弹性较好，塑料轮子则较为坚硬的，你可试敲地面通过声音来判断，塑料轮子的声音较尖锐，并且容易打滑。有些轮滑鞋会配置六角扳手，用来拧紧轮子。

二、轮滑运动从业人员的服务礼仪

1. 轮滑运动的从业人员要具备一定的轮滑基本知识和技能。

2. 练习之前应提醒练习者，要充分活动身体的各个部位，以免扭伤，尤其是脚踝部位。

3. 应提醒练习者一定要戴头盔、手肘膝护具，注意滑行安全和自我保护。在跌倒时注意缓冲。

4. 应提醒练习者远离滑行的危险区域，如有沙、树枝、叶子、碎石、油渍、水滩等区域。

5. 应提醒练习者在平坦的地面练习新技巧，不要在斜坡、楼梯等危险的地方练习。

6. 应提醒练习者无论何时何地都要了解自己的"极限"在哪里，并保持在可控范围内。

第十一章 体育专业大学生求职礼仪

体育专业的大学毕业生要想在众多应聘者中脱颖而出，获取喜爱的工作和理想的就业单位，除了具备扎实的专业知识和熟练的专业技能外，得体的穿着、文雅的谈吐、大方的举止等都是面试成功的砝码。素质体现细节，细节体现礼仪，求职者在面试过程中的礼仪是万万不能忽视的。体育专业大学生在求职时的面试礼仪与其他专业大学生有共性，但是也有其特殊性。本章将"体育专业大学生求职礼仪"分为 3 部分：面试前的准备、面试中的礼仪、面试后的礼仪。

第一节 面试前的准备

就业竞争是政治素质、业务素质和身体素质的全面较量。在这场全面较量之前，体育专业大学毕业生要提前做好充分的就业准备，认清就业形势，树立正确的就业观，提前了解面试的有关内容，熟悉面试中的常见问题，掌握面试中的技巧，少走或不走弯路，从而成功求职。通常面试前的准备工作，要从以下几个方面着手。

一、树立正确的就业观

（一）认清就业形势，摆正心态

大学毕业生就业是他们走出校门、走向社会的第一步，是他们人生中的一次重大转折。但面对日趋严峻的就业形势和各种选择，他们无所适从，有的就业期望值过高，不切合实际；有的盲目寻求就业单位，急于求成等。体育专业大学生在就业前，应认清就业形势，摆正心态，根据自己的实际情况，学会在就业中不断调整自己的期望值，确定合理的就业目标，遵循"服从社会需要、发挥优势、有利于发展成才"的原则，抛开以往非对口专业不入的就业模式，树立"适合自己的工作就是最好的工作"的正确观念，不攀比、不从众、不依赖，主动出击，在竞争日益激烈的职场中找到真正有利于自身发展的工作岗位。

（二）正确认识专业与职业的关系

大学通常学两种课程——基础课和专业课，体育专业的大学生也不例外。体育基础课，主要学习基本知识，提高人文修养；体育专业课，主要通过专业技术的学习，提高运动水平，掌握运动技能及体育锻炼的方法。体育专业大学生在校期间掌握了体育基本知识和基本技能，其就业方向也基本是面向体育教学领域的，如大学、中学、小学的体育教师，体育教练员，体育裁判员，体育社区指导员等，如果该领域找不到合适的工作，就应该考虑转到与体育相关的行业，如公务员（各级体育事业管理局）、武警、保镖、体育场馆的健身教练、体育场馆的服务人员、企事业单位的保安人员等。很多体育专业大学毕业生在真正要转行时，才发现所学到的东西也仅仅止于"知识背景"，远远不能适应新的职业。为了适应新职业的要求，这时就需要主动学习相关的新知识，了解该行业背景及发展前景等，增加就业机会。事实上，在本科学习期间，体育专业大学生就应该做好就业准备，多方寻找就业方向，努力培养自己的综合素质，免得最后措手不及。

二、面试前的基本准备

（一）具备扎实的基本知识、基本技能和基本素质

基本知识是知识结构的根基，基本技能是基本知识的实际应用，基本素质是基本知识的内化。体育专业大学生无论选择何种职业，也不管在该专业取得了多么惊人和可喜的成绩，都离不开扎实的基本知识、熟练的基本技能，尤其是良好的基本素质。在校学习时，体育专业大学生首先要有"勤奋、求实、创新"的优良学风，积极主动地学习，掌握各种技术，提高基本技能，在努力掌握专业技能的同时，多学习理论知识，使之有效地指导实践技术的运用。其次，要多涉猎相关学科的知识，诸如心理学、解剖学、经济学、教育学、管理学等学科，同时要加强外语和计算机的学习，提高应用能力。另外，在求学的同时，提高基本素质，即学会做人的基本原则、基本道德、基本礼仪，提高自身修养，使自己

迅速成长为一个德才兼备的人才。

（二）收集就业信息

一般来讲，就业信息指的是用人单位的岗位需求信息。就业信息的收集是毕业生求职过程的生命线。谁准备得充分，收集的信息更全面、及时和有效，谁就能在就业过程中掌握主动权。毕业生自行收集就业信息主要通过媒体、职业中介、求职网络、各种层次的人才招聘会、人际关系网、社会实践与实习单位等途径。在得知用人单位的岗位需求信息的同时，也应全面了解用人单位的现状和未来发展。做好这些准备后，体育专业大学生就可以根据收集到的信息，结合自己的专业特长和兴趣爱好，以及自己对职业的需求现状，有针对性地同时向几家用人单位发出求职简历。

（三）撰写求职简历

作为求职者，需要通过简历传递应聘者的主要信息，包括应聘者的一般情况、受教育的程度及取得的成绩等，因此简历也是求职者面试成功的敲门砖。简历中的内容一定要真实，不要存在侥幸心理，弄虚作假，因为用人单位更看重的是个人的道德品质。下面主要介绍个人简历的结构、内容、要求和禁忌。

1. 个人简历的结构和内容

个人简历的设计，决定你是否能出彩，所以内容的安排很重要。你要尽量把所有的荣誉证书都附上，因为在主考官不了解你的前提下，这些证书就是对你实力的最好证明。同时要注意把招聘报名表中所有的信息都填满，包括自己的特长爱好，因为有些单位很注重个人的综合才艺。总之，一句话，要抓住主考官的视线，简历的结构要完善，内容要充实。

一般来说，个人简历主要包括以下内容：

（1）职称、学历、联系地址、联系电话、拟竟聘岗位等。

（2）陈述个人的受教育经历、工作能力、工作经验、社会活动及成绩、个人的兴趣爱好、所学专业等，要突出自己的长处和优势，并且尽量与招聘条件一致。一定要用事实和数据说明，忌空谈。

（3）学历证书、学位证书、获奖证书、外语等级证书、计算机等级证书、运动员等级证书、裁判员等级证书、教师资格证书、驾照、公开发表的论文专著、专家或领导的推荐信等。

（4）列举证明人 3 ~ 5 人，要选择有权威性和有责任心的人来做证明。

2. 个人简历的要求和禁忌

（1）个人简历的要求：内容简单扼要，语言精练易懂，事实数据精准，打印效果优良，版面清晰易读。

（2）个人简历的禁忌：错字百出，逻辑混乱，篇幅过短或过长，语气自负或自谦，简写学校或专业，印刷打印不规范，内容表述不真实，词语应用不当，如："我对这个工作很有信心"、"我是抱着学习的目的而来的"、"请给我一个学习的机会"等。

小刘是河南某大学英文系的学生，她从网上得知某公司正在招聘英文翻译，便投了份简历试一试。填写简历的"实践经历"那一栏时，小刘犯愁了，她所有的实践经历都是家教之类的，对方要求的却是"具有相关的实践经历"。难道就这么空着这一栏？这个"实践经历"却是该公司很看重的。小刘想了想在上面填了一行"曾在某企业担任短期翻译"。原来年初，小刘在郑州某餐馆吃饭时，碰上这家外企的英方工作人员在此就餐，因为无法与服务员沟通而遇上了麻烦。小刘适时地发挥了自己的专业特长，充当了临时翻译，替他们解了围。于是就在简历里面写上了这么一笔。面试时，招聘人员拿着简历，指着"实践经历"这一栏询问小刘："你是何时担任该外企的短期翻译？"小刘没想到正好被问到这一项，她心虚地回答道："我是今年进入该外企从事临时翻译的，没做几天，因为学校开学就中止了。"招聘人员微笑着告诉小刘："我是刚从那家外企跳槽过来的，所有的人事人员都要经我的手，我不记得公司聘用过临时翻译。"最后小刘没有得到这份工作，却从中吸取了教训：简历一定要真实，要有最基本的诚信。

（四）其他物品的准备

应当准备好身份证、学历证书、职称证书、获奖证书等备查文件的正本和复印件，一寸或二寸的照片若干，笔，笔记本等。如果面试时，考官提出查看一些文件的正本而面试者又没有带的话，是非常尴尬和不礼貌的，这是面试礼仪中最忌讳的。另外，一定要保证不用翻找就能迅速取出所需材料。体育专业大学生面试时，可能要上术科课，一定要准备哨子；如果要上理论课，要准备内存有课件的优盘。

三、面试的服饰准备

体育专业的大学生与其他专业的大学生面试相比较一个最大的不同

就是有专业面试。所以不管面试的单位是学校、机关还是企业、公司，都应该准备两套服装，即一套正装和一套运动装。正装是在办公室面试或上理论课时穿着，运动装是在上体育术科课时穿着。无论是什么单位，见面一般先在办公室面试或试讲理论课，这时候穿着正装就会给人很好的第一印象，而穿运动服显得不正式、不礼貌，也不精神；如果让你上术科课或做示范动作，此时你却穿一身正装，就会影响动作的示范效果，也会显得不伦不类。所以正确的做法是着一身正装，带一套易脱换的运动装，做到有备无患。

运动装男女都可以穿，款式、颜色也无过多的要求和禁忌，这里不再赘述。下面重点介绍男女正装的穿用原则。

（一）男生面试时的服饰

1. 西装

男士要求穿着整洁而不刻意修饰的服饰，一般情况下，西装是较为常用的。男生应在平时就准备好一至两套得体的西装，不要等到面试前才去匆匆购买，否则很难购买到合身的西装。应选购两件式套装，西裤不能太窄，要保留一定的宽松度；也不能太短，以恰好可以盖住皮鞋的鞋面为宜；颜色应以理性色、中性色为佳；在价钱档次上应符合学生身份，不要盲目攀比，乱花钱买高级名牌西服，求职者的衣着太过讲究，不符合学生身份，其第一印象也会大打折扣。

另外还要注意西装的干净、整齐，衣服领口、袖口无脱线；西装的衣袋除上衣的里衣袋可以装东西外，其他衣袋一般不装东西，因为装东西容易让西装走样；应特别注意的是：穿西装时，不能像穿中山装那样，在上衣最上面的口袋别上钢笔。

2. 衬衫

颜色以白色或浅色为主，可以带一些条纹或方格图案，这样较易搭配领带和西裤。衬衣的袖子要长过西装袖子 1～2 厘米，保证西装的袖子不会直接与手臂接触。系领带时，衬衣的第一颗扣子应当系上；不系领带时，衬衣的第一粒扣子应当解开。平时应该注意选购一些较合身的衬衫，面试前应熨平整，不能给人"皱巴巴"的感觉，以免影响形象。

3. 领带

男生参加面试时，一定要在衬衣外打领带，领带以真丝或羊毛制品为最佳，杜绝棉、麻、皮等制品的领带；颜色以蓝、灰、棕、黑、紫红色等单色为佳，但即使不是单色领带，也不能选择超过 3 种颜色的领带；图案可以是单色无图案的，也可以是条纹、圆点、方格等规整的几何图案；领带上面不能有油污，也不能皱巴巴；领带的长度，以刚刚超过腰际皮带为佳。系领带时应注意：衬衣的领角大，领带结应扎得大，领角小，领带结应扎得小；穿风衣、夹克和短袖衬衫时，是不能打领带的，否则会给人以"洋不洋，土不土"的感觉。

4. 皮带

皮带的颜色以黑色为最佳，皮带头不宜过长、过亮，也不要有很多的花纹和图案。

5. 鞋袜

购买皮鞋时，不要以为越贵越好，舒适大方即可。皮鞋以黑色为宜，面试前一天要擦亮，且皮鞋上不能有破损的痕迹。袜子的颜色也有很大的讲究。西服革履时，袜子必须是深灰色、蓝色、黑色等深色，并且无明显的花纹或图案，长度不低于踝骨的纯棉袜为最佳。另外要特别注意在穿着深色皮鞋时，一定不能穿着白色袜子，那是极无品位的表现，通常黑色棉袜是最佳的选择，也是最不容易出错的。

6. 公文包

建议使用不装电脑的电脑包，大小以能装下 A4 纸为最佳。

另外，在穿着服装时，一定要遵守"三一原则"，即皮鞋、皮包、皮带要选择同一颜色，穿深色鞋子时，一定要穿着深色袜子，且全身最多不超过 3 种颜色。西装袖口的产品标签一定要拆下，皮带上不能挂手机或其他物品，否则会给人以不注意细节的印象。男士不要留长发，保持头发整洁，并记得刮胡子。男士不能佩戴耳环、项链、手链等物品，但应戴手表。

（二）女生面试时的服饰

女士应穿着简洁、大方、端庄、合体的服饰。蓬松而凌乱的发型、叮当作响的珠宝饰品、过浓的香水味、紧身或暴露的衣服、低腰低胸装都会令你的形象大打折扣。

1. 套装

每位女生应准备一至两套较正规的套装，以备去不同单位面试之需。女式套装的花样可谓层出不穷，每个人可根据自己的喜好来选择，但原则是必须与准上班族的身份相符。颜色鲜艳的服饰会使人显得活泼、有朝气，素色稳重的套装会使人显得大方干练。面试时，适合选择理性的、中性化的颜色，而不宜选择太鲜艳的颜色。在选择裙装时，一定要注意裙子的长短适宜，裙子太长，会显得拖沓；裙子太短，会显得轻浮。

2. 皮鞋

在选择皮鞋时，款式要简单，鞋跟不宜过高，一般以 3～5 厘米的高度为最佳；细高跟鞋、靴子、露趾的凉鞋或拖鞋，以及时尚、前卫的款式，均不适用于面试。另外，皮鞋的颜色要与服饰协调统一。

3. 皮包

女生的皮包与装面试材料的公文包应有所区别，可以只拿公文包而不背皮包。

4. 饰品

面试中佩戴饰物不宜超过 3 种，每种不多于 2 件为最佳。一次佩戴过多的首饰，整个人看起来既累赘又没品位。面试时不宜佩戴过于花哨的手表，会让人感觉幼稚。

5. 妆面

青春少女素面朝天，感觉清纯靓丽，但是即将步入工作岗位还是不加修饰，那就是不尊重他人的失礼行为。因此，参加面试的女生应该适当地化淡妆，但不能浓妆艳抹，这不符合大学生的形象与身份。头发要梳理整齐，刘海应不超过眉毛，如果是长发一定要束发或盘发。

（三）有关服饰的注意事项

参加面试的服饰，要求一切配合求职者的身份。面试前还要注意以下几点：

1. 头发干净自然，如要染发则应注意颜色的选择，且发型不可标新立异。

2. 服饰大方整齐合身，男女皆以时尚大方的套装为宜。

3. 面试前一天修剪指甲，女生忌涂指甲油。

4. 不要佩戴过于招摇的装饰物。

5. 选择平时习惯穿的皮鞋，出门前一定要擦拭干净。

6. 面试时，尽量不要穿 T 恤、牛仔裤、运动鞋，切忌一副随随便便的样子。

7. 女生在服饰上一定不要过于花枝招展、性感暴露，这会让人有别的想法，甚至怀疑你的人品而惹来不必要的麻烦，对求职本身毫无益处。

四、对面试问题的准备

面试前对考官可能提出的问题要有所准备，这些问题多数与"求职动机"、"工资报酬"和"未来的工作计划和目标"有关。

（一）求职动机

你为什么来我们单位应聘呢？

【参考答案】贵单位在社会上的知名度很高，并且规模很大。很多人一提起贵单位，总是能举出很多例子来赞扬，我总结了一下大家所举的例子以及我亲眼目睹的事例，可以归纳出贵单位的最重要特征是"诚信"，这也是众人赞扬的原因之一，我就是冲着贵单位的诚信而来。在这里，有我的用武之地，我可以尽情地施展自己的才华，发挥自己的特长。

（二）工资报酬

你对工资报酬有什么样的要求？

无论是什么单位的面试官，问这个问题的可能目的，一是通过你的回答来判断这个职务是否能留住你；二是从你的回答中进一步判断你的职业选择标准是否以工资的高低作为依据，借此判断你的职业态度；三是以此考验你对自己能力的评估以及是否有自信。一般没有工作经验的应届毕业生在回答这个问题时，可以说出一个工资范围，然后告诉面试官你定出这个工资范围的依据，并重申自己的优势。所以在面试之前最好能通过各种信息渠道了解应聘单位的情况，应届毕业生在该行业的平均工资水平，结合自身的实际情况及背景来回答上述问题就即可。

【参考答案】我期望有一个比较符合市场行情的薪金待遇。就学历而言，我是统招本科；就专业而言，我是体育教育专业，与应聘的职位对口；就成绩而言，我在班级排在前 5 名，专业知识扎实；就能力而言，在大学我是优秀学生干部，组织能力和领导能力都较强。综合以上各方面，我认为我能胜任这个职位。至于薪水，根据我的调查，我们学校这个专业的毕业生最差可以拿 1200 元，好的能拿 2000~2500 元。依我的综合素质能达到前 20%，如果一定要说出具体的工资范围的话，结合当地本科生的工资水平，我希望是 1500~2000 元。

（三）未来的工作计划和目标

1. 你是应届毕业生，缺乏经验，如何能胜任这项工作？

这个问题是最让应届毕业生头痛的问题之一。没有工作经验，在与有工作经验的应聘者共同竞争时，似乎就没了底气。难道所有的单位都不会聘用应届毕业生吗？其实并非如此。首先你要明白的是，既然有机会来到面试现场，就说明此招聘单位是会聘用应届毕业生的。作为面试者，并没有高低贵贱之分，大家都在同样的起跑线上，只要你发挥足够出色，就能够赢得面试官对你的信任。对这个问题的回答最好体现出你的诚恳、机智、果敢及敬业精神。

【参考答案】作为应届毕业生，在工作经验方面的确会有所欠缺，因此在读书期间我一直利用各种机会在这个行业里做兼职。我也发现，实际工作远比书本知识丰富、复杂。但我有较强的责任心，较强的适应能力和学习能力，而且比较勤奋，所以在兼职中均能圆满完成各项工作，从中获取的经验也令我受益匪浅。请贵单位放心，有了学校所学及兼职的工作经验，我相信我一定能胜任这个职位。

2. 如果被录用为体育教师，你准备怎样开展工作？有什么设想？

【参考答案】第一，加强理论学习，提高个人素质，树立正确的人生观、世界观和价值观；第二，踏实肯干，加强业务学习，虚心向身边的领导、同事请教，通过多看多问多想多做，努力熟悉各项日常工作；第三，工作细心，团结同事，处理好各方面的关系，建立和谐融洽的人际氛围；第四，周密的计划和努力，一定会让我很快地适应工作，实现从学生到体育教师的角色转变。

3. 你希望与什么样的上级共事？

回答这样的问题时，最好回避对上级具体的希望，多谈对自己的要求，希望上级多指导等，从这样的角度谈起，一般不会有大的纰漏。

【参考答案】做为刚步入社会的新人，我应该尽快熟悉环境、适应环境，而不应该对环境提出什么要求，只要能发挥我的专长就可以了。在工作中，希望我的上级能够多给予指导和帮助，并指出工作中的错误，使我尽快地适应工作。

4. 如果你被录用，今后 5 年内你会如何发展自己？

询问这个问题的目的是考察求职者对自己职业生涯的规划和思考。而此时需要向对方传递的信息是：第一，我是有备而来的，正是因为我有比较成熟的职业规划，所以求职投简历都是经过一番思考的，而不是海投、盲投简历；第二，阐述自己的优势，暗示自己是这份工作的不二人选；第三，我具备良好的职业规划，对未来 5 年有明确的计划和打算，表明我是符合学校要求的稳定型教师。

【参考答案】作为一名体育教师，首先要树立优良学风，刻苦钻研业务，不断学习新知识，探索体育教学的规律，改进教学方法，提高教学和科研水平，使自己在较短的时间内尽快成长为合格的体育教师。工作期间，我希望能有外出进修学习和观摩教学的机会。通过 3～5 年的努力后，向优秀教师的行列迈进，骨干教师和学科带头人是我最终的努力方向。希望我的加入，可以给贵校的体育教学带来新的面貌和生机。我也希望在教学能力不断提高的同时，职称也能得到相应的提升。

5. 你对跳槽怎么看？

这个问题对于应届毕业生来说是较难回答的，因为应届毕业生没有实际的工作经验，也没有跳槽的经验，建议从职业发展的角度出发。

【参考答案】我认为频繁的跳槽对于自己的职业生涯是不利的，因为在一个新的工作环境下，你都需要一段时间的适应期，很多职业甚至需要连续做 3～4 年才能有所积累，如果频繁跳槽，必然要承担更大的压力，我也不愿意在重压下工作。另外，任何一个单位都不会喜欢一个频繁跳槽的员工。所以，我对跳槽持谨慎态度。

第二节　面试中的礼仪

求职面试是在特定的场景下，经过精心设计，通过主考官与求职者双方面对面的观察、交谈，以便了解应试者的素质特征、能力状况以及求职动机的甄选方式。在整个求职应聘过程中，求职面试是最具有决定意义的一环。我们可以把面试想象成为一个舞台剧，戏里的主角是主考官和求职者，虽然角色只有两个，但剧情是千变万化的。作为扮演求职者的一方，一定要把握好面试礼仪的分寸，不要过火或不到位。有专家曾总结出 5 种不利于求职成功的行为：言过其实、自卑、自负、哀求、恭维。而谦虚、诚恳、自然、亲和、自信的谈话态度，会让求职者更受欢迎。

一、面试中的基本礼仪

（一）遵时守信

牢记面试单位所规定的时间、地点、联系人，到指定的地点参加面试。一般提前 5~10 分钟到达面试地点最佳，在面试时迟到或匆匆忙忙赶到，是用人单位最忌讳的。不管求职者是因为什么原因，迟到都会被视为缺乏自我管理能力和自我约束能力。如果路途遥远，最好早点出门。但是早到后，不宜立即进入办公室，可在附近的茶馆或咖啡厅等候。千万不能在接待区走来走去，因为这样会打扰在公司上班的职员，给人留下无所事事、没有规矩的印象。

武汉某大学体育教育专业应届毕业生小郭到一所职业学院应聘体育老师。职业学院的负责人在他投了简历以后，就通知小郭去面试。由于小郭不熟悉职业学院的地址，加上交通拥堵，当他到达这所学校的时候已经迟到了将近一个小时。小郭在解释迟到的原因时，学院的负责人直截了当地对小郭说："很抱歉，作为一名未来的教师却没有时间观念，使我们感到很遗憾。感谢你对我们学院的兴趣，再见！"

（二）以礼相待

待人态度从容，有礼貌。到达面试地点后，向接待人员作自我介绍、说明来由，并遵循他们的安排，耐心等待。

（三）敲门入座

不管门是开着、关着或是半开半关，一定要用指关节，以适度的力量和节奏敲门，3 声为宜，听到"请进"后再进入门内，同时面朝里轻轻地关好门。入座时，不能一屁股坐在椅子上，必须等主考官示意允许后，才能到指定的位置入座。如果没有指定的座位，可以选择主考官对面的位置坐下，这样方便与主考官面对面地交谈。

入座过程中，拖动椅子时要避免发出很大的噪音，入座时，不要紧贴椅背，臀部也不宜坐满整个椅子，一般以坐满椅子的三分之二为宜，坐下后上身要略前倾。另外，坐在椅子上不要哈腰驼背或半躺半坐，也不能抖动或晃动腿，更不能翘着二郎腿。女生必须双腿合拢，男生双腿可略分开同肩宽，双手叠放或平放在大腿上，身体保持正直，也可稍前倾。

（四）礼貌握手

握手时，要讲究"尊者优先"，不能主动伸手；当面试官的手朝你伸过来之后，要把握好握手的力度和时间，不能太使劲或用力摇晃。如果是在外企应聘时，应避免使用两只手，因为这种方式被认为不礼貌。

（五）谈吐文雅

与人交谈时，身体微微倾向发言者，保持微笑，并用平和的目光注视他/她，表示对对方的重视。注视对方的时间要把握在几秒钟之内，目光应正视对方脸部由双眼底线和前额所构成的三角区域，同时应将目光放虚，切忌聚集在一点。交谈过程中，发音清晰、语速适宜、音量适中、咬字准确、语言简洁、语调自然、措辞恰当、谈吐文明，多使用敬语和尊称等。

切记，在与主考官的意见不一致时，不要据理力争，一时"嘴巴上的快活"会导致满盘皆输，要知道生死大权皆掌握在主考官手上，即使你不同意他的看法，也不能直接给予反驳，可以用诸如："是的，您说的也有道理，在这一点上您的经验很丰富，不过我也遇到过一件事……"可以用类似的开头方式进行交流。但在下结论时不要主动说与主考官的观点完全相反，要引导主考官自己做结论，这样既避免了与主考官直接发生冲突，又巧妙地表明了自己的观点。特别是在回答情景面试问题时，稍不注意，就会出现这种情况。

李锐是体育专业的应届毕业生，专业水平高，又是学校的学生会干部。按照他的条件完全可以去比较理想的学校，然而他平常大大咧咧惯了，又不太注重一些细节，导致面试失败。李锐这次应聘的是一所师范类高校，经过两轮的笔试，他顺利地进入了最后的面试。面试时，李锐的回答让考官很满意。这时考官要求看一下他的实习鉴定资料。由于资料没有分类，都装在一个文件夹里面，李锐把资料全部翻出来，结果资料撒了一地，好不容易找到了以后，又在递上资料的慌乱中将考官的茶杯碰翻了。心中一急，一句粗话就骂出来了。这时主考官已经面露愠色。最终李锐因为不注意细节，导致面试失败。

（六）神情专注

面试时，神情一定要专注，双手放在适当的位置，不要玩弄领带、揉眼睛、掏耳朵、挖鼻孔、抚弄头发、掰指关节、玩弄招聘者递过来的名片、折纸、转笔等，这样做会给人一种心不在焉的印象。

西安某大学体育专业的应届毕业生陆某去一家体育用品公司参加应聘。面试时，她不敢直视主考官，老是把眼睛朝向其他的地方，这是紧张和胆怯的心理在作怪。主考官事后说："看她漫不经心的样子，觉得特别没修养。"漫不经心地与他人谈话是不尊重对方的表现，难怪那位主考官会动怒。

（七）递物大方

递物、接物时要双手接送。递名片时，要面带微笑，注视对方，将名片下端对着对方，用双手的拇指和食指分别持握名片上端的两角恭敬地送给对方。递交面试材料时，也要将材料的正面朝向对方，双手送交对方或放在桌上。

（八）步履自信

面试时，最重要的是自信，这种自信可以通过你的步履表现出来。步履自信表现为：上身正直，重心略微前倾，挺胸收腹，双手前后摆动自然，脚步要轻而稳，有节奏感。另外，在与公司的职员或接待人员同行时，不要走在他们的前面，与他们的距离应该保持在其斜后方一米左右处。

（九）其他细节

面试前要将手机关机或调至静音状态，在面试中旁若无人地接听电话或查看、发送信息是非常不礼貌的行为。在面试过程中不要抽烟、嚼口香糖或槟榔；不要随便翻动办公室的任何东西，给人以不良印象；求职者随身携带的公文包或皮包不要放在考官的办公桌上，也不要挂在椅子上，而应放在自己坐的椅子旁边或后面。

二、面试中的应答礼仪

（一）应答原则

礼貌：自我介绍时，应使用谦辞；答复询问时，应使用敬语"您"等。

标准：回答问题时，要使用普通话，并且完整、准确，不能东拉西扯，答非所问。

连贯：谈吐连贯至关重要，不能吞吞吐吐。

（二）应答禁忌

忌过分热情：如与考官座位挨得过近；拍对方的肩膀。

忌不懂装懂：坦率承认不会答的问题，会给考官留下好印象。

忌大谈自己：应从考官关心的问题谈起，不要口若悬河、漫无边际地大谈自己。

忌贬低他人：论人是非会给考官留下喜欢搬弄是非的印象。

忌狂妄自大：说"我能干出一番大事业"、"不录取我是你们公司的损失"等，会给考官留下不知天高地厚的印象。

忌任意插话：打断考官的话题是不礼貌的。

忌缺乏幽默：幽默可使气氛融洽、轻松。

忌不注意语言训练：语速过快或过慢、音量过大或过小、语调过高或过低、口齿不清等都是缺乏语言训练的表现。

忌讲错话而慌张：讲错了停下不说或伸舌头是不成熟的表现。要表现镇定并继续交谈，严重的错话，应予以更正并道歉。

毕业于某重点高校新闻专业的毕业生张为到某杂志社应聘编辑一职，在出示了自己发表过的作品后，又说自己很擅长策划，有领导才能，是做编辑部主任的最佳人选，并将现在的很多杂志社贬低得一无是处。为此，第一轮考官就把他刷掉了。此例说明，夸大其词、锋芒毕露会增加旁听者的反感。

应届毕业生小涛到一家民营企业面试。首先小涛进行了自我介绍，之后考官介绍了自己企业正在生产的一个新产品，准备就这方面提出问题。但是小涛为了显示自己对企业的了解，在考官还没说完，就立即说道："我知道你们现在生产的这个新产品……"考官停住了，等小涛把话说完。考官接着介绍公司的主要几个部门时，小涛又插话说道："我了解你们还专门成立了新产品开发部……"没等小涛说完，考官就生气地说："你总是喜欢打断别人的谈话吗？大学生连基本的礼仪修养都没有！"结果此次面试不欢而散。

三、面试成功的技巧

（一）介绍以短为宜

"请你自我介绍一下。"90%以上的用人单位，都会设置这个程序。即使没有明确规定，面试者也要细心准备，事先最好以文字的形式写好背熟。其实求职者的基本情况，用人单位都已掌握，设立这个程序，主要是为了考核求职者的语言表达能力、逻辑能力甚至包括求职者的诚信度。所以，求职者自我介绍的内容要与个人简历一致，尽量口语化，内容要简洁，切中要害，不谈无关、无用的内容，条理要清晰，层次要分明。自我介绍不能超过 2 分钟，最好把握在 1 分钟左右。

（二）强调家庭幸福

"谈谈你的家庭情况。"此类问题 70% 的用人单位都会涉及，求职者应简单地介绍家人。一般只需介绍父母，如果有亲属与应聘的行业有联系，也可介绍。回答时，注意强调和睦、温馨、幸福的家庭氛围，父母对自己教育方面的重视，家庭成员的状况良好，以及家庭成员对自己工作的支持和自己对家庭的责任感。

（三）突显团队协作

"谈谈你的业余爱好。"90% 的用人单位很乐于提这方面的问题，主要想通过此题了解求职者的性格是否开朗，是否具有团队精神。所以求职者千万不要说自己没有业余爱好，也不要说自己有那些庸俗的、令人感觉不好的爱好。谈爱好时，千万不要仅限于读书、听音乐、上网等一个人做的事，这样容易让考官怀疑求职者性格孤僻，最好有一些爱好是集体性的体育活动，能突出团队协作能力，如篮球、足球等。

（四）尽显个人特色

面试时招聘方会在很短的时间内接待很多求职者，相同的问题会问若干遍，类似的回答也要听若干遍，就会有枯燥、乏味之感。只有独到的见解和具有个人特色的回答，才会引起对方的兴趣和注意。体育专业大学生的优势就在于作风干练，善于表现自我。在应聘时，求职者要及时地表现自己，在有限的时间展示与工作有关的专业特长，如篮球、武术、健美操等；充分展现自己的其他特长，如语言表达、人际关系、组织管理等；充分展示自己的业余爱好，如摄影、写作、书法、绘画、歌舞等。求职者要密切结合应聘岗位的特征来谈论自己的特长和爱好，不要泛泛而谈，而要适可而止。

（五）体现诚恳敬业

"你是应届毕业生，缺乏经验，如何能胜任这项工作？"回答好此题能体现出求职者的诚恳、机智、果敢及敬业。有一个求职者是这样回答的，我们把它记录如下："作为应届毕业生，在工作经验方面的确会有所欠缺，因此在读书期间我一直利用各种机会在这个行业里做兼职。请贵单位放心，有了学校所学的知识及兼职的工作经验，我相信我一定能胜任这个职位。"

（六）映射优点优势

当考官问到求职者的缺点时，求职者不能说自己没缺点，也不能把那些明显的优点说成缺点，更不能说影响求职的缺点，或者说令人不放心、不舒服的缺点。可以说那些与所应聘的工作"无关紧要"的缺点，甚至是一些表面上看是缺点，从工作的角度看却是优点的缺点。

（七）避免涉及待遇

"你为什么选择我们公司？"考官问到这个问题，意在从此题了解求职者求职的动机、愿望以及对此项工作的态度，求职者最好不要说有关"该公司待遇好"等，可以说："我十分看好贵公司所在的行业，我认为贵公司十分重视人才，而且这项工作很适合我。"

（八）巧用迂回战术

"如果我录用你，你将怎样开展工作？"这是一道陷阱题。如果求职者对于应聘的职位缺乏足够的了解，最好不要直接说出自己开展工作的具体办法，以免引起不良的效果。求职者可以尝试采用迂回战术来回答，如："首先听取领导的指示和要求，然后就有关情况进行了解和熟悉，接下来制订一份近期的工作计划并报领导批准，最后根据计划开展工作。"

（九）忌谈对上级的要求

"你希望与什么样的上级共事？"通过面试者对上级的"希望"可以判断出求职者对上级领导的态度，这既是一个陷阱，又是一次机会。求职者要好好把握，最好回避对上级具体的希望，多谈对自己的要求，如："做为刚步入社会的新人，我应该多要求自己尽快熟悉环境、适应环境，而不应该对环境提出什么要求，只要能发挥我的专长就可以了。"

（十）座右铭应与工作相关

通过座右铭，用人单位可以判断求职者是否具有发展前途。求职者不要说那些易引起不好联想的座右铭，也不应说那些太抽象的或太长的座右铭。座右铭最好能反映出自己某种优秀品质，或者与本专业、本行业相关的一句话，比如"只为成功找方法，不为失败找借口"。

第三节　面试后的礼仪

许多大学生求职者只留意面试时的准备工作，而忽略了面试后的礼仪。面试结束后，可能得到的答复是："这样吧，××先生/小姐，我们还要进一步考虑你和其他候选人的情况，如果有消息，我们会及时通知你的……"如果得到这样模棱两可的答复，我们应该对用人单位的人事主管抽出宝贵时间来与自己见面表示感谢。与主考官最好以握手的方式道别，离开办公室时，应该把刚才坐的椅子扶正到刚进门时的位置，再次致谢后出门。经过前台时，要主动与前台工作人员点头致意或说"谢谢你，再见"之类的道别语。这样既保持了与用人单位的良好关系，又表现出自己出众的公关能力。当用人单位最后考虑人选时，能增加自己的胜算。

实际上，面试结束并不意味着求职过程的完结，求职者不应该翘首以待聘用通知的到来，而应该做好以下 3 件事情。

一、诚心诚意地感谢主考官

为了加深招聘人员对你的印象，增大求职成功的可能性，对想抓住每个工作机会的人来说，面试后的 3 天内，最好给主考官打个电话或写封信表示感谢。

（一）打电话

在面试后的一两天内，应给主考官打个电话表示感谢。电话感谢要简短，最好不超过 3 分钟，电话里不要询问面试结果。因为这个电话仅仅是为了表现你的礼貌和加深对方对你的印象而已。打电话的时候，要选择恰当的时机，避免在对方忙碌时拨打电话。

（二）写面试感谢信

主考官对求职者的印象是短暂的。面试感谢信是你最后的机会，它能使你显得与其他求职者有所不同。面试感谢信包括电子邮件和书面感谢信。如果平时是通过电子邮件的途径与用人单位联系的话，那么在面试结束后，发一封电子感谢信，是既方便又得体的方式。

但大多的情况下还是写书面感谢信，特别是在面试的用人单位非常传统的情况下，更应如此。书面感谢信最好用白色的 A4 纸，字的颜色要求是黑色。内容要简洁，最好不要超过一页纸，在书写方式上有手写和打字两种。打印出来的感谢信较为标准化，表示你熟悉商业环境和运作模式，但有时难免给人留下千篇一律的印象。如果想与众不同，或是想对某位给予你特别帮助的主考官表示感谢，手写则是最好的方式，手写的前提是你的字写得要比较正规而且好辨认。

感谢信必须是写给某个具体负责人的，你应该知道他的姓名，不可以写什么"负责人"、"部门负责人"等之类的模糊收件人。感谢信的开头应提及你的姓名及简单情况，以及面试的时间，并对主考官表示感谢。中间部分要重申你对该单位和该职位的兴趣，或增加一些对求职成功有用的新内容。结尾可以表示你想得到这份工作的迫切心情，以及为单位的发展壮大做贡献的决心。

小王是中南财经大学工商管理学院的应届毕业生。武汉一家事业单位招聘宣传干事，小王到了招聘地点才知道，招聘单位的要求是硕士以上的文凭。小王想自己在各类报纸上发表文章 20 多篇，文字功底也很强，应该能胜任这份工作。于是，他投了一份简历。交上简历后，小王一直没有接到通知。于是他打电话询问，对方的人事主管说："我们的要求是招收研究生，你的条件虽然不错，但不符合我们的要求。"小王听后，知道希望不大，但是还是给人事主管发了一条手机短信：虽然我不太符合贵单位的要求，但是仍感谢您给我的指导，非常感谢！一个星期以后，那个人事主管打电话告诉他，另外一家很不错的公司正好也在招聘这个职位，可以去试一试。小王经过精心的准备，在面试中赢得了工作的机会。后来那个人事主管告诉他，是小王的那条短信打动了他，也让他记住了小王。虽然小王没有被该单位录用，但正是面试后小王的那条得体的手机短信，使他重获面试的机会，最终找到了理想的工作。

二、耐心细致地打电话询问

面试结束之后的两星期左右，如果还没有得到任何回音，应该给负责招聘的人打个电话，询问一下面试结果。打电话询问面试结果，有两个礼仪细节必须要注意：

（一）何时问

从礼仪角度来说，打电话最得体的时间应该是对方方便的时间。除以下时间之外的时间，都可以认为是方便的时间：工作繁忙时间、休息时间、用餐时间、生理疲倦时间。因为询问面试结果是公事，所以应该在正常工作日的时间段内打这个电话。

工作繁忙时间：一般是周一上午和周五下午，因为这两个时间段很多单位都有开例会的习惯。即使不开例会，因为周一早上是一周伊始，往往还处于适应期，而且还有工作上的事宜需要安排；周五下午又要面临着周末，所以从心理上自然会"排斥"给他添麻烦的事情。还有就是每天刚上班的一个小时和下班前的一个小时。这个时间段内，要忙着安排一天的工作，就没法再集中精力处理公事。

休息时间：一般是指工作日中午 1 小时左右的时间。

其他私人时间：下班时间、节假日时间。

用餐时间：在用餐的时间，给他人打电话是不礼貌的。而且在这个时间打电话往往会找不到人，当然影响打电话的效果了。

生理疲倦时间：这个时间段一般都是每天下班前的 1 小时左右，中午下班前的半小时左右。

（二）如何问

在电话里，同样的一句话，问候方式的不同，虽不至于有不同的结果，但会给人不同的印象，或有礼貌，或显唐突。所以在通话的过程中，自始至终都要尊重自己的通话对象，表现得有礼、有节。

接通电话后，首先说一声："您好！"接下来要自报家门，让对方知道自己是谁。自报家门的内容应该包括自己的全名、何时去面试的何职位。这样，以便对方能及时知道你是谁。在电话中要表明自己对贵公司的向往和愿意为公司的发展做贡献。如果碰上要找的人不在，需要接听电话的人代找，态度同样要文明而有礼貌，并且还要用上"请"、"麻烦"、"劳驾"、"谢谢"之类的词。留言或转告，都不是询问面试结果的首选方式，可以打听要找的人什么时间在，然后到时候再打。打电话的时候，最好用手拿好话筒，尽量不要在通话时把话筒夹在脖子下，抱着电话机随意走动，或是趴着、仰着、坐在桌角上，或是高架双腿和人通话。如果边打边吃东西，对方会觉得你不是用心和他通话，从而留下不良印象。通话时，要注意控制音量，不管打电话还是接电话，话筒和嘴巴都要保持 3 厘米左右的距离，要注意发音清晰，咬字准确。用电话谈话，完全依靠声音传递信息，声音就是唯一的使者，你必须通过它给对方一个良好的印象。所以，传到电话另一端的必须是一个清晰、生动、中肯、让人感兴趣的声音。

打电话询问的时间长度要有所控制，基本的要求是宁短勿长。其实，就询问本身来说，两三分钟的时间足够解决。所以，除直接询问结果之外，"表白"的内容长度也要有所控制，不要没完没了地说。

注意倾听的方式。打电话时要认真倾听对方讲话，重要内容要边听边记。同时，还要礼貌地呼应对方，适度附和、重复对方话中的要点，不能只是说"是"或"好"，要让对方感到你在认真听他讲话，但也不要轻易打断对方的谈话。作为打电话的一方，本着尊重对方的原则，结束通话时，应该让对方先挂电话。当通话因故暂时中断后，你应立刻主动给对方拨过去，不能不了了之，或干等对方打来。

如果知道自己没被录用，应该心平气和地询问未被录用的原因，可以说"对不起，我想请教一下我没有被录用的原因，我好再做努力"。谦虚有可能赢得对方的同情，同时给你下一次的面试创造机会。

需要说明的是，打电话询问面试结果，不要超过 3 次。因为即使再研究，经过前后 3 个电话询问的周期，再复杂的研究程序也早该确定了，而且 3 次的电话询问，也会让对方对你有足够的印象了。如果该单位想聘用你就会直接告诉你或及时和你联系。频繁地打电话，反而会适得其反，甚至会给人"骚扰"、"无聊"的感觉，写感谢信也是如此。

三、心平气和地接收录取通知

作为一个求职者，在经过数日的奔波、很多次的面试之后，终于"修成正果"得到了被录用的消息。这时，你可能会庆幸自己数月的辛苦和努力没有白费，甚至还会欣喜若狂、大宴宾朋、一醉方休。虽然成功在望，但还有几个问题需要解决。

（一）你对录用你的单位满意吗？

确实，掌握机会是个极重要的原则，不能三心二意，顾虑太多。不过，这件事不妨再稍加思考：录用你的单位，是你的第几选择。你在求职的过程中，或许投过很多份简历，面试过很多次。在艰难的求职过程中，往往被你首选的公司屡次拒绝，使你十分丧气。于是择业标准一降再降，甚至见到相关的招聘就投简历、去面试。但是这份职业真的适合你吗，符合你的职业规划吗，这是一件非常值得思考的事情。否则，你将走更多的弯路，甚至做一辈子并不喜欢的工作，更不用说你能在工作上有所成就了。

（二）你满意录用单位的条件吗？

录取的条件中包括很多内容，比如职务、薪资等。现在有一些机构在招聘的时候同时招聘很多岗位。在部分岗位已经满额的情况下，会善意地安排他们认为比较不错的求职者从事其他岗位的工作。问题在于，或许对方安排的岗位并不是你的专业特长或者你并不喜欢。而且岗位的不同，薪资待遇等方面也会有所不同。

如果录取的条件和面试时的不一样，就要考虑你所追求的究竟是名分上的不同，还是实质上的差异，或是兴趣上的坚持。如果与你的追求或期望值有一定差距，就值得考虑了。面试的时候，大部分人会谈到薪酬，比如说不低于多少。通知被录用的时候，如果所提到的薪资和面试的时候谈得差不多，固然最好；但有了差异时，特别是差异较大的时候就要重新考虑了。

湖北大学的小余应聘某公司的会计，很快通过了各种考核。在参加岗前培训时，小余发现了一个怪现象：同时参加培训的还有应聘助理和文员的，可是培训结束后，他们都被要求到业务员岗位上试用一年。这件事让小余很是郁闷，但结果已经无法挽回了。遇到这种与之前的承诺有差距时，就要考虑被安排的职位是否符合自己的初衷，权重衡量之后，再做出正确的选择。

（三）全面了解录用单位

收到你所心仪的公司的录用通知是一件喜事，值得好好放松一下、庆祝一番。但同时还有一件事情要求你能认真地面对：了解公司、了解工作。在正式报到之前，先要对所要服务的公司有所了解，这样在开展工作的时候就会顺畅很多。了解公司的方法很多，包括在面试时带回来的公司简介、刊物，或企业形象方面的资料、企业网站等，有条件或可能的话最好进行实地全面的考察。这会让你对公司的整体营运情况有所掌握，为你的新工作带来帮助。

当然，除以上3点外，或许还有其他的情况需要考虑，总的目的就是为了使你尽快地适应这个即将拥有的工作。

参考文献

[1]金正昆.人文奥运与涉外礼仪[M].北京:首都经济贸易大学出版社,2008.

[2]金正昆.社交礼仪教程[M].北京:北京大学出版社,2005.

[3]体育竞赛规则大全[M].北京:人民体育出版社,1988.

[4]未来之舟.运动员礼仪培训手册[M].北京:海洋出版社,2006.

[5]张思温,沈纯德.中国田径裁判五十年[M].北京:北京体育大学出版社,2001.

[6]中国田径协会审定.田径竞赛规则[M].北京:人民体育出版社,2002.

[7]中国足球协会审定.足球竞赛规则[M].北京:人民体育出版社,2003.

[8]王倩.田径竞赛裁判手册[M].北京:人民体育出版社,1999.

[9]任海.奥林匹克运动[M].北京:人民体育出版社,2005.

[10]陆纯梅,范莉莎.现代礼仪实训教程[M].北京:清华大学出版社,2009.

[11]刘维俭,王传金.现代教师礼仪教程[M].南京:南京师范大学出版社,2007.

[12]王平辉.社交礼仪规范与技巧[M].南宁:广西人民出版社,2008.

[13]赵景卓等.体育观赛礼仪[M].北京:中国物资出版社,2008.

[14]胡锐.现代礼仪教程[M].杭州:浙江大学出版社,1995.

[15]何春晖,彭波.现代社交礼仪[M].杭州:浙江大学出版社,1995.

[16]麻美英.现代实用礼仪[M].杭州:浙江大学出版社,2002.

[17]谢亚龙.奥林匹克研究[M].北京:北京体育大学出版社,1994.

[18]崔乐泉.奥林匹克运动简明百科[M].北京:中华书局,2003.

[19]余晓晖.2008公民礼仪手册[M].北京:清华大学出版社,2006.

[20]汤铭新.奥运百周年发展史[M].台北:中华台北奥林匹克委员会,1996.

[21]范益思,丁忠元.古代奥林匹克运动会[M].济南:山东教育出版社,1982.

[22]徐永昌.中国古代体育[M].北京:北京师范大学出版社,1983.

[23]彭林选编.中华传统礼仪[M].北京:燕山出版社,2004.

[24]祁正新,刘智利.新编大学生实用礼仪[M].南京:东南大学出版社,2009.

[25]黄菊良.大学生礼仪修养[M].上海:华东师范大学出版社,2007.

[26]牧之,张震.社交要读心理学[M].北京:新世界出版社,2007.

[27]张晓梅.晓梅说礼仪[M].北京:中国青年出版社,2008.

[28]李斌.国际礼仪与交际礼节[M].北京:世界知识出版社,1982.

图书在版编目（CIP）数据

现代体育礼仪/许之屏著．—长沙：湖南师范大学出版社，2010.4
ISBN 978 - 7 - 5648 - 0231 - 8

Ⅰ．现… Ⅱ．许… Ⅲ．体育—礼仪 Ⅳ．G80 - 05

中国版本图书馆 CIP 数据核字（2010）第 064221 号

现代体育礼仪

许之屏 著

◇责任编辑：宋 瑛
◇责任校对：黄 晴
◇出版发行：湖南师范大学出版社
地址/长沙市岳麓区 邮编/410081
电话/0731 - 88873070 88873071 传真/0731 - 88872636
网址/https：//press. hunnu. edu. cn
◇经销：湖南省新华书店
◇印刷：长沙印通印刷有限公司

◇开本：730mm×960mm 1/16
◇印张：16.75
◇字数：274 千字
◇版次：2010 年 6 月第 1 版 2025 年 1 月第 5 次印刷
◇书号：ISBN 978 - 7 - 5648 - 0231 - 8
◇定价：49.00 元